Wolfgang Hausotter
Jutta Eich

Die Begutachtung für die
private Berufsunfähigkeitsversicherung

Ein Leitfaden für medizinische Gutachter und Sachbearbeiter
in den Leistungsabteilungen privater Versicherer

*Die Leute, wie sie in der Regel sind, nehmen es schon übel,
wenn man nicht ihrer Meinung ist: Dann sollten sie aber
auch ihre Meinungen danach einrichten, dass man
denselben beitreten könnte.*

Arthur Schopenhauer

Wolfgang Hausotter
Jutta Eich

Die Begutachtung für die private Berufsunfähigkeitsversicherung

Ein Leitfaden für medizinische Gutachter
und Sachbearbeiter in den Leistungsabteilungen
privater Versicherer

Bibliografische Information der Deutschen Nationalbibliothek

Die Deutsche Nationalbibliothek verzeichnet diese Publikation
in der Deutschen Nationalbibliografie;
detaillierte bibliografische Daten sind im Internet über
http://dnb.d-nb.de abrufbar.

Umschlagfotos: pixelio.de; mev.de

Satz   Medienwerkstatt Dieter Lang   Karlsruhe
Herstellung   printsystem GmbH   Heimsheim

ISBN 978-3-89952-367-6

Vorwort

Vielen Ärzten, die zwar gutachtlich tätig sind, jedoch nur gelegentlich im Bereich der privaten Berufsunfähigkeits(zusatz)versicherung, fällt es schwer, sich die hier geltenden rechtlichen Vorgaben klarzumachen und sie bestimmungsgemäß anzuwenden. Dies reicht von der Definition der Berufsunfähigkeit, der Verweisbarkeit und der prozentualen Einschätzung der Beeinträchtigung bis hin zu den oft individuell gestalteten Versicherungsverträgen. Die Kriterien, die sie von der Begutachtung für die gesetzliche Rentenversicherung, für das Schwerbehindertenrecht oder die gesetzliche Unfallversicherung her gewohnt sind, lassen sich hier nicht anwenden.

Das vorliegende Buch soll diesem Kreis von Gutachtern, die nicht ständig mit dieser Materie befasst sind, eine Einführung und Hilfestellung geben.

Es beschreibt sowohl die allgemeinen rechtlichen Grundlagen als auch grundsätzliche Aspekte dieser speziellen Begutachtungsproblematik und geht auf häufig vorkommende, für die Begutachtung relevante Krankheitsbilder ein.

Kasuistiken sollen die oft vorkommenden Probleme veranschaulichen und auflockern und wichtige Urteile aus der Rechtsprechung den aktuellen rechtlichen Rahmen aufzeigen.

Leistungsregulierer der Lebensversicherer können sich hier kurz und übersichtlich über häufige Krankheitsbilder informieren, die erfahrungsgemäß am meisten Schwierigkeiten bei der Beurteilung bereiten. Es können natürlich nicht alle relevanten Erkrankungen abgehandelt werden; die hier beschriebenen Störungen werden aber oft von verschiedenen Gutachtern kontrovers beurteilt, so dass die Mitarbeiter in der Lage sind, grundsätzliche Fragen leicht nachzuschlagen.

Die Kapitel über die versicherungsrechtlichen Grundlagen und die für die Begutachtung einschlägige Rechtsprechung zur BUZ-Leistungsregulierung wurden von Frau Jutta Eich verfasst.

Bisher wurden die speziellen Aspekte dieses Bereichs der privaten Versicherungswirtschaft in der üblichen Gutachtensliteratur stiefmütterlich behandelt und meist mit einigen Sätzen abgetan, obwohl die private Berufsunfähigkeitsversicherung immer mehr Zulauf hat, nachdem die gesetzliche Rentenversicherung für die meisten Versicherten gerade bei der vorzeitigen teilweise oder vollständig geminderten Erwerbsfähigkeit einen angemessenen Lebensstandard nicht mehr garantieren kann.

Es soll daher den Gutachtern und den Sachbearbeitern der Versicherungen ein handliches Buch angeboten werden, in dem die auftauchenden Probleme bei der Begutachtung dieses Versicherungsbereichs in Kurzfassung nachgelesen werden können.

Unser ganz besonderer Dank gilt Frau Dr. Marianne Kutzner, Leiterin der Gen Re Business School, für ihre wertvollen Anregungen und Ergänzungen sowie die engagierte Begleitung des Projekts.

Dr. med. Wolfgang Hausotter
Facharzt für Neurologie und Psychiatrie
Sonthofen/Allgäu

Jutta Eich, Rechtsanwältin
Gen Re LifeHealth
Köln

Inhaltsverzeichnis

1 Einleitung

Die Berufsunfähigkeitsversicherung stellt in Deutschland eine wichtige Form der Einkommenssicherung dar. Ursprünglich orientierte sich der Deckungsumfang der Privatwirtschaft für Invalidität an der gesetzlichen Definition und sollte die Deckungslücke zwischen dem tatsächlichen Bedarf und der Sozialversicherungsleistung schließen. Da die Leistungen der Sozialversicherung zurückgefahren wurden, kommt der privaten Berufsunfähigkeitsversicherung eine ungleich höhere Bedeutung zu.

Nur die vor 1961 geborenen Versicherten bekommen nämlich überhaupt noch eine Berufsunfähigkeitsrente von der Deutschen Rentenversicherung. Alle anderen können nur eine Rente wegen teilweiser oder voller Erwerbsminderung beziehen. Tatsächlich wird aber jeder vierte Angestellte vor Erreichen des Rentenalters berufsunfähig.

Die häufigsten Ursachen sind Erkrankungen des Skelett- und Bewegungsapparates, des Herz- bzw. Gefäßsystems sowie psychische Erkrankungen.

Betroffene müssen nicht nur den Verlust des Arbeitsplatzes verkraften, sondern auch mit großen finanziellen Einschränkungen rechnen. Die Leistung aus der gesetzlichen Rentenversicherung beträgt im Durchschnitt nur etwa 26% des letzten Bruttogehalts. Bei Berufsanfängern, Selbständigen und Freiberuflern ist der Rentenanspruch oft noch geringer oder entfällt sogar ganz.

Vielen Menschen wurde – nach Kenntnis der von der Rentenversicherung noch zu erwartenden Leistungen – erst bewusst, welches finanzielle Risiko eine schwerwiegende Leistungsminderung im Beruf nach sich ziehen würde. Gerade jüngere oder im mittleren Lebensalter stehende Berufstätige gehen finanzielle Verpflichtungen, etwa durch Hausbau, Berufsausbildung der Kinder u. ä. ein, die durch eine vorzeitige Berufsunfähigkeit (BU) schwerwiegend gefährdet wären. Sie entschließen sich daher immer häufiger zum Abschluss einer privaten BU-Versicherung, um auch im Falle einer ernsten Erkrankung ihren finanziellen Verpflichtungen nachkommen zu können.

Die Verkaufszahlen belegen die Bedeutung dieser Form der Einkommenssicherung. Die Berufsunfähigkeitszusatzversicherung ist die wichtigste Zusatzversicherung mit einem Anteil von 75% an allen abgeschlossenen Zusatzversicherungen. Auch das selbständige Produkt besetzt mit immerhin einem Anteil 20% der versicherten Leistungen aller Hauptversicherungen eine nicht vernachlässigbare Position. So befanden sich gegen Ende des 3. Quartals 2007 insgesamt ca. 750 000 selbständige Berufsunfähigkeitsversicherungen sowie Zusatzversicherungen im Bestand der Lebensversicherer.

Die Durchschnittsrenten bei den selbständigen Versicherungen lagen bei ungefähr Euro 11 000 Jahresrente, wobei die der Zusatzversicherungen mit durchschnittlich Euro 7 700 Jahresrente deutlich niedriger ausfallen. Bei den Zusatzversicherungen spielt der Umstand allerdings eine Rolle, dass die Berufsunfähigkeitszusatzversicherung in der Vergangenheit häufig als Beitragsbefreiungsversicherung für eine Kapitallebensversicherung oder Rentenversicherung abgeschlossen wurde. Mit dem Schwinden der Bedeutung der Kapitallebensversicherung verlagert sich die Absicherung der BU zunehmend auf die selbständige Versicherung. Der Absatz der Berufsunfähigkeitszusatzversicherungen war daher in 2007 leicht rückläufig, während der Absatz des selbständigen Produktes gewachsen ist.

Auch die Produktrater kümmern sich schon seit einiger Zeit verstärkt um die BU-Versicherung. Das hat dazu geführt, dass sich die Bedingungen in den letzten sieben Jahren deutlich zu Gunsten der Versicherten verändert haben. Die VVG-Reform tut jetzt ihr Übriges dazu. Auch haben die Versicherer mit Produktinnovationen wie die Einführung von Berufsklassen die Produktwelt verändert. Bei der nach Berufsgruppen differenzierten BU-Versicherung wurde die Prämiengestaltung besser auf die Gefährdungssituation des versicherten Berufs hin angepasst.

Wegen der Bedeutung der BU-Versicherung für die Lebensversicherung und der Lebensstandardsicherung ihrer Kunden spielt die Schadenregulierung eine besonders wichtige Rolle. Bei einem Produkt, das der Einkommenssicherung dient, sind viele Faktoren bei der Schadenentwicklung ausschlaggebend. Neben der gesamtwirtschaftlichen Situation spielen das subjektive Berufserleben sowie das körperliche Wohlempfinden des einzelnen Versicherten eine große Rolle bei der Stellung des Leistungsantrages. Hier obliegt es dem Leistungsregulierer seine Entscheidung derart zu treffen, dass derjenige seine Leistung erhält, dem sie nach objektiver Bewertung der individuellen Situation bedingungsgemäß zustehen.

Eine zu großzügige Regulierung wird zwangsläufig dazu führen, dass die Leistungsfälle ansteigen und damit die Prämien steigen müssten. Das Gegenteil würde zu einem Akzeptanzschwund bei den Vertrieben und Kunden führen. Gerade bei der schon nicht wirklich günstigen Absicherung BU-Versicherung hängt der zukünftige Erfolg des Produktes davon ab, ob es für Kunden als eine angemessene Absicherung erschwinglich bleibt. In dieser Verantwortung steht unter anderem auch der Leistungsprüfer.

Bei seiner Arbeit bedient er sich häufig des Gutachters, um zu einer sachgerechten Entscheidung über den Leistungsfall zu kommen. Aber auch die Gerichte setzen Gutachter zur Beurteilung der BU gerne ein, um für ihre Entscheidungen die richtigen medizinischen Schlüsse ziehen zu können.

Die Beurteilung der BU nach den Bedingungen der privaten Lebensversicherungswirtschaft stellt erhöhte Ansprüche an den Gutachter. Ihm obliegt es, die medizinischen Voraussetzungen für die Annahme einer BU zu klären und richtig einzuschätzen. Ihm kommt somit eine entscheiden Rolle, sowohl aus Sicht der Versicherten, als auch der Lebensversicherer zu. Zur Unterstützung seiner verantwortungsvollen Tätigkeit findet er hier Anhaltspunkte für die sachgerechte Beurteilung der an ihn gerichteten Fragestellungen.

Ursachen der BU und Erwerbsminderung in den unterschiedlichen Versicherungssystemen

Nach den Statistiken der Deutschen Rentenversicherung zum Rentenzugang wegen Erwerbsminderung aus dem Jahr 2003 lag das Durchschnittsalter bei Renteneintritt bei Frauen bei ca. 49 Jahren und bei Männern bei ca. 50 Jahren. Nach wie vor sind die häufigsten Gründe für eine vorzeitige Berentung chronische Krankheiten. Allerdings hat sich der Anteil der verschiedenen Krankheitsgruppen seit den 80er-Jahren deutlich verändert.

Psychische Erkrankungen in der gesetzlichen Rentenversicherung auf dem Vormarsch[1]

Während der Anteil der Kreislauferkrankungen stark gesunken ist und der Anteil der Muskel- und Skeletterkrankungen nach einem Anstieg Anfang der 90er-Jahre ebenfalls gesunken ist, werden Männer wie Frauen wegen psychischer Erkrankungen am häufigsten frühberentet.

Interessant ist dabei die unterschiedliche Entwicklung der Berentungsursachen bei Männern und Frauen.

Bei Männern verringerte sich der Anteil der Kreislauferkrankungen von fast 40 % in den 80er-Jahren auf 16 % im Jahr 2003 mit weiter fallender Tendenz. Im gleichen Zeitraum stiegen die Berentungen wegen Krankheiten von Skelett-Muskel- und Bindegewebe von 15 % auf jetzt 21 %. Demgegenüber ist der Anstieg des Anteils der Verrentung wegen psychischer Erkrankungen von 8 % auf mehr als 24 % ausgesprochen bemerkenswert. Damit führt diese Ursache für Erwerbsminderung deutlich vor allen anderen Berentungsursachen. Der Trend hat sich in 2005 weiter fortgesetzt mit einem Anstieg auf fast 28 % bei den Männern.

Bei den Frauen sieht das Grundmuster der Entwicklung ähnlich aus, allerdings ist der Trend bei einzelnen Erkrankungen deutlich stärker ausgeprägt. Auch bei den Frauen spielt der Anteil der Kreislauferkrankungen nur noch eine untergeordnete Rolle. Zweithäufigste Ursache für Erwerbsminderung sind die Erkrankungen des Bewegungsapparates mit rund 19 % im Jahre 2003 weiter fallend im Jahr 2005 auf unter 18 %. Die psychischen Erkrankungen stehen auch bei den Frauen nunmehr an erster Stelle. Waren in den 80er-Jahren Frühberentungen unter 10 % der Fälle auf psychische Belastungen zurückzuführen, so hat sich das bis zum Jahr 2003 auf 35 % erhöht und stieg bis 2005 weiter auf mehr als 38 % an.

---

1   Deutsche Rentenversicherung, Rentenzugang 2005.

Vergleichbare Ursachenverteilung auch in der privaten BU-Versicherung[2]

In der privaten BU-Versicherung sind die vier aus der Sozialversicherung bereits bekannten Erkrankungsgruppen ebenfalls die Hauptursachen für den Eintritt der BU. Interessanterweise stehen bei vielen Versicherern aber nach wie vor die Erkrankungen des Bewegungsapparates an erster Stelle. Die nächsten Plätze teilen sich Erkrankungen der Psyche, Unfälle und Herzkreislauferkrankungen, wobei die psychischen Erkrankungen nicht bei jedem Anbieter immer einen Spitzenplatz einnehmen. Gleichwohl beklagen auch die Lebensversicherer den signifikanten Anstieg psychischer Erkrankungen und fürchten, dass es nur noch eine Frage der Zeit ist, wann diese Ursache flächendeckend an der Spitze der Statistiken stehen wird.

Bedeutung der psychischen Erkrankungen in der Gutachterpraxis

Untersucht man die psychischen Ursachen für Erwerbsminderung weiter, so ist festzustellen, dass den Depressionen eine besondere Bedeutung zukommt. Aber auch Menschen mit chronischen Schmerzen, mit Somatisierungsstörungen, somatoformen Störungen, Persönlichkeitsstörungen vom emotional-instabilen Typ, histrionische, narzisstische und antisoziale Persönlichkeiten (sog. Cluster-B-Persönlichkeit) spielen in der Praxis des Gutachters eine Rolle. Dazu gehören auch vermeidende, dependente, schizoide und paranoide Persönlichkeiten.

Die in den letzten Jahren beschriebene „posttraumatische Verbitterungsstörung" (PTED – posttraumatic embitterment disorder) als Subkategorie der Anpassungsstörungen ist ebenfalls mit dem Risiko einer Berentung verbunden. Als kritische Auslöser gelten Arbeitsplatzverlust, Konflikte und Zurücksetzungen am Arbeitsplatz, „der jüngere Chef", Tod des Partners, familiäre Spannungen u. a. die Symptome sind Verbitterung, Aggression gegen sich selbst und die Umwelt, Trauer, Hilflosigkeit, Ärger und Rückzug. Eine Komorbidität mit Depressionen, generalisierter Angststörung, Panikstörung und Agoraphobie ist häufig.

Anzumerken ist außerdem, dass gerade Wirbelsäulenerkrankungen mit einem chronischen Schmerzsyndrom in erheblichem Umfang seelisch geprägt und überlagert werden und dass sich viele Ärzte, besonders aus dem orthopädisch-rheumatologischen Bereich scheuen, psychiatrische Diagnosen zu stellen und stattdessen die degenerativen Veränderungen am Stütz- und Bewegungsapparat in den Vordergrund stellen, obgleich tatsächlich eine somatoforme Störung oder eine Depression

---

2   www.nuernberger.de, Gesamtbestand NÜRNBERGER Lebensversicherung AG, NÜRNBERGER Beamten Lebensversicherung AG, Stand: 08.2006,
www.swisslife.de, Swiss Life Bestand 2008,
www.lvm.de, Ursachen der Berufsunfähigkeit.

entscheidend zur Leistungsunfähigkeit beigetragen hat. Bei Nachbegutachtungen durch einen Psychiater findet sich dies nahezu ständig. Man wird daher die statistischen Zahlen hinsichtlich der Relevanz von rein degenerativen Veränderungen des Stütz- und Bewegungsapparates zugunsten der psychischen Erkrankungen relativieren müssen.

So sind auch beispielsweise in Großbritannien nicht mehr chronische Rückenschmerzen ein Grund für langfristige Krankschreibungen, sondern vielmehr Depressionen.

Es kann natürlich kein Zweifel daran bestehen, dass Menschen mit einer schweren chronischen Depression unter mindestens den gleichen Leistungseinbußen leiden, wie solche mit einer chronischen körperlichen Erkrankung.

Schwere psychiatrische Erkrankungen wie Schizophrenien oder ausgeprägte organisch-psychische Störungen spielen eine vergleichsweise geringe Rolle. Dies zeigt sich auch im gutachterlichen Alltag. Schizophrene Patienten treten aufgrund ihres häufig frühen Erkrankungsalters gar nicht erst in das Berufsleben ein. Ist dies doch der Fall, kommt es oft zu einer sehr frühen Berentung. In der privaten Berufsunfähigkeitsversicherung spielen diese Krankheitsbilder so gut wie keine Rolle. Schwere hirnorganische Psychosyndrome bieten keine Probleme in der Begutachtung, die Leistungsminderung ist hier meist evident.

Bemerkenswert ist, dass sich ein nicht unerheblicher Anteil der Antragsteller mit psychischen Störungen zum Zeitpunkt der Antragstellung nicht in ärztlicher, speziell fachärztlicher Behandlung befindet. Problematisch ist allerdings, dass bei bereits gestelltem Rentenantrag kaum je eine Motivation zu einer an sich dringlich erforderlichen Behandlung vorliegt und eine Besserung nicht zu erwarten ist, besonders wenn der Proband für sich keine Chancen in seinem Beruf oder auf dem allgemeinen Arbeitsmarkt sieht. Es wäre ja aus seiner Sicht kontraproduktiv, wenn er im Rahmen einer Therapie eine Besserung angeben würde, mit der Konsequenz, sich dann statt der Krankenrolle mit Arbeitslosigkeit und daraus resultierendem Arbeitslosengeld abfinden zu müssen. Empfehlungen in der Begutachtung, sich um eine adäquate Therapie zu bemühen, laufen deshalb meist ins Leere.

2 Versicherungsrechtliche Grundlagen:

Die BUZ-Leistungsregulierung – eine Einführung in die Praxis

von Jutta Eich

Einführung

Pro Jahr werden in der Bundesrepublik mehrere 100 000 BUZ-Leistungsfälle reguliert. Die Mehrzahl dieser Fälle geht reibungslos über die Bühne, was vor allem daran liegt, dass vielfach nur eine Prämienbefreiung mit versichert ist. Lediglich zu einem kleinen Prozentsatz kommt es zu zeitaufwendigen Prüfungen. In wenigen Fällen wird auch der Rechtsweg beschritten, um eine gerichtliche Klärung herbeizuführen. In diesen schwierigen Fällen spielen dann häufig Begutachtungen eine Rolle. Nicht immer sind Leistungsregulierer und Gutachter mit ihrer Aufgabe bzw. zugedachten Rolle zufrieden: der Leistungsregulierer, weil er manchmal Gutachten nicht nachvollziehen kann und der Gutachter, weil ihm manchmal die besonderen Gegebenheiten der BUZ nicht geläufig sind.

Nachfolgend wird daher auf alle wesentlichen Aspekte der BUZ-Regulierung eingegangen und die wichtigsten Fragen beantwortet.

Gerade die komplexen Fälle und die streitigen Auseinandersetzungen haben die Regulierung über die Jahre hinweg in besonderem Maße geprägt. Die einschlägigen Urteile der Obergerichte und insbesondere des Bundesgerichtshofs fanden nicht nur Eingang in die Regulierungspraxis der Lebensversicherer, sondern hatten auch starken Einfluss auf die Gestaltung der Bedingungen. In das Leitbild der Berufsunfähigkeits-Versicherung im neuen VVG haben einige wenige durch den BGH formulierte Kriterien ebenfalls Eingang gefunden, wie z. B. „sein zuletzt ausgeübter Beruf, wie er ohne gesundheitliche Beeinträchtigung ausgestaltet war", oder der „mehr als altersentsprechende Kräfteverfall".

Die folgenden Ausführungen zu den wesentlichen Begriffen der BU basieren im Wesentlichen auf der bekannten Rechtsprechung zur BUZ. Auf eine Fundstellenangabe wurde aus Gründen der Übersichtlichkeit bewusst verzichtet. Angesichts der Tatsache, dass die wesentlichen Kriterien der BUZ-Regulierung mittlerweile unstreitig sind, wird diese Vorgehensweise für vertretbar gehalten.

Im Anschluss an diese Erläuterungen wird anhand von exemplarischen Urteilen die Rechtsprechung zur Gutachtenpraxis aufgezeigt. Damit können sich sowohl Leistungsregulierer als auch Gutachter schnell mit den einschlägigen Anforderungen der Obergerichte an die Rahmenbedingungen für Begutachtungen sowie die Aufgaben des Gutachters vertraut machen.

2.1 Grundbegriffe der BUZ-Regulierung

Aufgaben des Leistungsregulierers und des Gutachters

Dem Leistungsregulierer kommt daher in besonderem Maße die Aufgabe zu, unterschiedliche Themenkomplexe zu einem Ganzen zu verknüpfen und daraus die Entscheidung über den Leistungsfall zu treffen. Dabei ist er verpflichtet, die dem Vertrag zugrunde liegenden Versicherungsbedingungen sachgerecht anzuwenden, die von Gesellschaft zu Gesellschaft unterschiedlich sind.

Für ihn sind im Erstprüfungsverfahren folgende sechs Komponenten von Bedeutung:

1. Welcher medizinische Sachverhalt liegt vor?
2. Welchen Beruf übt der Versicherte aus und was sind die diesen Beruf prägenden Teiltätigkeiten?
3. Hat der Gesundheitszustand des Versicherten Auswirkungen auf sein allgemeines Restleistungsvermögen?
4. Beeinträchtigen die allgemeinen Einschränkungen des Restleistungsvermögens die konkrete Ausübung des Berufes in relevantem (anspruchsbegründendem) Maße?
5. Kann der Versicherte einen anderen zumutbaren Beruf ausüben?
6. Welche Prognose kann für die Dauer des Zustandes gestellt werden?

Für den Gutachter muss klar sein, dass die Beurteilung eines BU-Leistungsfalles sich von der Beurteilung sonstiger Invaliditätsfälle anderer Leistungsträger völlig unterscheidet. Kriterienkataloge der Sozialversicherung, Leistungsregeln der Unfallversicherer oder Regelungen der Krankenversicherer können – auch nicht hilfsweise – bei der Beurteilung dieser Versicherungsfälle aus der privaten Lebensversicherung herangezogen werden.

Die Glaubhaftigkeit eines Gutachtens – mag die Qualität ansonsten auch gut sein – leidet erheblich, wenn die Begrifflichkeiten der unterschiedlichen Rechtsbereiche miteinander vermischt werden.

Jeder Gutachter sollte sich bei der Übernahme des Gutachtensauftrags folgende sechs Fragen stellen:

1. Welche Definition der BU liegt dem Vertrag zugrunde?
2. Spielen Vertragsklauseln eine besondere Rolle und liegt die Klausel im Wortlaut vor?
3. Liegen alle medizinisch relevanten Informationen vor?
4. Ist das der Beurteilung zugrundezulegende Berufsbild umfassend vom Lebensversicherer abgeklärt und mitgeteilt worden?
5. Liegen ausreichende Informationen zu Verweisungstätigkeiten vor, die ggfs. mitbeurteilt werden müssen?
6. Ist der Gutachtenauftrag präzise formuliert?

Wie ist der Begriff der BU definiert?

Dieser Begriff ist Grundlage jeder Leistungsregulierung und ist in allen Bedingungs-werken der privaten Lebensversicherer mehr oder weniger identisch. Üblicherweise werden im § 2 der jeweiligen Bedingungen die Leistungsvoraussetzungen definiert.

Eine typische Definition lautet z. B.: Eine Leistung kann gem. § 2 Abs. 1 BUZ bean-spruchen, wer infolge Krankheit, Körperverletzung oder Kräfteverfalls, die ärztlich nachzuweisen sind, zu mindestens 50 % im Vergleich mit einem körperlich und gei-stig Gesunden mit vergleichbaren Fähigkeiten und Kenntnissen außerstande ist, sei-nen Beruf auszuüben. Dieser Zustand muss mindestens sechs Monate andauern.

Keine Leistung wird allerdings bedingungsgemäß dann erbracht, wenn der Versi-cherte in einem zumutbaren Beruf arbeitet (sog. konkrete Verweisung). Nach man-chen Bedingungen ist darüber hinaus zu prüfen, ob der Versicherte auch nicht in der Lage ist, eine andere Tätigkeit auszuüben, die aufgrund seiner Ausbildung und Er-fahrung ausgeübt werden kann und seiner bisherigen Lebensstellung entspricht (sog. abstrakte Verweisung).

Welche Veränderungen bringt das neue Versicherungsvertragsgesetz (VVG)?

Seit dem 1. 1. 2008 gilt das neue VVG, welches erstmalig auch Bestimmungen zur Berufsunfähigkeitsversicherung enthält. Wegen der besonderen Bedeutung der Be-rufsunfähigkeitsversicherung hat der Gesetzgeber in den §§ 172 – 177 VVG die Vorschriften zur BU normiert. Die oben beschriebene Definition der BU ist in § 172 Abs. 2 und 3 VVG zu finden. Im weiteren Verlauf der Darstellung wird auf die Be-stimmungen des neuen VVG – soweit erforderlich – Bezug genommen.

Mit diesen Regelungen hat der Gesetzgeber ein Leitbild zur Berufsunfähigkeitsversi-cherung eingeführt. Das bedeutet kurz gefasst, dass eine Versicherung nur dann als Berufsunfähigkeitsversicherung bezeichnet werden darf, wenn sie den Kriterien des VVG entspricht.

Die Bestimmungen zur Berufsunfähigkeitsversicherung sind nur für die Verträge gül-tig, die im Jahr 2008 abgeschlossen worden sind. Für alle früheren Verträge sind daher wie bisher die jeweiligen Bedingungswerke, deren Auslegung und die ein-schlägige Rechtsprechung von Bedeutung.

Insgesamt ändern sich durch die neuen Regelungen zur BU im VVG die wesent-lichen Bausteine der Regulierung nicht.

Welche Rolle spielen Invaliditätsdefinitionen oder verwandte Begriffe aus anderen Rechtsgebieten?

Es gilt der Grundsatz, dass Entscheidungen über Invalidität in jedweder Form aus jedwedem anderen Rechtsgebiet für die Entscheidung des Lebensversicherers über den Anspruch aus der privaten Berufsunfähigkeitsversicherung keine Rolle spielen.

Das bedeutet allerdings nicht, das Entscheidungen aus anderen Rechtsgebieten völlig bedeutungslos sind. Immerhin wird auch dort über medizinische Sachverhalte entschieden und im weitesten Sinne ein Restleistungsvermögen oder der Grad einer bestimmten Einschränkung festgestellt. Hieraus kann sich ein Indiz für das Vorliegen oder Nichtbestehen von BU ergeben. Außerdem ist es sinnvoll, ärztliche Berichte oder Gutachten aus anderen Verfahren beizuziehen, um sich ein Gesamtbild über den Sachverhalt zu machen, ggf. Doppelarbeiten zu vermeiden und hilfreiche Hinweise aus diesen Unterlagen zu entnehmen.

Für den Leistungsregulierer und Gutachter ist es daher in jedem Fall hilfreich, sich auch mit diesen Informationen vertraut zu machen. Der Lebensversicherer trifft aber in jedem Fall seine Entscheidung völlig unabhängig von der Entscheidung anderer Leistungsträger. Auch der Gutachter für den Lebensversicherer muss seine Entscheidung völlig unabhängig von anderen Beurteilungen treffen.

– Berufs- und Erwerbsunfähigkeit in der Sozialversicherung[1]

Mit der Rentenreform von 2001 wurden die bisherigen Regelungen zur Berufs- und Erwerbsunfähigkeit abgeschafft.

Die Rente wegen teilweiser Erwerbsminderung bei BU blieb als eine Sonderregelung für vor dem 2. 1. 1961 geborene Versicherte erhalten, die aufgrund ihrer beruflichen Qualifikation Berufsschutz genießen.

BU bedeutet nunmehr, dass der bisherige versicherungspflichtige Beruf wegen Krankheit oder Behinderung im Vergleich zu einem ähnlich ausgebildeten Gesunden nur noch weniger als sechs Stunden täglich ausgeübt werden kann. Vor der Entscheidung über den Rentenantrag wird allerdings noch geprüft, ob die gesundheitliche Leistungsfähigkeit sowie die fachlichen Kenntnisse und Fähigkeiten ausreichen, um eine zumutbare andere Tätigkeit (sog. Verweisungstätigkeit) mindestens sechs Stunden täglich zu verrichten.

Zumutbar ist dabei eine Tätigkeit, die eine Stufe unter der Gruppe des bisherigen Berufs liegt. Eine Tätigkeit, für die im Rahmen einer Leistung zur Teilhabe am Arbeits-

---

1   Aus der Broschüre des Ministeriums für Arbeit und Soziales.

leben eine Ausbildung oder Umschulung absolviert wurde, ist stets zumutbar. Erst wenn weder der bisherige Beruf noch eine in diesem Sinne zumutbare andere Tätigkeit mindestens sechs Stunden täglich ausgeübt werden können, liegt BU vor.

– Erwerbsminderung in der Sozialversicherung[2]

Für alle ab dem 2. 1. 1961 geborenen Versicherten gilt das neue Recht. Die BU- und Erwerbsunfähigkeitsrente wurde durch die zweistufige Erwerbsminderungsrente ersetzt. Ausschlaggebend ist nur noch der zeitliche Umfang der verbliebenen Erwerbsfähigkeit auf dem allgemeinen Arbeitsmarkt.

Eine volle Erwerbsminderung liegt vor, wenn Versicherte wegen Krankheit oder Behinderung unter den üblichen Bedingungen des allgemeinen Arbeitsmarktes auf nicht absehbare Zeit nur noch weniger als drei Stunden täglich im Rahmen einer Fünf-Tage-Woche erwerbstätig sein können.

Eine teilweise Erwerbsminderung liegt vor, wenn Versicherte wegen Krankheit oder Behinderung auf nicht absehbare Zeit nur noch drei bis unter sechs Stunden täglich im Rahmen einer Fünf-Tage-Woche unter den üblichen Bedingungen des allgemeinen Arbeitsmarktes erwerbstätig sein können.

Die Höhe der Rente wegen teilweiser Erwerbsminderung beträgt die Hälfte der Rente wegen voller Erwerbsminderung.

Bei Arbeitslosigkeit gilt der Arbeitsmarkt für die Vermittlung in eine dem verbliebenen Leistungsvermögen entsprechende Teilzeittätigkeit als verschlossen, so dass keine Möglichkeit besteht, Einkommen aus einer Beschäftigung zu erzielen. In diesem Ausnahmefall wird eine Rente wegen voller Erwerbsminderung gezahlt.

Erwerbsminderungsrenten werden in jedem Fall nur noch als Zeitrenten gewährt.

– Arbeitsunfähigkeit in der privaten Krankentagegeldversicherung

Die Krankentagegeldversicherung soll dazu dienen, Einkommenseinbußen wegen Arbeitsunfähigkeit infolge von Krankheit oder Unfällen durch Zahlung eines Tagegeldes aufzufangen. Völlige Arbeitsunfähigkeit liegt vor, wenn die versicherte Person ihre berufliche Tätigkeit nach medizinischem Befund vorübergehend in keiner Weise ausüben kann, Selbständige oder freiberuflich Tätige auch nicht mitarbeitend, leitend oder aufsichtsführend.

---

2 Aus der Broschüre des Ministeriums für Arbeit und Soziales.

Arbeitsunfähigkeit und BU schließen einander aus. Üblicherweise hat der Krankenversicherer ein Kündigungsrecht, wenn BU eingetreten ist. Im Gegensatz zur privaten Lebensversicherung liegt BU i. S. d. Krankenversicherung nur dann vor, wenn die versicherte Person nach medizinischem Befund im bisher ausgeübten Beruf auf nicht absehbare Zeit mehr als 50% erwerbsunfähig ist.

– Grad der Behinderung

Eine Behinderung ist im Sozialgesetzbuch IX wie folgt definiert:

> *„Menschen sind behindert, wenn ihre körperliche Funktion, geistige Fähigkeit oder seelische Gesundheit mit hoher Wahrscheinlichkeit länger als sechs Monate von dem für das Lebensalter typischen Zustand abweichen und daher ihre Teilhabe am Leben in der Gesellschaft beeinträchtigt ist. Sie sind von Behinderung bedroht, wenn die Beeinträchtigung zu erwarten ist."*

Schwerbehinderte Menschen sind Personen mit einem Grad der Behinderung (GdB) von wenigstens 50. Die Auswirkungen einer dauerhaften (länger als sechs Monate anhaltenden) Störung der körperlichen Funktion, der geistigen Fähigkeit oder der seelischen Gesundheit auf die Teilhabe am Leben in der Gesellschaft (Funktionsbeeinträchtigung) werden als Grad der Behinderung nach Zehnergraden von 20 bis 100 abgestuft festgestellt.

Auf Antrag sollen Personen mit einem GdB von weniger als 50, aber wenigstens 30 einem schwerbehinderten Menschen gleichgestellt werden, wenn sie wegen ihrer Funktionsbeeinträchtigung(en) ohne die Gleichstellung einen geeigneten Arbeitsplatz nicht erlangen oder nicht behalten können.

Der GdB richtet sich nach dem Ausmaß der Funktionsausfälle. Gesundheitsstörungen, die keinen Funktionsausfall verursachen, können sich nicht auf den GdB und/oder ein Merkzeichen auswirken.

Hervorzuheben ist, dass aus dem GdB nicht auf das Ausmaß der Leistungsfähigkeit geschlossen werden kann. Die Beurteilung des GdB erfolgt grundsätzlich unabhängig vom ausgeübten oder angestrebten Beruf.

– Invalidität in der privaten Unfallversicherung

Erleidet der Versicherte einen Unfall und führt der Unfall zu einer dauernden Beeinträchtigung der körperlichen oder geistigen Leistungsfähigkeit (Invalidität), so hat er Anspruch auf Leistungen, die in der Regel festen Invaliditätsgraden für bestimmte Schädigungen folgen (sog. Gliedertaxe). Sind Schädigungen vorhanden, die nicht in der Gliedertaxe erfasst sind, so kommt es bei der Bemessung der Invalidität darauf an, inwieweit die normale körperliche oder geistige Leistungsfähigkeit unter ausschließlich medizinischen Gesichtspunkten beeinträchtigt ist. Auf eine Relevanz für die Arbeitsfähigkeit kommt es mithin nicht an. Die Beeinträchtigung muss dauernd sein, d. h. lebenslang.

Was ist bei der Auslegung der privaten BU-Bedingungen zu beachten?

Es kommt auf das durchschnittliche Verständnis des Versicherungsnehmers an, der über keinerlei versicherungsspezifische Spezialkenntnisse verfügt. Was sich der Bedingungsgeber bei der Abfassung der Bedingungen gedacht hat, ist unerheblich. Solange dies in den Bedingungen nicht ausdrücklich formuliert ist, findet es keine Berücksichtigung. In den Bedingungen ist z. B. nicht geregelt, dass die Berufsaufgabe bzw. ein Einkommensverlust Voraussetzung für den Leistungsanspruch ist. Ebensowenig gibt es eine Verpflichtung zur Rehabilitation oder zur Umschulung. Wegen fehlender expliziter Regelungen hierzu können die Bedingungen auch nicht entsprechend ausgelegt bzw. vom Versicherten keine entsprechenden Aktivitäten verlangt werden.

Was ist unter Krankheit und Körperverletzung zu verstehen?

Krankheit ist jeder regelwidrige Körper- oder Geisteszustand. Körperverletzungen entstehen in der Regel durch Unfälle. Wesentlich für beide Begriffe ist, dass es letztlich auf die Ursache von Krankheit oder Körperverletzung sowie auf eine bestimmte Diagnose nicht ankommt. Erheblich ist allein, dass der regelwidrige Gesundheitszustand Auswirkungen auf das Leistungsvermögen des Versicherten hat. Als Folge davon muss das berufliche Leistungsvermögen im eigenen Beruf und (je nach Bedingungsausgestaltung) in einem anderen zumutbaren Beruf nachhaltig eingeschränkt oder ausgeschlossen sein.

In der Begutachtung ist wesentlich, dass es unerheblich ist, ob Vorgutachter oder behandelnde Ärzte die richtige Diagnose gestellt haben oder gar der Versicherte die Diagnose für falsch hält. Es kommt allein auf die allgemeinen Funktionseinschränkungen durch die Gesundheitstörung beim Versicherten an und dann darauf, wie diese sich im besonderen Maße auf die tatsächliche Berufsausübung auswirken. Der amputierte Finger wird den Berufspianisten nachhaltig in seiner Berufsausübung beeinträchtigen, beim Lehrer spielt er für die Berufsausübung keine Rolle. Das Stimmbandknötchen ist für den Bäcker nicht hinderlich, beim Sänger könnte es von Bedeutung sein.

Was ist unter Kräfteverfall zu verstehen?

In den Bedingungswerken wird grundsätzlich von Kräfteverfall gesprochen. Darunter wird bis heute nur der Kräfteverfall verstanden, der nicht altersentsprechend ist.

Der typische Abbau von körperlichen und geistigen Fähigkeiten mit zunehmendem Alter ist damit nicht gemeint. In den neuen Bedingungen im VVG, § 172 Abs. 2 wird ausdrücklich der mehr als altersentsprechende Kräfteverfall zugrunde gelegt. Das entspricht der bisherigen Auslegung. In der Praxis hat dieser Begriff im Übrigen bis heute keine Rolle gespielt.

Muss sich der Versicherte um seine Gesundheit kümmern?

Die Ärzteanordnungsklausel der Vergangenheit, nach der ein Versicherter verpflichtet war, den ärztlichen Anordnungen zur Gesundung Folge zu leisten, ist aus den meisten Bedingungswerken verschwunden.

Diskutiert wird in Literatur und Rechtsprechung, ob der Versicherte nach Treu und Glauben alle die Maßnahmen zu seiner Gesundung durchführen lassen muss, die jeder Mensch, der nicht versichert ist, üblicherweise zur Abwendung nachteiliger Gesundheitsfolgen auch durchführen lassen würde. Es spricht einiges dafür, dass einfache, gefahrlose Therapien mit großer Aussicht auf Heilung bzw. Linderung in jedem Fall zumutbar sind.

Für den Gutacher bedeutet dies, dass er in seinem Gutachten zu gemachten Therapieempfehlungen Stellung nehmen, die Wirksamkeit durchgeführter Therapien beurteilen und Vorschläge zu weiteren sinnvollen Behandlungen machen sollte.

Was bedeutet Beruf i. S. d. BU-Bedingungen?

Bei der Bestimmung des BU-Grades kommt es auf den zuletzt ausgeübten Beruf des Versicherten an. Das ist der vor Eintritt des Versicherungsfalles ausgeübte Beruf, so wie er individuell vom Versicherten ausgeübt wurde in seiner konkreten Ausgestaltung am Arbeitsplatz unter Würdigung der technischen Hilfsmittel, der körperlichen und geistigen Anforderungen und Belastungen sowie der sonstigen Einwirkungen bei der Berufsausübung, die für die individuelle Berufsausübung prägend sind (z. B. Kälte, Hitze, Lärm, Feuchtigkeit).

Ergänzend wurde im neuen VVG noch in § 172 Abs. 2 hinzugefügt: „… seinen zuletzt ausgeübten Beruf, so wie er ohne gesundheitliche Beeinträchtigung ausgestaltet war …" Damit wird ein in der Rechtsprechung entwickeltes Kriterium aufgenommen, mit dem klargestellt werden soll, dass der leidensbedingte Berufswechsel bei der Beurteilung der BU im Regelfall keine Rolle spielen kann.

Der Schlüssel zur Bemessung des Grades der BU liegt in der Beurteilung des zugrunde zulegenden Berufes sowie der Auswirkungen des Gesundheitszustandes auf diese Berufsausübung. Für den Leistungsregulierer ist es deshalb von besonderer Bedeutung, den Beruf des Versicherten genau zu kennen, weil er ansonsten nicht in der Lage sein wird, den Grad der BU sachgerecht zu ermitteln. Er darf sich nicht darauf verlassen, dass ihm die vom Versicherten genannte Berufsbezeichnung bereits hinreichenden Aufschluss über die tatsächliche Berufstätigkeit des Versicherten gibt. Er muss sich vielmehr in jedem Einzelfall darum bemühen, den Beruf des Versicherten in seiner konkreten Ausgestaltung zu ermitteln.

Deshalb ist es auch unerheblich, welchen Beruf der Versicherte im Antrag angegeben hat oder welchen Beruf sich der Leistungsregulierer selbst typischerweise unter der Berufsbezeichnung vorstellt. Es kommt auch nicht darauf an, was der Versicherte früher einmal für Berufe ausgeübt hat oder welche Ausbildungen er durchlaufen hat. Schließlich muss auch nicht berücksichtigt werden, ob der Versicherte in Zukunft plante, eine besondere andere Tätigkeit z. B. mit zusätzlichen Aufstiegsmöglichkeiten auszuüben.

Zur Prüfung kommen können auch solche ‚Berufe', die im allgemeinen Sprachgebrauch eine Ausbildung beschreiben, die erst zu einem bestimmten Beruf führt: z. B. Student, Auszubildender oder solche Berufe, die typischerweise nicht mit einem unmittelbaren Erwerbseinkommen verbunden sind, wie z. B. Hausfrau/Hausmann. Hier handelt es sich um eine einverständliche Erweiterung des Berufsbegriffs mit der Folge, dass die typische Gestaltung der studentischen Ausbildung oder der individuelle Alltag des versicherten Hausmanns bei der Beurteilung der BU zugrunde zu legen ist.

Wie wird das individuelle Berufsbild ermittelt?

Jede Berufsausübung ist gekennzeichnet durch den zielgerichteten Einsatz charakteristischer Kenntnisse, Fähigkeiten, und Erfahrungen. Sie entsprechen den speziellen physischen, psychischen und geistigen Anforderungen der jeweils vorgegebenen Arbeitsaufgabe.

Aus dieser allgemeinen Definition lässt sich für jedes Berufsbild der individuelle Zuschnitt ermitteln unter Zugrundelegung der

– typischen Zugangsvoraussetzungen/Ausbildungsgänge, so wie der Versicherte sie durchlaufen hat

– den Kern- und Nebentätigkeiten, so wie sie der Versicherte ausgeübt hat

– den typischen Anforderungen physischer, psychischer und geistiger Art an den Versicherten

– den typischen Arbeitsumständen beim Versicherten

Dabei ist es unerheblich, ob der Versicherte seine Tätigkeit mit Hilfe einer Ausbildung erlernt hat oder sich die Fähigkeiten selbst beigebracht hat oder die Ausübung der Tätigkeit durch ‚learning by doing' ermöglicht wurde.

Für den Gutachter ist wesentlich, dass ihm die prägenden Teiltätigkeiten des zugrunde zulegenden Berufsbildes mitgeteilt werden. Es gehört zu den Aufgaben des Lebensversicherers dafür zu sorgen, dass der Gutachter entsprechende umfassende Informationen erhält. Es ist nicht Aufgabe des Gutachters, aus verschiedenen ihm vorliegenden medizinischen Berichten oder anderen Gutachten das Berufsbild selbst herauszukristallisieren und ggf. vorliegende Lücken durch eigene Betrachtungen zu füllen. Bei entsprechenden Informationsdefiziten muss der Gutachter den Versicherer auffordern, ihm die erforderlichen Informationen zur Verfügung zu stellen, andernfalls er den Gutachtenauftrag ablehnen bzw. zurückstellen sollte.

Welche Bedeutung haben arbeitstechnische Hilfsmittel?

Manche Bedingungen formulieren ausdrücklich, dass es um den Beruf oder die Tätigkeit geht, wie sie ohne gesundheitliche Beeinträchtigung ausgestaltet war. Dabei stellt sich schnell die Frage, wie in diesem Zusammenhang (vor allem bei Selbständigen) gesundheitsbedingte Arbeitserleichterungen zu bewerten sind. Sind diese Hilfsmittel, wie z. B. ein Bürostuhl wegen Rückenschmerzen, eine Schreibtastatur zur Entlastung der Arme oder eine Hebebühne zur Erleichterung körperlicher Arbeit hinwegzudenken, um den tatsächlichen BU-Grad im ausgeübten Beruf feststellen zu können und auch feststellen zu müssen? Dies ist eindeutig zu verneinen. Solche Hilfsmittel sind nicht nur üblich, sondern auch bei der Berufsausübung als zumutbar zu bewerten. Der BU-Grad ist unter Berücksichtigung der Nutzung zumutbarer Hilfsmittel zu bewerten und nicht ohne dieselben.

Der Gutachter sollte in seinem Gutachten zu möglichen Hilfsmitteln immer Stellung nehmen, ihre Anwendungsmöglichkeiten beschreiben und die Zumutbarkeit solcher Maßnahmen bewerten.

Welcher Beruf ist erheblich, wenn der Versicherte mehrere Berufe ausgeübt hat bzw. ausübt oder einen neuen Beruf anstrebt?

Auch bei Berufswechseln kommt es immer nur auf den zuletzt ausgeübten Beruf an. Sonstige Ausbildungen mit entsprechender Berufsausübung können dann allerdings bei der Prüfung der Verweisbarkeit eine Rolle spielen.

Von besonderer Bedeutung ist der sog. leidensbedingte Berufswechsel. Der liegt immer dann vor, wenn der Versicherte wegen seines Gesundheitszustandes auf einen Arbeitsplatz bzw. in einen Beruf gewechselt ist, der diesen besonderen Umständen der Leistungsminderung Rechnung trägt. Dann ist für die Prüfung der BU der bisherige nicht leistungsbeeinträchtigte Beruf maßgebend.

Allerdings ist auf den Zeitablauf zu achten. Liegen zwischen früherer und jetziger Berufsausübung mehrere Jahre, dann ist der jetzige Beruf zugrunde zulegen, auch wenn früher einmal der Gesundheitszustand für den Berufswechsel eine Rolle gespielt haben mag.

Tritt BU ein, bevor ein neuer Beruf ausgeübt werden kann, dessen Aufnahme bereits fest geplant war, so ist dieser neue Beruf nicht maßgeblich, selbst wenn er für den Versicherten bessere Karrierechancen bieten würde. Geschützt ist allein der aktuelle Berufsstatus des Versicherten.

Was passiert, wenn der Versicherte bereits aus dem Beruf ausgeschieden ist?

Dieser Sachverhalt wird in den verwendeten Bedingungen unterschiedlich geregelt, vgl. § 2 Abs. 3 BUZ. In manchen Bedingungswerken wird dann nur noch auf Erwerbsunfähigkeit statt BU abgestellt. Andere Bedingungen stellen nach wie vor auf die Fähigkeit ab, dass er auch außerstande sein muss, eine Tätigkeit auszuüben, die aufgrund seiner Ausbildung und Erfahrung ausgeübt werden kann und seiner bisherigen Lebensstellung entspricht. Je länger die letzte Berufsausübung zurückliegt, umso eher werden die berufsspezifischen Fähigkeiten veraltet sein, was wiederum die Möglichkeit den Beruf noch auszüben zu können, bereits aus fachlichen Gründen deutlich einschränkt. In jedem Fall geht es hier nur um das bewusste und gewollte Ausscheiden aus dem Berufsleben und nicht um Arbeitslosigkeit oder den Verlust des Berufes wegen Arbeitsunfähigkeit.

Was passiert bei Pflegebedürftigkeit in der BU?

Typischerweise enthalten die BU-Bedingungen auch Regelungen zur Pflegebedürftigkeit. Diese sind subsidiär, d.h. sie finden nur dann Berücksichtigung, wenn der Versicherte pflegebedürftig ist und der Grad der BU unter 50% liegt. Je nach Pflegestufe erhält der Versicherte eine Teil- oder Vollrente.

Bewertungsmaßstab ist immer Art und Umfang der täglichen Hilfe durch eine andere Person. Üblicherweise wird eine Punktetabelle für die Bewertung zugrunde gelegt. Mal wird darauf abgestellt, dass der Versicherte mindestens drei Punkte erreichen muss, mal wird die Pflegebedürftigkeit nach der Definition der gesetzlichen Pflegeversicherung mit Pflegestufe 3 zugrunde gelegt. In der Praxis der Leistungsregulierung spielt diese Variante zur BU keine Rolle, da Versicherte meistens bereits vorher schon berufsunfähig sind und damit die Voraussetzungen eines 50% BU-Grades bei der Ausübung der beruflichen Tätigkeit erfüllen.

Welcher Grad der BU führt zu einem Leistungsanspruch?

Vorherrschend ist die sog. Alles-oder-nichts-Regelung, nach der ein Anspruch auf die volle Leistung immer nur dann besteht, wenn der Versicherte zu 50% berufsunfähig ist.

Manchmal gilt auch eine sog. Staffelregelung. Dann bekommt der Versicherte proportional zu seinem BU-Grad eine Leistung. Üblicherweise wird eine Teilleistung ab einem BU-Grad von 25 oder 33 1/3 % erbracht und die volle Rente bei einem BU-Grad von 75 bzw. 66 2/3 % gezahlt. Andere Regelungen sehen eine Teilrente bei 50 % BU vor und zahlen bei einem BU-Grad von 75 % voll. In der Praxis haben sich diese Produktvarianten allerdings nie wirklich durchsetzen können.

Wie wird der Grad der BU bestimmt?

– Entscheidungsträger

Die Bestimmung des Grades der BU ist keine rein medizinische Frage, auch wenn klassischerweise der Arzt nach dem Grad der BU gefragt wird. Basis der Bewertung ist die konkrete Berufsausübung und die Beeinträchtigung des Versicherten bei der Ausübung bestimmter prägender Kerntätigkeiten.

Der Arzt kann also ohne diese Kenntnisse gar nicht über den BU-Grad entscheiden. So ist es auch letztlich Aufgabe des Leistungsregulierers, die medizinischen Tatbestände mit den beruflichen Gegebenheiten so zu verknüpfen, dass der Grad der Beeinträchtigung abgeleitet werden kann. Dabei ist er an Entscheidungen aus verwandten Rechtsgebieten, wie z. B. der Sozialversicherung oder der Krankenversicherung, wie bereits erwähnt, nicht gebunden.

– Kriterium der Arbeitszeit

Für die Ermittlung des Grades der BU wird praktischerweise und anerkanntermaßen das Kriterium der Arbeitszeit genutzt. Denn jede Berufsausübung bringt eine typische Arbeitszeitbelastung mit sich, sei es, dass sie tariflich geregelt ist, sei es, dass der Versicherte üblicherweise für seinen Beruf täglich eine bestimmte Zeit aufwendet. In dieser Zeit verrichtet er in der Regel alle für seinen Beruf prägenden Einzeltätigkeiten, die ihn im unterschiedlichen Maße belasten können.

Um den Grad der BU im eigenen Beruf zu ermitteln, werden die im Beruf erforderlichen Teiltätigkeiten bzw. Kerntätigkeiten festgestellt und ihr typischer Zeitanteil an der täglichen Berufsausübung bemessen. Diese Aufgabe kommt dem Versicherten zu, der detailliert die entsprechenden Informationen zu geben hat. Sodann wird auf der Grundlage des medizinischen Sachverhalts ermittelt, welche der Tätigkeiten in welchem Ausmaß nicht mehr oder nur noch eingeschränkt ausgeübt werden kann. Daraus ergibt sich pro Teiltätigkeit ein Zeitmaß, dass noch im Arbeitsalltag erbracht oder nicht mehr erbracht werden kann. Wenn man nun dieses Restleistungsvermögen mit der früher erbrachten Arbeitsleistung vergleicht, so ergibt sich aus der Vergleichsbetrachtung die bestehende prozentuale Einschränkung in der zeitlichen Berufsausübung und damit der Grad der BU.

– Gewichtung der Teiltätigkeiten

Dabei darf allerdings nicht übersehen werden, dass manche Teiltätigkeiten noch unverändert ausgeübt werden können, aber durch die Unmöglichkeit, andere Tätigkeiten auszuüben, letztlich wirtschaftlich sinnlos werden. Ein Bäcker, der nur noch in vermindertem Umfang Brötchen backen kann, muss nicht wie früher den administrativen Aufwand betreiben, auch wenn er es noch könnte. Damit dürfen diese Teiltätigkeiten auch nicht mehr in vollem Umfang bei der Beurteilung der BU berücksichtigt werden.

Beispielhaft sei der kleinere Handwerksbetrieb genannt, bei dem der Inhaber zu 70 % nicht mehr körperlich-handwerklich tätig sein kann, seine bisherigen Arbeiten im kaufmännischen Bereich sowie sonstige Begleit- und Nebenarbeiten aber noch voll und zu mehr als 50 % seiner täglichen Arbeitszeit ausüben kann. Der Wegfall der den Beruf prägenden handwerklichen Tätigkeit macht einen großen Teil der kaufmännischen Arbeiten überflüssig und ein BU-Grad von 50 % kann so ohne weiteres vorliegen. Die Rechtsprechung spricht in diesem Zusammenhang vom sinnvollen Arbeitsergebnis, welches mit dem Restleistungsvermögen noch erzielbar sein muss.

– Aufgabe des Gutachters

Auch wenn der BU-Grad vom Leistungsregulierer zu bestimmen ist, so kommt der Bewertung durch den Gutachter eine entscheidende Bedeutung zu.

Aufgabe des Gutachters ist es, den medizinischen Sachverhalt zusammenzufassen und zu beurteilen. Dann muss der Gutachter auf der Basis der medizinischen Gegebenheiten das allgemeine Leistungsvermögen des Versicherten ermitteln. Mit Hilfe dieser Erkenntnisse ist er in der Lage zu prüfen, ob und in welchem Umfang der Versicherte damit noch die verschiedenen Kerntätigkeiten des individuellen Berufes ausüben kann. Das versetzt den Gutachter außerdem in die Lage, festzustellen, ob der Versicherte den Beruf überhaupt und zu welchem Prozentsatz noch ausüben kann.

Welche Gesichtspunkte können bei der Bestimmung des BU-Grades noch eine Rolle spielen?

– Der Versicherte arbeitet weiter

Zunächst gilt, wer weiter arbeitet, kann durchaus berufsunfähig sein, allerdings spricht die tatsächliche Berufsausübung zunächst gegen einen relevanten BU-Grad. Nicht vergessen werden darf allerdings, dass die tatsächliche Berufsaufgabe nicht Vorbedingung für den Bezug einer BU-Rente ist. Die Fortsetzung der Tätigkeit kann überobligatorisch sein, weil der Versicherte z. B. seinen Beruf so liebt, dass er ihn trotz BU weiter ausüben will (sog. Raubbauarbeit) oder aber weil der Versicherte aus einer finanziellen Notlage heraus (die auch der Rentenbezug nicht zu überbrücken in der Lage ist) weiter arbeiten muss.

Sicherlich wird der Leistungsregulierer in diesen Fällen genau zu prüfen haben, welcher Umstand für die weitere Ausübung der Berufstätigkeit maßgeblich ist.

Auch der Gutachter ist verpflichtet, zu prüfen, ob die tatsächliche Berufsausübung eher gegen eine BU spricht und wird genau abzuwägen haben, welche Beweggründe hierfür vorliegen.

– Arbeitsmarktsituation

Manchmal weisen Versicherte darauf hin, dass sie wegen Krankheit entlassen worden seien und nun deshalb keinen Arbeitsplatz fänden. Auf einen freien Arbeitsplatz kommt es aber bei der Bemessung des BU-Grades nicht an. Es geht nur um die körperlichen und geistigen Fähigkeiten, seinen Beruf wie in gesunden Tagen ausüben zu können.

– Selbständige

Selbständige sind erst dann berufsunfähig in ihrem eigenen Beruf, wenn sie nachweisen, dass in ihrem Betrieb eine zumutbare Umorganisation nicht möglich ist. Die Umorganisation im eigenen Betrieb ist nach der Rechtsprechung keine Verweisung, sondern Teil der zum umfassenden Berufsbild des Selbständigen gehörenden Tätigkeiten.

Der Wechsel von körperlichen zu kaufmännischen Tätigkeiten ist in jedem Fall zumutbar. Es kann vom Geschäftsinhaber auch verlangt werden, dass er sich neue Kenntnisse in überschaubaren Zeiträumen aneignet. Verlegenheitsbeschäftigungen sind allerdings nicht relevant.

Eine Betriebsaufgabe wird für den Rentenbezug nicht vorausgesetzt. Der Versicherte kann z. B. weiterhin aufsichtsführend zwei Stunden am Tag in seinem Betrieb tätig sein, ohne dass dies bei Vorliegen der sonstigen Voraussetzungen zu einem Verlust des Anspruches führen würde.

Unzumutbar ist im Rahmen einer Umorganisation eine größere finanzielle Investition, um Tätigkeitsfelder im Betrieb zu erschließen.

– Schein-Selbständige

Dieser Begriff definiert keinen selbständigen Beruf, sondern ist ein Rechtsbegriff. Für die Beurteilung der BU kommt es auch hier allein auf das Tätigkeitsprofil an. Fraglich ist, ob sich der Versicherte bei Fragen der Umorganisation auf die rechtliche Unzulässigkeit seiner Tätigkeit insgesamt berufen darf. Hier wird sich der Lebensversicherer darauf berufen können, dass das Risiko rechtlicher Unmöglichkeit der Berufsausübung beim Versicherten liegt und nur die rein tatsächliche gesundheitlich uneingeschränkte Möglichkeit der Ausübung Bewertungsmaßstab ist.

Was ist beim Verweisungsberuf zu berücksichtigen?

Wir unterscheiden zwischen der sog. konkreten Verweisbarkeit und der abstrakten Verweisbarkeit.

– Konkrete Verweisung

Die konkrete Verweisung liegt immer dann vor, wenn der Versicherte wieder arbeitet. Möglicherweise ist der Versicherte wieder in seinen Beruf zurückgekehrt, weil sein Gesundheitszustand das wieder zuließ. Oder er hat eine andere Tätigkeit gefunden, die er jetzt uneingeschränkt ausüben kann. In jedem Fall kommt es darauf an, dass er die Tätigkeit gesundheitlich bewältigen kann und sie auch ansonsten der bisherigen Lebensstellung entspricht. Tut sie das nicht, kommt dem Versicherer die Ausübung der Tätigkeit nicht zugute, die Rente muss erbracht werden, wenn die sonstigen Voraussetzungen der BU vorliegen. Sollten sich Versicherter und Versicherer hierüber streiten, so kann aus der Erfahrung gesagt werden, dass die konkrete Verweisbarkeit in aller Regel bei gerichtlichen Auseinandersetzungen als zumutbar angesehen wird.

– Abstrakte Verweisung

Anders sieht es bei der sog. abstrakten Verweisbarkeit aus. Hier entscheidet der Versicherer sozusagen vom grünen Tisch aus darüber, ob der Versicherte noch eine andere zumutbare Tätigkeit ausüben kann. Dabei kommt es auf die Ausbildung und Erfahrung des Versicherten an und darauf, welche Lebensstellung er mit der früheren Berufsausübung erreicht hat. Bei der Ermittlung solcher Verweisungsberufe ist darauf zu achten, dass hier ein Über- und Unterforderungsverbot gilt.

– Über- und Unterforderungsverbot

Eine Tätigkeit, die der bisherigen Ausbildung und Erfahrung des Versicherten nicht entspricht, und andere weniger anspruchsvolle Kriterien zugrunde legt, ist nicht zumutbar, weil sie den Versicherten unterfordert. Ebensolches gilt aber auch für solche Tätigkeiten, für die der Versicherte noch eine weitere Ausbildung machen muss oder die üblicherweise mit einer ganz anderen Ausbildung, als der Versicherte sie hat, auf dem Arbeitsmarkt ausgeübt werden, ihn also überfordern würden. Dazu gehören die gerne vorgeschlagenen Verweisungsberufe als Verkaufsberater in Baumärkten bei Versicherten die bisher auf dem Bau tätig gewesen sind. Zur verkäuferischen Tätigkeit gehört aber eine entsprechende Ausbildung, und die Tätigkeit auf dem Bau verhilft dem Versicherten in der Regel nicht zu erweiterten Kenntnissen darüber, wie ein erfolgreiches Beratungsgespräch durchzuführen ist. Die Rechtsprechung hat daher bisher immer solche Verweisungsberufe für nicht zumutbar gehalten.

Unerheblich ist, ob alter und neuer Beruf tatsächlich vergleichbar sind. Ein bisher handwerklich tätiger Versicherter kann sich nicht darauf berufen, dass nur ein anderer handwerklicher Beruf zumutbar sei. Reichen seine Fähigkeiten aus, einen kaufmännischen Beruf ausüben zu können, kann er darauf verwiesen werden.

– Bedeutung von Zusatzausbildungen

Sobald die neue Tätigkeit nur dann ausgeübt werden kann, wenn eine weitere Ausbildung gemacht werden muss, kommt sie als Verweisungstätigkeit nicht in Betracht. Zu unterscheiden ist in diesem Zusammenhang zwischen einer reinen Einarbeitung, einer Fortbildung und einer Umschulung.

Eine normale Einarbeitung wird in den meisten Fällen zumutbar sein, sollte aber einen Zeitraum von drei bis sechs Monaten nicht überschreiten. Bei einer Fortbildung handelt es sich um den Erwerb völlig neuer Kenntnisse und Fähigkeiten, sie ist deshalb nicht zumutbar. Eine Umschulung kann in keinem Fall verlangt werden.

– Lebensstellung/Einkommensituation

Der Verweisungsberuf ist nur dann zumutbar, wenn er der bisherigen Lebensstellung entspricht. Der bisherige Beruf prägt die von dem Versicherten erreichte Lebensstellung. Ein sozialer Abstieg darf mit der Verweisung nicht verbunden sein.

Von besonderer Bedeutung ist dabei die soziale Wertschätzung, die dem Versicherten mit seinem bisherigen Beruf entgegengebracht wird und die sich auch im Verweisungsberuf widerspiegeln muss. Eine einfache Form der Annäherung an dieses komplexe Thema ist die Berücksichtigung des Ausbildungsweges, den der Versicherte zurückgelegt hat und seine berufliche Erfahrung. Dabei gelten folgende Überlegungen:

Für einen Versicherten, der seine berufliche Position mit einem Studium erreicht hat, sind Berufe, die diese Zugangsvoraussetzung nicht haben, meistens nicht zumutbar.

Versicherte, die eine Lehre gemacht haben, um ihren Beruf auszuüben, können nicht auf Anlernberufe verwiesen werden. Angelernte Versicherte können nicht beliebig auf jedweden Beruf verwiesen werden. Je nach Dauer des bisherigen Berufslebens können sie bereits einen solchen Status erworben haben, der mit dem eines Lehrberufes durchaus vergleichbar ist.

Außerdem kommt es auf das bisher erzielte und das im neuen Beruf erzielbare Einkommen an. Die Diskussion, welche Einkommenseinbußen bei der Verweisungstätigkeit als zumutbar gelten können, ist immer noch nicht abgeschlossen. Auch die Rechtsprechung hilft nur insoweit weiter, als die Entscheidungen als Richtlinie für die eigene Bewertung zumutbarer Einkommenseinbußen herangezogen werden können.

Der Bundesgerichtshof (BGH) hat ausdrücklich festgestellt, dass es keine bestimmten Berechnungsformeln gibt, sondern jeder Fall individuell zu beurteilen ist. Einkommenseinbußen, die nicht mehr als 10-15% des bisherigen Einkommens ausmachen, wird man aber sicherlich für zumutbar halten dürfen. Zu beachten ist auch, dass sich bei kleineren Einkommen solche Einbußen stärker auswirken als bei größeren und deshalb an die Zumutbarkeit höhere Anforderungen zu stellen sind. Die Obergerichte haben Einbußen von bis zu 25% bisher für zumutbar gehalten. In jedem Fall ist dabei vom Brutto-Gehalt auszugehen.

Können Selbständige verwiesen werden?

Grundsätzlich ist die Verweisung Selbständiger möglich. Eine Tätigkeit als Angestellter ist zumutbar. Solange der Versicherte allerdings seinen bisherigen Betrieb aufrechterhält, kann ihm nicht zugemutet werden, seine Restarbeitszeit bei einem Konkurrenten einzusetzen. Ansonsten gelten die üblichen Kriterien für die Zumutbarkeit des Verweisungsberufes insbesondere natürlich die Lebensstellung in Form der Einkommensgestaltung und der neuen sozialen Position/Wertschätzung.

Welche Verweisungsgrundsätze gelten für Auszubildende?

Grundsätzlich hat die Rechtsprechung die Verweisung auf einen anderen Lehrberuf für zulässig gehalten. Dabei wird sogar die krankheitsbedingte Verlängerung der Ausbildungszeit durch den Wechsel für zumutbar gehalten. In der Praxis leisten viele Lebensversicherer allerdings für die Dauer der neuen Ausbildung, so dass eine großzügige Kompensation der verlorenen Ausbildungszeit üblich ist.

Wie muss der Gutacher den Verweisungsberuf beurteilen?

Die Beurteilung des Verweisungsberufes unterscheidet sich nicht von der Beurteilung der BU im eigenen Beruf. Wichtig sind die Kerntätigkeiten des Verweisungsberufes und die geplante Ausgestaltung bei der beruflichen Ausübung. Diese Informationen muss der Lebensversicherer dem Gutachter zur Verfügung stellen.

Die immer noch beliebte Liste von möglichen Verweisungstätigkeiten ohne nähere Beschreibung der körperlichen und geistigen Anforderungen kann für den Gutachter keine Arbeitsgrundlage bilden und ist deshalb zurückzuweisen. Es kann dem Gutachter auch nicht überlassen bleiben, selbst entsprechende Informationen einzuholen oder gar beim Versicherten abzufragen.

Was ist zu tun, wenn der Versicherte sich auf den schwierigen Arbeitsmarkt beruft?

– Keine freien Stellen

Die abstrakte Verweisbarkeit ist problematisch, weil der Versicherte den Beruf, den er ausüben kann, noch nicht ausübt und sich erst nach der Entscheidung des Versicherers um einen entsprechenden Arbeitsplatz bemühen kann. Vielfach beruft sich der Versicherte dann darauf, dass er sich angesichts der Lage auf dem Arbeitsmarkt außerstande sieht, eine solche Tätigkeit aufnehmen zu können. Darauf kommt es in der privaten BUV jedoch nicht an, da das Risiko der Arbeitslosigkeit nicht mitversichert ist.

– Nischentätigkeit

Allerdings ist ein Verweisungsberuf nur dann zumutbar, wenn es dafür auf dem Arbeitsmarkt eine ausreichende Zahl von Arbeitsplätzen – egal ob frei oder besetzt – tatsächlich gibt. Nischentätigkeiten oder die freie (phantasievolle) Definition von Berufsbildern als einem Sammelsurium von bestimmten dem Versicherten noch möglichen Arbeitstätigkeiten ergeben keinen Verweisungsberuf, der von dem Versicherten auszuüben ist.

– Zugangsbeschränkung wegen Alter und Behinderung

Mancher Versicherter wird sich auch darauf berufen, dass er aufgrund seiner gesundheitlichen Einschränkungen oder seines Alters auf dem Arbeitsmarkt nicht mehr vermittelbar sei, weil Arbeitgeber jüngere und gesunde Mitbewerber vorzögen. Hier ist in jedem Einzelfall zu prüfen, ob diese Argumentation gegen die abstrakte Verweisung spricht. In jedem Fall verbietet das allgemeine Gleichstellungsgesetz vom 1. 8. 2006 (AGG) die altersbedingte Diskriminierung und eine Behindertendiskriminierung wird nur in Ausnahmefällen zugelassen.

In jedem Einzelfall sollte außerdem geprüft werden, ob der Versicherte mit geeigneten Mitteln dabei unterstützt werden kann, beruflich wieder Fuß zu fassen. Rehabilitationsdienste namhafter Rückversicherer unterstützen z. B. Lebensversicherer dabei, Berufsunfähige wieder beruflich zu integrieren.

Wie sind die Prozessaussichten bei der abstrakten Verweisung?

Der Versicherte muss lediglich summarisch darlegen, dass er einen Verweisungsberuf nicht mehr ausüben kann. Es ist Aufgabe des Versicherers, darzulegen und zu beweisen, dass dem Versicherten der ausgewählte Verweisungsberuf zugemutet werden kann. Dabei muss er vor allen Dingen das Berufsbild konkret benennen und im Einzelnen beschreiben, welche Kerntätigkeiten hier von dem Versicherten auf der Basis welcher Ausbildung und Erfahrung ausgeübt werden können.

Es muss sich dabei auch um Tätigkeiten handeln, die im Arbeitsleben auch tatsächlich vorhanden sind. Es reicht nicht aus, eine Anzahl von Resttätigkeiten, die noch im alten Beruf ausübbar waren, zu einem neuen Beruf umzudefinieren, der tatsächlich auf dem Arbeitsmarkt in dieser Form nicht existent ist. Für die ausgewählte Tätigkeit muss ein Arbeitsplatz in nicht nur geringfügigem Maße vorhanden sein und schließlich muss das Einkommen i.S.d. Lebensstellung vergleichbar bzw. eine Einbuße zumutbar sein.

Welche Dauer der BU ist für den Anspruch maßgeblich?

In § 172 Abs. 2 VVG wird auf einen voraussichtlich dauernden Zustand abgestellt. In der Praxis hat sich hier in Anlehnung an die Zeitrenten aus der Sozialversicherung die Auffassung durchgesetzt, dass ein Zustand, der voraussichtlich drei Jahre oder länger dauert, als voraussichtlich dauernd anzusehen ist.

In den Bedingungen sieht die Definition der BU häufig einen Zeitraum von sechs Monaten als maßgeblich an, wonach dann entweder die Fortdauer als BU gilt (Leistung ab dem siebten Monat) oder dann von Beginn an BU angenommen wird (mit Leistungen ab dem ersten Tag dieser BU) oder aber allein die Prognose eines sechs Monate andauernden Zustandes bereits für einen Leistungsanspruch ausreicht.

In jedem Fall muss der Gutachter in seinem Gutachten einen Hinweis zu dieser Prognose geben. In Streitfällen geht es auch darum, festzulegen, wann die BU in der Vergangenheit begonnen hat. Hierzu hat die Rechtsprechung festgehalten, dass es rückschauend auf den Zeitpunkt ankommt, zu dem erstmals ein Zustand gegeben war, der nach dem Stand der medizinischen Wissenschaft keine Erwartung mehr auf eine Besserung rechtfertigte.

Welche Rolle spielen Ausschlussklauseln?

Um Versicherungsschutz zu ermöglichen, arbeiten Lebensversicherer mit individuellen Risikoausschlüssen. Diese können sich auf medizinische Sachverhalte beziehen aber auch z. B. bestimmte Sportrisiken oder Auslandsrisiken ausschließen.

Bei der Beurteilung des Leistungsfalls ist daher immer auch zu prüfen, ob eine Ausschlussklausel vereinbart wurde und ob diese zur Anwendung kommt. Der Gutachter wird immer über diese Klausel informiert und muss dann in seinem Gutachten dazu Stellung nehmen, ob die der BU zugrunde liegende Erkrankung durch die Klausel ausgeschlossen ist oder ob z. B. die Ausübung der ausgeschlossenen Sportart zum Versicherungsfall geführt hat.

In manchen Bedingungswerken sind auch standardmäßig Ausschlussklauseln enthalten. Dazu gehört der Ausschluss der BU, die durch die vorsätzliche Ausführung oder den strafbaren Versuch eines Verbrechens oder Vergehens durch den Versicherten verursacht worden ist oder die absichtliche Herbeiführung der BU bei dem Versicherten durch den Versicherungsnehmer oder die Verursachung durch Kriegsereignisse oder innere Unruhen. Manchmal sind auch die Versicherungsfälle ausgeschlossen, die durch die Reise in einem Luftfahrzeug (kann auch ein Paraglider sein!) verursacht worden sind.

Diese Standardklauseln haben allerdings in der Regulierungspraxis kaum eine Bedeutung.

Wann muss eine Entscheidung über den Antrag gefällt werden?

Wenn der Versicherte den Antrag auf Leistungen gestellt hat, wird der Versicherer zügig mit der Informationserhebung beginnen. Üblicherweise übersendet er dem Versicherten einen Kundenfragebogen und wird nach dessen Eingang die dort benannten Ärzte mittels eines sog. Arztfragebogens zur BU des Versicherten befragen. Der Arzt ist dabei umfassend über das einschlägige Berufsbild zu informieren. Außerdem wird der Versicherer alle Krankenhäuser und Rehabilitations-Einrichtungen, die den Versicherten darüber hinaus behandelt haben, ebenfalls um Auskunft zum Gesundheitszustand des Versicherten bitten.

Liegen alle Informationen vor, trifft der Lebensversicherer seine Entscheidung. Er hat sie zügig zu treffen, sobald ihm die für die Entscheidungsgrundlage wesentlichen Informationen übersandt worden sind.

Ist der Versicherte mit der Entscheidung nicht einverstanden, wird der Lebensversicherer seine Entscheidung – unter Umständen auch auf Basis neuer Erkenntnisse – überdenken oder einen Gutachter beauftragen.

Welche Bedeutung hat die Entscheidung über den Antrag auf Leistungen?

Der Versicherer hat nach den Bedingungen zwei Möglichkeiten, um über den Antrag zu entscheiden. Er kann die Leistung ablehnen oder er kann die BU bejahen und eine Rente bzw. die Beitragsbefreiung zusprechen.

Hat er dem Anspruch des Versicherten stattgegeben, entfaltet dieses Anerkenntnis besondere Rechtswirkungen. Unabhängig davon, ob eine entsprechend Prüfung überhaupt stattgefunden hat, bedeutet eine Anerkenntnis immer:

– der Versicherte ist berufsunfähig im eigenen Beruf

– der Versicherte ist berufsunfähig in einer bestimmten Vergleichstätigkeit

– der Zustand hat mindestens sechs Monate gedauert und dauert noch an (je nach Bedingungen reicht auch die Prognose einer sechsmonatigen Unfähigkeit aus, um den Leistungsanspruch auszulösen)

– die Leistungszusage kann nur mit dem Nachprüfungsverfahren überprüft werden.

Diese Bindungswirkung bedeutet:

Bereits bekannte Umstände können im Rahmen der Nachprüfung nicht neu bewertet werden, auch wenn sich der Lebensversicherer bei seiner Entscheidung geirrt hat. Übersehene Verweisungsmöglichkeiten bei der Erstentscheidung können im Nachprüfungsverfahren nicht mehr nachgeholt werden.

Kann das Anerkenntnis befristet werden?

– Befristung unter Zurückstellung der Verweisbarkeit

In den meisten Bedingungswerken aus der Zeit vor der VVG-Reform wird die Möglichkeit eingeräumt, das Anerkenntnis zu befristen. Üblicherweise ist dies nur unter der Voraussetzung der Zurückstellung der Verweisbarkeit möglich, andere Formen der Befristung sind damit nicht zulässig. Entscheidet der Versicherer sich dann für die Befristung, hat er BU im eigenen Beruf mit Selbstbindungswirkung anerkannt. Offen bleibt nur die Frage, ob und wohin der Versicherte verwiesen werden kann. Liegt eine solche Verweisungsmöglichkeit klar auf der Hand, ist sie ohne Zögern auszusprechen, weil sonst möglicherweise das Recht zur Verweisung später verwirkt ist. Ansonsten muss nach Ablauf der Befristung durch den Lebensversicherer die Prüfung der Verweisbarkeit nachgeholt werden und eine Entscheidung über die Verweisung getroffen werden. Will der Lebensversicherer außerdem geltend machen, dass sich der Gesundheitszustand oder sonstige Verhältnisse geändert haben, die die Berufstätigkeit des Versicherten im bisherigen Beruf wieder ermöglichen, ist er auf das Rechtsinstitut der Nachprüfung beschränkt.

– Befristungsregelung im neuen VVG

In § 173 Abs. 2 VVG wird nunmehr für die neuen Verträge das Recht der Befristung anders geregelt. Die Befristung ist jetzt nicht mehr mit der Zurückstellung der Prüfung der Verweisbarkeit verbunden. Die Befristung darf nur einmal ausgesprochen werden. Bis zum Ablauf der Frist ist diese Entscheidung bindend, kann also nicht im Wege der Nachprüfung abgeändert werden.

Der Lebensversicherer ist danach also berechtigt, einseitig die Befristung ohne besondere Begründung auszusprechen. Mit dieser Befristung geht er für die Dauer der Befristung ebenfalls eine Selbstbindung für alle Entscheidungsparameter ein. Nach Ablauf der Frist ist die Prüfung der BU erneut aufzunehmen. Sie ist wie die Erstprüfung gestaltet.

Diskutiert wird, welche Rechtswirkungen dieser einseitigen Befristung nach Ablauf der Frist noch bestehen bleiben. Da der Lebensversicherer alle Voraussetzungen des Anspruchs zu prüfen hatte, kann er sich möglicherweise auch bei einer Befristung nach deren Ablauf nicht auf die Neubewertung bereits bekannter Umstände berufen. Insoweit könnte also auch bei dem befristeten Anerkenntnis nach neuem Recht eine Bindungswirkung über den Ablauf der Frist hinaus eingetreten sein.

Befristungen sollten in jedem Fall nur dann ausgesprochen werden, wenn sachgerechte Gründe vorliegen, wie z. B. eine überschaubare Dauer der medizinischen Einschränkung, die Unsicherheit über den Verweisungsberuf, die Dauer der Umschulung. Eine unbefristete Entscheidung des Versicherers muss unmöglich oder unsicher sein. Der Befristungszeitraum sollte sachgerecht sein und drei Jahre nicht überschreiten.

Kann eine einzelvertragliche Vereinbarung über den Anspruch abgeschlossen werden?

Diese Form der Entscheidung über den Anspruch ist verbreitet. Beide Parteien einigen sich darüber, dass die Leistung erbracht wird, ohne dass über die Berechtigung bereits abschließend entschieden worden wäre. Für die Wirksamkeit solcher Vereinbarungen ist darauf zu achten, dass sie die Rechtsposition des Versicherten nicht einseitig verschlechtern und dass dem Versicherten klar ist, dass er möglicherweise auf Ansprüche verzichtet. Nicht jede einzelvertragliche Vereinbarung erfüllt diese Vorgaben. Immer dann, wenn ein unbefristetes Anerkenntnis ausgesprochen werden kann, muss es erklärt werden und darf nicht durch eine einzelvertragliche Vereinbarung ersetzt werden, selbst wenn der Versicherte zugestimmt hat.

Wann kann eine Nachprüfung durchgeführt werden?

Das Fortbestehen der BU kann nach den Bedingungen nachgeprüft werden. Damit wird der Tatsache Rechnung getragen, dass sich der Gesundheitszustand des Versicherten bessern kann und er wieder arbeitet oder berufstätig sein kann. Der Lebensversicherer ist nach den Bedingungen jederzeit berechtigt, sachdienliche Auskünfte zum Versicherungsfall einzuholen. Einmal im Jahr darf er vom Versicherten eine medizinische Untersuchung verlangen.

Üblicherweise wird die Nachprüfungsfrist vom Lebensversicherer bei seiner Erstentscheidung über den Anspruch gesetzt. Die Häufigkeit der ärztlichen Untersuchung wird immer in Abhängigkeit vom Krankheitsbild nach Rücksprache mit dem Gesellschaftsarzt oder dem Rückversicherer festgelegt. Die Dauer bestimmt sich üblicherweise nicht nur nach der Schwere der zugrunde liegenden Erkrankung, sondern auch der Dauer der Therapie sowie der Möglichkeiten der Rehabilitation und Umschulung.

Was ist bei der Nachprüfung zu beachten?

Die Neufestsetzung der Leistung nach einer Nachprüfung unterliegt strengen Regeln.

Die Leistung kann nur dann eingestellt werden, wenn sich der Gesundheitszustand des Versicherten gebessert hat. Dabei hat der Versicherer kein Recht, einen bereits bekannten Gesundheitszustand neu zu bewerten. Er ist auch nicht berechtigt, in der Nachprüfung eine Verweisung auszusprechen, die er bei dem Erstanerkenntnis übersehen oder gar nicht erst geprüft hat. Schließlich darf er auch neu erworbene Kenntnisse und Fähigkeiten nicht berücksichtigen, wenn es in den Bedingungen nicht ausdrücklich vorgesehen ist.

Kann auf einen Umschulungsberuf verwiesen werden?

Manche Versicherte haben sich umschulen lassen. Dann möchte der Lebensversicherer den Versicherten gerne auf diesen Beruf verweisen. Voraussetzung dafür ist immer, dass in den Bedingungen überhaupt die Möglichkeit eingeräumt wird, neue berufliche Kenntnisse berücksichtigen zu dürfen. Darüber hinaus muss der Versicherte aber auch in dem neuen Beruf einen Arbeitsplatz gefunden haben. Ist das nicht der Fall, entfällt die Verweisung.

Hintergrund ist die Tatsache, dass von dem Versicherten eine Umschulung nicht verlangt werden kann. Macht er diese freiwillig und könnte der Versicherer ihn darauf verweisen, ohne dass er überhaupt einen Arbeitsplatz hat, dann wäre dieser aktive Versicherte im Rentenbezug schlechter gestellt, als der Versicherte, der sich nicht um eine Umschulung kümmert.

Ein Ausweg aus diesem Dilemma könnte sein, den Versicherten bei der Arbeitsplatzsuche aktiv zu beraten und ihm einen entsprechenden Arbeitsplatz nachzuweisen. Lehnt er diesen ab, hätte er in einem streitigen Verfahren darzulegen, aus welchen Gründen dieser Arbeitsplatz nicht zumutbar war. Aus der Erfahrung heraus kann gesagt werden, dass die aktive Arbeitsplatzvermittlung in der Regel erfolgreich ist und der Versicherte diese begleitende Maßnahme sehr schätzt.

Wie sollte die Leistungsprüfung durchgeführt werden?

– Telefonischer Erstkontakt

Bewährt hat sich, den Versicherten, sobald er seinen Anspruch geltend gemacht hat, telefonisch zu kontaktieren und ihm die weitere Vorgehensweise zu erläutern. Das zeigt dem Kunden, dass der Fall von seinem Versicherer betreut wird und dass er sich in besten Händen befindet. Außerdem kann bei einem solchen Gespräch bereits über den aktuellen Beruf des Versicherten gesprochen werden, dem die besondere Bedeutung in der Regulierung zukommt. Ggf. ergeben sich auch erste Hinweise auf das Krankheitsbild und die Prognose bzw. die Erwartungen des Versicherten an seinen Versicherer.

– Kundenfragebogen[3] und Besuchsdienst

Danach wird ein sog. Kundenfragebogen an den Versicherten übersandt. Dieser hat vor allem zum Zweck, Informationen zum medizinischen Sachverhalt, zu der medizinischen Vorgeschichte und vor allen Dingen zum Berufsalltag sowie der Ausbildung und beruflichen Erfahrung zu erheben.

Üblicherweise ist der Kundenfragebogen dreigeteilt. Im ersten Abschnitt wird nach der gesundheitlichen Vorgeschichte, nach der aktuellen Erkrankung, den behandelnden Ärzten und medizinischen Einrichtungen gefragt. Im zweiten Abschnitt wird die berufliche Ausbildung und Erfahrung abgeklärt und eine Beschreibung der letzten Berufstätigkeit sowie die eingetretenen Veränderungen abgefragt. Schließlich wird der Versicherte noch gebeten, Angaben zu anderweitigem Versicherungsschutz sowie zu Rentenanträgen, -bescheiden oder anstehenden oder durchgeführten Rehabilitations- oder Umschulungsmaßnahmen zu machen.

Manche Versicherer unterstützen ihre Kunden mit einem sog. Besuchsdienst, bei dem ein erfahrener Reha-Experte den Kunden persönlich besucht, ihm beim Ausfüllen des Fragebogens hilft und weitere Informationen zum Leistungsfall sammelt. Häufig wird zwischen dem Reha-Dienst und dem Versicherer vereinbart, dass der Versicherer einen Besuchsbericht erhält, in dem auch aufgezeigt wird, welche Möglichkeiten zur Verbesserung des Gesundheitszustandes oder der beruflichen Situation bestehen.

– Arztfragebogen[4]

Sobald diese Informationen vorliegen, wird der Arztfragebogen an die behandelnden Ärzte bzw. an die entsprechenden Fachärzte versandt. Idealerweise erhält der

---

3   Siehe Kundenfragebogen (ab S. 39).
4   Siehe Arztfragebogen (ab S. 49).

Arzt dabei auch alle die berufskundlichen Informationen, die er für die Beurteilung des Restleistungsvermögens des Versicherten braucht.

Auch der Arztfragebogen folgt einem bestimmten Schema. Zunächst soll der Arzt über die ihm bekannte Krankheitsvorgeschichte Auskunft geben. Dann soll er den aktuellen Gesundheitszustand beschreiben, über Therapie und Prognose berichten und soweit bekannt anderweitige Ärzte und behandelnde Einrichtungen angeben. Im Anschluss daran wird er gebeten, das allgemeine Restleistungsvermögen des Versicherten zu beschreiben, jeweils auf sein Fachgebiet bezogen, also alle die Funktionsbeeinträchtigungen aufzulisten, die aufgrund des Krankheitsbildes aufgetreten sind bzw. die Funktionen zu benennen, die nicht oder kaum eingeschränkt sind (sog. positives und negatives Leistungsbild).

Schließlich soll der Arzt beurteilen, welche konkreten Kerntätigkeiten der Versicherte in seinem Beruf noch ganz oder nur noch teilweise oder gar nicht mehr ausüben kann. Voraussetzung dafür ist natürlich, dass der Arzt diese Informationen vom Lebensversicherer geliefert bekommen hat. In manchen Fällen wird auch um einen Hinweis gebeten, welchen Verweisungsberuf der Versicherte noch ausüben kann. Das ist mangels berufskundlicher Detailkenntnisse nicht jedem Arzt gegeben. Hilfreich für den Lebensversicherer ist in diesem Zusammenhang natürlich auch eine Beschreibung der Fähigkeiten, die dem Versicherten überwiegend erhalten geblieben sind.

– Gutachten

Nur in schwierigen Fällen sollte ein Gutachten eingeholt werden. Zu beachten ist, dass ein Gutachten für den Versicherten meistens bedeutet, seine Position verteidigen zu müssen. Es kann unter Umständen nach der Gutachteneinholung schwierig sein, mit dem Versicherten eine Lösung zu finden, die für beide Seiten einen Gewinn darstellt.

Im Idealfall versorgt der Lebensversicherer den Gutachter mit allen notwendigen Unterlagen zum Leistungsfall. Vielfach stellt er präzise Fragen zur BU, um später selbst besser die BU beurteilen zu können.

Der Gutachter sollte sich in jedem Fall mit dem Begriff der BU vertraut machen, um nicht Gefahr zu laufen, diesen mit anderen ihm aus seiner Praxis geläufigeren Begriffen zu verwechseln. Regelmäßig stellt der Lebensversicherer dem Gutachter deshalb auch seine Bedingungen zur Verfügung.

Da es um den Ausgleich finanzieller Verluste infolge fehlender Berufsausübung geht, haben sowohl der Lebensversicherer als auch der Versicherte ein starkes Interesse daran, dass das Gutachten innerhalb eines zeitlich vertretbaren Rahmens erstellt wird.

Bei der Abfassung des Gutachtens sollte immer auch darauf geachtet werden, dass der Leistungsregulierer über umfassende medizinische Fachkenntnisse verfügt aber doch medizinischer Laie ist. Auch im Hinblick auf eine mögliche streitige Auseinandersetzung mit dem Versicherten ist es wünschenswert, das Gutachten allgemein verständlich und nachvollziehbar zu formulieren.

– Schweigepflichtsentbindungs-Erklärung

Das Recht zur Schweigepflichtsentbindung ist mit der VVG-Reform neu geregelt worden und gilt für alle Verträge. Damit soll dem verfassungsrechtlich geschützten informationellen Selbstbestimmungsrecht des Versicherungsnehmers Rechnung getragen werden.

Gängige generelle Ermächtigungsklauseln sind (auch nach einer Entscheidung des Bundesverfassungsgerichts) nur dann zulässig, wenn dem Versicherungsnehmer Wahlmöglichkeiten eingeräumt werden. Er darf danach entscheiden, ob er mit der allgemeinen Klausel einverstanden ist, eine Ermächtigung für jeden Einzelfall der Informationsbeschaffung vorzieht oder sogar selbst die relevanten Informationen beibringen will.

Personenbezogene Daten dürfen erhoben werden bei Ärzten, Krankenhäusern und sonstigen Krankenanstalten, Pflegeheimen und Pflegepersonen, anderen Personenversicherern und gesetzlichen Krankenkassen sowie Berufsgenossenschaften und Behörden.

Für Gutachter ist wichtig, dass die erforderliche Schweigepflichtentbindung auch tatsächlich vorliegt. Üblicherweise wird er hierüber auch informiert. Im Zweifel sollte er den Versicherten vor der Untersuchung explizit nach seinem Einverständnis fragen.

– Aktives Leistungsmanagement

Zunehmend werden Versicherer aktiv und unterstützen ihre Versicherten dabei, wieder in das Berufsleben zurückkehren zu können. Für den Versicherer bedeutet das natürlich die Möglichkeit, die Rente einstellen zu können. Für den Versicherten ergeben sich die Vorteile daraus, dass er meistens von der BUZ-Rente allein nicht leben und eine Familie unterhalten sowie eine tragfähige Altersversorgung aufbauen kann.

Erfahrene Reha-Berater sollten den Versicherten hierbei begleiten. Besonders bewährt hat sich dabei die Unterstützung bei der Arbeitsvermittlung, die dem Versicherten praktisch dabei hilft, wieder im Beruf Fuß zu fassen. Auch die Beratung über die Möglichkeiten einer Umschulung bis hin zur Begleitung bei der Umschulung und anschließenden Arbeitsplatzsuche ist ein erfolgversprechender Ansatz. Meistens kann dem motivierten Versicherten geholfen werden. Wie er zu motivieren ist, das weiß der Reha-Experte am besten.

Wenn der Gutachter erkennt, dass sich hier Möglichkeiten für den Versicherten und damit für den Lebensversicherer ergeben, sollte er das in seinem Gutachten direkt ansprechen.

Fazit

Die Profitabilität der BUZ steht und fällt mit der professionellen Leistungsregulierung. Der Leistungsregulierer hat die Bedingungen sorgfältig zu prüfen und umfassende Informationen für die Regulierung einzuholen. Bei der Erstprüfung muss er darauf achten, alle wichtigen Informationen und Gesichtspunkte in die Regulierung mit einbezogen zu haben. Spätere Nachbesserungen sind ausgeschlossen. In der Nachprüfung kommt es vor allem darauf an, den Sachverhalt erneut durchzuprüfen und die Chancen zu erkennen, dem Versicherten aktiv bei der Rückkehr in das Berufsleben unterstützen zu können. Im Einzelfall kann auch eine vollständige finanzielle Regelung des Falles mit Beendigung der Versicherung für beide Parteien eine sachgerechte Lösung sein.

Der Gutachter spielt eine wichtige Rolle bei der Beurteilung des BU-Grades. Von der Qualität seiner Arbeit hängt in schwierigen Fällen die Entscheidung über den Fall ab. Die Transparenz und die Nachvollziehbarkeit in der schriftlichen Darstellung erleichtern den am Verfahren beteiligten Parteien – dem Leistungsregulierer, dem Versicherten, im Einzelfall dem Gericht – diese Aufgabe.

Literaturhinweise

Müller-Frank, Christoph: Aktuelle Rechtsprechung zur Berufsunfähigkeit-(Zusatz-) Versicherung, Schriftenreihe VersicherungsForum, 7. Auflage, Verlag Versicherungswirtschaft GmbH, Karlsruhe 2007

Prölss/Martin: Versicherungsvertragsgesetz, 27. Auflage, Verlag C. H. Beck, München 2004

Musterfragebogen für den Kunden

ANTRAG AUF LEISTUNGEN WEGEN BERUFSUNFÄHIGKEIT

Lebensversicherungsnummer:

I. ANGABEN ZUR VERSICHERTEN PERSON

Name:
Wohnort:
Telefon:

II. ANGABEN ZUM GESUNDHEITSZUSTAND

1. An welchen Erkrankungen oder Verletzungen leiden Sie?

---

2. Seit wann bestehen diese Erkrankungen oder Verletzungen?

  Seit:

---

3. Wurden die Erkrankungen oder Verletzungen durch einen Unfall ausgelöst?

  Ja ( )　　　　　　　**Nein ( )**

---

4. Wenn ja, wann und wo hat sich der Unfall ereignet? (Bitte schildern Sie den
   Unfallhergang auf einem gesonderten Blatt)

  Wann:

  Wo:

  Welche Polizeidienststelle/Staatsanwaltschaft bearbeitet den Unfall?

  Name:
  Anschrift:

  Aktenzeichen:

---

5. Welcher Arzt hat Sie wegen dieser Erkrankungen oder Verletzungen zuerst behandelt?

Name:
Anschrift:

Wann:

6. Von welchen anderen Ärzten und in welchen Krankenhäusern, Sanatorien oder Kuranstalten wurden Sie bisher untersucht oder behandelt?

Name:	**Anschrift:**	**Behandlungszeitraum:**	
1.		von	bis
2.		von	bis
3.		von	bis
4.		von	bis

7. Welche Ärzte behandeln Sie **zur Zeit** wegen dieser Erkrankungen oder Verletzungen?

Name:
Anschrift:

Fachrichtung:

Name:
Anschrift:

Fachrichtung:

8. Welche ärztlichen Maßnahmen (Untersuchungen, Behandlungen, Heilverfahren, Therapien) sind noch vorgesehen?

Wann:

Wo:

9. Seit wann sind Sie wegen der Erkrankungen oder Verletzungen nicht mehr in der Lage, Ihre bisherige Tätigkeit auszuüben?

seit:

Sind Sie arbeitsunfähig krank geschrieben?

( ) ja ( ) nein

Wenn ja, seit:

durch Dr. :

III. ANGABEN ZUM BERUF UND ZUM BERUFLICHEN WERDEGANG

1. Welche abgeschlossene Schulbildung haben Sie?

keine	**( )**	**Abitur**	**( )**	
Hauptschule	**( )**	**Fachoberschule**	**( )**	
Realschule	**( )**	**Sonstige**	**( )**	_____

2. Welche Berufsausbildung haben Sie abgeschlossen?

Gesellenprüfung	**( )**	**Meisterprüfung**	**( )**
Kaufmannsgehilfenprüfung	**( )**	**keine**	**( )**
Studienabschluss	**( )**		

Wenn ja, welche/n?: _____

erlernte/r Beruf/e: _____

3. Welche beruflichen Tätigkeiten haben Sie in Ihrem bisherigen Berufsleben ausgeübt? (Schildern Sie bitte Ihren beruflichen Werdegang in zeitlicher Reihenfolge!)

Berufliche Tätigkeiten	**von**	**bis**	**Arbeitgeber**

4. Welche sonstigen Kenntnisse und Fähigkeiten haben Sie sich noch angeeignet (z.B. Computerkurs)?

_____

5. Welche berufliche Tätigkeit haben Sie unmittelbar vor dem Eintritt der jetzigen gesundheitlichen Beschwerden ausgeübt?

_____

6. Seit wann haben Sie diese Tätigkeit ausgeübt?
   Seit:

_____

7. Wie hoch war Ihr jährliches Bruttoeinkommen aus dieser beruflichen Tätigkeit vor Eintritt der jetzigen gesundheitlichen Beschwerden?
   (Fügen Sie bitte die Einkommensteuerbescheide der letzten drei Jahre bei!)

   EUR: **EUR:**   **EUR:**

_____

8. Welche Belastungen waren für Sie mit der Ausübung dieser Tätigkeit verbunden?

   ständig stehend   ( )   **feinmotorische Arbeiten**   ( )
   gehend und stehend   ( )   **oft mit erhobenen Armen**   ( )
   oft kniend   ( )   **an laufender Maschine**   ( )
   oft in gebückter Haltung   ( )   **hautempfindliche Arbeiten** ( )
   ständig sitzend   ( )
   im Wechsel von Gehen/
   Stehen/Sitzen   ( )

   Heben und Tragen von Lasten
   bis 7 kg ( )   7 - 20 kg ( )   über 20 kg ( )

_____

9. Worin bestand Ihre berufliche Tätigkeit im einzelnen **v o r** Eintritt der jetzigen gesundheitlichen Beschwerden an einem gewöhnlichen Arbeitstag? (Nennen Sie bitte die zutreffenden Teiltätigkeiten und geben Sie die zeitliche Inanspruchnahme an!)

.... **Aufgaben**   **durchschnittlicher Zeitaufwand täglich**

_____   ( ) Stunden   ( ) Minuten

_____   ( ) Stunden   ( ) Minuten

_____   ( ) Stunden   ( ) Minuten

_____   ( ) Stunden   ( ) Minuten

_____   ( ) Stunden   ( ) Minuten

Sonstige Aufgaben

_____   ( ) Stunden   ( ) Minuten

_____   ( ) Stunden   ( ) Minuten

_____   ( ) Stunden   ( ) Minuten

_____   ( ) Stunden   ( ) Minuten

_____   ( ) Stunden   ( )
Minuten

_____

10. Schildern Sie bitte auf dem beiliegenden Blatt den Ablauf eines Arbeitstages und einer Arbeitswoche **v o r** Eintritt Ihrer Beschwerden.

_____

11. Wie viele Stunden haben Sie vor Eintritt Ihrer Beschwerden täglich gearbeitet?

Stunden:
Wie viele Arbeitstage **je Woche**?
Tage:

_____

12. Welche von den oben genannten Tätigkeiten üben Sie **h e u t e** noch aus? (Nennen Sie bitte die einzelnen Tätigkeiten, die Sie ausüben und tragen Sie jeweils den durchschnittlichen Zeitaufwand ein!)

.... **Aufgaben**   **durchschnittlicher Zeitaufwand täglich**

_____   ( ) Stunden   ( ) Minuten

_____   ( ) Stunden   ( ) Minuten

_____   ( ) Stunden   ( ) Minuten

_____   ( ) Stunden   ( ) Minuten

Sonstige Aufgaben

_____   ( ) Stunden   ( ) Minuten

_____   ( ) Stunden   ( ) Minuten

_____   ( ) Stunden   ( ) Minuten

13. Schildern Sie bitte auf dem beiliegenden Blatt den Ablauf eines Arbeitstages und einer Arbeitswoche **n a c h** Eintritt Ihrer Beschwerden (heute).

14. Wie viele Stunden arbeiten Sie zur Zeit **täglich**?

Stunden:
Wie viele Arbeitstage **je Woche**?
Tage:

15. Beabsichtigen Sie, Ihre berufliche Tätigkeit wieder aufzunehmen?

ja ( )   **nein ( )**

Wenn ja, **wann:**

16. Bestehen Pläne zur Aufnahme einer anderen beruflichen Tätigkeit?

ja ( )   nein ( )

Wenn ja, **welche:**

wann:

_____

17. Werden Sie umgeschult oder soll eine Umschulung stattfinden? (Bitte Kopie des
    Umschulungsbescheides beilegen.)

ja ( )   nein ( )

Wenn **ja**
neuer Beruf:

Beginn und voraussichtliche Dauer:

Träger der Umschulung:

_____

18. Sind andere Berufsmaßnahmen (Schule, Studium usw.) vorgesehen?

ja ( )   nein ( )

Wenn **ja**,
mit welchem Berufsziel:
Beginn und voraussichtliche Dauer:

_____

IV. ANGABEN ZUM WEITEREN VERSICHERUNGSSCHUTZ

1. Bei welchen Versicherungsgesellschaften sind Sie gegen Berufsunfähigkeit noch versichert? (Bitte geben Sie Name, Anschrift und Vertragsnummer an.)

   Name:
   Anschrift:
   Vertragsnummer:

   _____

2. Haben Sie grundsätzlich Anspruch auf Berufsunfähigkeitsrente bei der Sozial-versicherung (BfA, LVA, usw.)?

   ja ( )   **nein ( )**

   Haben Sie je Beiträge in die gesetzliche Sozialversicherung eingezahlt?
   Von .... bis ....

   _____

3. Beziehen Sie Rente von der Sozialversicherung (Bitte fügen Sie alle Ihnen vorliegenden Rentenbescheide und letzten -anpassungsbescheide vollständig bei).

   ja ( )   **nein ( )**

   _____

4. Sofern Sie keine Rente beziehen:

   Haben Sie eine Rente beantragt?   **nein ( )**   **ja ( ), am:**

   Werden Sie eine Rente beantragen?   **nein ( )**   **ja ( ), am:**

   Falls nein, **weshalb nicht?**   _____

   Wurde ein Rentenantrag abgewiesen?   **nein ( )**   **ja ( ), am:**

   Haben Sie hiergegen Widerspruch
   erhoben   **nein ( )**   **ja ( ), am:**

   Bitte geben Sie Name und Anschrift Ihres Sozialversicherungsträgers sowie Ihre Versicherungsnummer an:

   Name: _____ **Versicherungsnummer:** _____
   Anschrift: _____
                    _____

   _____

46

5. Bei welcher Krankenkasse/Versicherungsgesellschaft sind Sie krankenversichert?

Name:
Anschrift:

Mitgliedsnummer:

Leistungen wegen Berufsunfähigkeit sollen überwiesen werden an:

Geldinstitut/Postbank:
Kontoinhaber:
Bankleitzahl:
Kontonummer:

Bei bestehender Abtretung muss der Zessionar schriftlich zustimmen, dass die Leistunge
auf das angegebene Konto überwiesen werden. Bitte reichen Sie uns hierüber eine form
Bestätigung des Zessionars ein.

Die Fragen habe ich wahrheitsgemäß beantwortet. Mir ist bekannt, dass bewusst falsche
oder unvollständige Angaben zum Verlust des Versicherungsschutzes führen können, ur
zwar auch dann, wenn der Gesellschaft kein Schaden entsteht. Wurde die Schadenanze
von einem Beauftragten der Versicherungsgesellschaft ausgefüllt, so bleibe trotzdem ich
allein für die Richtigkeit der gemachten Angaben verantwortlich.

_____   _____
Ort, Datum   Unterschrift des Versicherungsnehmers

Bei der Ausfüllung des Fragebogens hat mitgewirkt:

Musterfragebogen für den Arzt

Versicherte Person:
Anschrift:
Versicherungsschein Nr.:

---

1. Sind Sie damit einverstanden, dass Ihre Auskunft weitergegeben wird?

    a) An den Patienten?

    Ja ☐   Nein ☐

    b) An einen gesetzlichen Vertreter?

    Ja ☐   Nein ☐

---

2. Haben Sie bereits für eine andere Gesellschaft, Sozialversicherung etc. einen Bericht verfaßt?

    Ja ☐   Nein ☐

    Wenn ja, an wen und wann? _____

---

3. Welcher Krankenkasse gehört der Patient an? Versicherungsnummer?

    _____

---

4. Welchen Beruf übte der Patient vor Eintritt der Beschwerden/ Erkrankung aus?

    _____

---

5. Wurde eine MdE oder ein GdB anerkannt?

    Ja ☐   Nein ☐

    Grad: _____

    Zeitpunkt: _____

6. Ist der Patient [....] erklärt worden?

dienstunfähig ☐   erwerbsunfähig ☐

Zeitpunkt: _____

Begutachtende Stelle: _____

7. Wie lauten die Diagnosen?

Diagnose: _____ erhoben am: _____ dem Patienten mitgeteilt am:

1. _____

2. _____

3. _____

4. _____

8. Welche anderen Ärzte/ Krankenhäuser/ Institute haben den Patienten behandelt?

Name: _____

Anschrift : _____

Fachrichtung: _____

Name: _____

Anschrift: _____

Fachrichtung: _____

9. Welche Angaben macht der Patient zu den Symptomen / Beschwerden?

a) Wann sind die Beschwerden erstmalig aufgetreten?

_____

b) Seit wann bestehen die Beschwerden ununterbrochen?

_____

c) Die Beschwerden begannen:

akut ☐   schleichend ☐

d) Die Beschwerden bestehen:

dauernd ☐   zeitweilig ☐

e) Dauer der Intervalle ohne Beschwerden:

_____

f) Wurden die Symptome durch ein Ereignis (Unfall, Krankheit, Operation) oder durch berufliche Exposition ausgelöst?

Ja ☐   Nein ☐

g) Gibt es spezielle Situationen, bei denen es hauptsächlich zu den Beschwerden kommt?

Ja ☐   Nein ☐

h) Die Beschwerden haben sich in letzter Zeit:

gebessert ☐   verschlechtert ☐   nicht verändert ☐

i) Sonstige Bemerkungen zur Verlaufsform:

_____

_____

j) Aktueller Stand?

10. In welcher Stärke / Ausprägung bestehen die Beschwerden nach Angaben des Patienten? [0 =
    keinerlei Symptomausprägung / Beeinträchtigung bis 10 = sehr schwere Beeinträchtigung]

    Bitte geben Sie uns gegebenenfalls nähere Informationen zu Lokalisation und
    Häufigkeit des Auftretens.

a) Psychovegetative Symptome: _____

b) Depressive Verstimmungen: _____

c) Ängste/ Phobien: _____

d) Panikattacken: _____

e) Antriebsstörungen: _____

f) Schlafstörungen: _____

g) Erschöpfungszustände: _____

h) Konzentrationsstörungen: _____

i) Halluzinationen: _____

j) Wahnideen: _____

k) Depersonalisation: _____

l) Störung des formalen Denkens: _____

p) Sonstiges: _____

11. Treten die psychischen Störungen im Rahmen einer cerebral-organischen Krankheit auf (Trauma, Tumor, Stoffwechselerkrankung, Arteriosklerose, Oliogographie, Epilepsie u.ä.)?

Ja ☐   Nein ☐

Bemerkung: _____

_____

12. Liegt Ihres Wissen eine Abhängigkeit/ Sucht vor? Falls ja, machen Sie bitte Angaben zum Suchtstoff (Alkohol, Medikamente, Rauschgifte), Dauer des Abusus, Art, Menge und Dosierung.

Ja ☐   Nein ☐

Falls ja,:

☐ Alkohol

_____

_____

_____

☐ Medikamente:

_____

_____

_____

☐ Rauschgifte:

_____

_____

_____

13. Wie beurteilen Sie die Compliance Ihres Patienten?

_____

_____

_____

14. Wie schätzen Sie die Prognose der Erkrankung bei Ihrem Patienten ein?

_____

_____

_____

15. Welche klinischen Befunde haben Sie erhoben? Bitte geben Sie die einzelnen
Befunde und zudem das Datum der jeweiligen Erhebung an!

_____

_____

_____

Größe: _____

Gewicht: _____

16. Welche psychometrischen Testverfahren wurden eingesetzt? Bitte benennen Sie die
jeweiligen Verfahren, die entsprechenden Daten und Ergebnisse!

_____

_____

_____

17. Welche apparativen Untersuchungsmethoden wurden durchgeführt? Bitte benennen Sie die jeweiligen Untersuchungen, die entsprechenden Daten und Ergebnisse

_____

_____

_____

18. Wie bewerten Sie die Leistungsfähigkeit / Berufsfähigkeit Ihres Patienten (inkl. der arbeitsüblichen Pausen)?

Kaufmännische Tätigkeiten:

☐ ganztags möglich   ☐ bis 6 Stunden möglich   ☐ bis 4 Stunden möglich

☐ bis 2 Stunden möglich ☐ unter 2 Stunden möglich   ☐ unmöglich

Handwerkliche Tätigkeiten:

☐ ganztags möglich   ☐ bis 6 Stunden möglich   ☐ bis 4 Stunden möglich

☐ bis 2 Stunden möglich ☐ unter 2 Stunden möglich   ☐ unmöglich

Autofahren:

☐ keine Einschränkung   ☐ unter 4 Stunden   ☐ unter 2 Stunden

☐ unmöglich

Sitzen:

☐ keine Einschränkung   ☐ unter 4 Stunden   ☐ unter 2 Stunden

☐ unmöglich

Stehen und Gehen:

☐ keine Einschränkung   ☐ unter 4 Stunden   ☐ unter 2 Stunden

☐ unmöglich   maximale Gehstrecke in m: _____

☐ keine Einschränkung   ☐ unter 4 Stockwerke   ☐ unter 2 Stockwerke

☐ 1 Stockwerk   ☐ unmöglich

maximale Gehstrecke in m: _____

Heben und Tragen:

☐ keine Einschränkung   ☐ unter 25 KG   ☐ unter 20 KG

☐ 10 KG   ☐ 5 KG   ☐ unmöglich

wie oft täglich?: _____

Sonstiges: _____

_____

19. Es bestehen folgende Einschränkungen, bezogen auf die psychischen Störungen:

  0 % = keine Einschränkung
25 % = leichte Einschränkung
50 % = mittlere Einschränkung
75 % = starke Einschränkung
100 % = nicht möglich

Beidhändiges Arbeiten:

☐ 0 %   ☐ 25 %   ☐ 50 %   ☐ 75 %   ☐ 100 %

Arbeiten mit erheblichem Kraftaufwand:

☐ 0 %   ☐ 25 %   ☐ 50 %   ☐ 75 %   ☐ 100 %

Arbeiten auf Leitern / Dächern:

☐ 0 %   ☐ 25 %   ☐ 50 %   ☐ 75 %   ☐ 100 %

Feinmotorisches Arbeiten:

☐ 0 %   ☐ 25 %   ☐ 50 %   ☐ 75 %   ☐ 100 %

Außendiensttätigkeit:

☐ 0 %   ☐ 25 %   ☐ 50 %   ☐ 75 %   ☐ 100 %

Reisetätigkeit:

☐ 0 %   ☐ 25 %   ☐ 50 %   ☐ 75 %   ☐ 100 %

Physische Belastbarkeit:

☐ 0 %   ☐ 25 %   ☐ 50 %   ☐ 75 %   ☐ 100 %

Arbeiten unter Zeitdruck:

☐ 0 %   ☐ 25 %   ☐ 50 %   ☐ 75 %   ☐ 100 %

Konzentrationsfähigkeit:

☐ 0 %   ☐ 25 %   ☐ 50 %   ☐ 75 %   ☐ 100 %

Merkfähigkeit/ Gedächtnis:

☐ 0 %   ☐ 25 %   ☐ 50 %   ☐ 75 %   ☐ 100 %

Logisches Denken:

☐ 0 %   ☐ 25 %   ☐ 50 %   ☐ 75 %   ☐ 100 %

Adäquates Verhalten:

☐ 0 %   ☐ 25 %   ☐ 50 %   ☐ 75 %   ☐ 100 %

Antrieb:

☐ 0 %   ☐ 25 %   ☐ 50 %   ☐ 75 %   ☐ 100 %

Vigilanz:

☐ 0 %   ☐ 25 %   ☐ 50 %   ☐ 75 %   ☐ 100 %

Sonstiges:

_____

☐ 0 %   ☐ 25 %   ☐ 50 %   ☐ 75 %   ☐ 100 %

_____

☐ 0 %   ☐ 25 %   ☐ 50 %   ☐ 75 %   ☐ 100 %

20. Welche Funktionsbeeinträchtigungen haben Auswirkungen auf die Berufsfähigkeit?

_____

_____

_____

21. Ist der Patient derzeit aus Ihrer Sicht arbeitsunfähig?

Ja ☐ Nein ☐

Seit wann ununterbrochen? _____

Dauer der Arbeitsunfähigkeit: _____

Frühere AU-Zeiten: _____

22. Welche therapeutischen Maßnahmen wurden **bisher** durchgeführt (z.B. Art und Umfang der Gespräche, Medikation, Krankengymnastik u.ä.)? Bitte benennen Sie diese Maßnahmen, den jeweiligen Behandler und die Daten (Dauer) der jeweiligen Maßnahmen!

_____

_____

_____

23. Welche therapeutischen Maßnahmen werden **zur Zeit** durchgeführt (z.B. Art und Umfang der Gespräche, Medikation, Krankengymnastik u.ä.)? Bitte benennen Sie diese Maßnahmen, den jeweiligen Behandler und die Daten (Dauer) der jeweiligen Maßnahmen!

_____

_____

_____

24. Welche therapeutischen Maßnahmen sind **geplant** (z.B. Art und Umfang weiterer Gespräche, Psychotherapie, medikamentöse Therapie, Medikation, Krankengymnastik u.ä.)? Bitte benennen Sie diese Maßnahmen, den jeweiligen Behandler und die Daten (Dauer) der jeweiligen Maßnahmen!

Sofern die Krankenversicherung weitere Kosten für Gespräche/eine Psychotherapie übernommen hat, teilen Sie uns bitte auch die Art und den Umfang der bewilligten Maßnahmen mit.

_____

_____

_____

25. Ist Ihrer Meinung nach mit einer Verbesserung der Gesundheitssituation zu rechnen?

Ja ☐ Wann? _____

Nein ☐ Warum nicht? _____

26. Wann und mit welchem Erfolg wurde eine berufliche Wiedereingliederung/ein Arbeitsversuch durchgeführt?

27. Welche Maßnahmen/Hilfsmittel könnten zu einer Verbesserung/beruflichen Reintegration beitragen?

_____

_____

_____

28. Abschließende Bemerkungen:

_____

_____

_____

_____

Bitte denken Sie vor Rücksendung des Fragebogens daran, uns Ihnen vorliegende Befunde beizufügen. Falls Sie uns Originale zur Verfügung stellen (z.B. EKG-Streifen, Röntgenbefunde etc.), werden wir Ihnen diese nach Einsichtnahme umgehend und unbeschadet zurücksenden. Sofern es sich um Berichte andere Behandler handeln sollte, reichen Kopien aus.

Für die Ihre Bemühungen bieten wir Ihnen ein Honorar von EURO 40,-.

Ihre Bankverbindung:

Kreditinstitut : _____

Konto- Nr. : _____

Blz : _____

_____ _____ _____
Ort   Datum   Unterschrift und Stempel

2.2 Ausgewählte Rechtsprechung zur Praxis der Begutachtung[5]

2.2.1 Überblick über die wesentlichen Grundsätze für die gutachterliche Stellungnahme zur BU

Gutachten werden in der BUZ-Regulierung in der Regel zur Vermeidung prozessualer Auseinandersetzungen erstellt. Im Gerichtsverfahren dient die Bestellung medizinischer Sachverständiger dazu, dem Gericht die medizinische Sachkunde bei der Feststellung der Berufsunfähigkeit zu vermitteln. Prozessen gehen häufig lange Diskussionen zwischen Versicherungsnehmer und Lebensversicherer über den Eintritt und den Grad der BU voraus. Meistens liegen schon zahlreiche ärztliche Atteste und unter Umständen auch Drittgutachten zu den Streitpunkten vor, mit denen sich der Gutachter ebenfalls auseinander zu setzen hat.

Die sich aus der Rechtsprechung ergebenden Rahmenbedingungen bei der Begutachtung gelten natürlich in gleichem Maße bei der Erstellung der Privatgutachten für die Lebensversicherer im vorprozessualen Raum. Folgende Grundsätze haben sich bisher nach der obergerichtlichen Rechtsprechung herausgebildet:

– Der Gutachter ist juristischer Laie und muss deshalb bei Beauftragung umfassend über die juristischen Begriffe der BU und deren eigenständige Bedeutung im Vergleich zu vergleichbaren Rechtsbegriffen informiert werden.

– Der Gutachter ist Helfer des Gerichts in allen Fragen der medizinischen Bewertung der BU.

– Die für die Beurteilung notwendigen Informationen zum Beruf und/oder Verweisungsberuf sind dem Gutachter vom Lebensversicherer bzw. Gericht mitzuteilen (sog. außermedizinischer Sachverhalt)

– Gutachten, die eine Beurteilung der BU ohne diesen definierten außermedizinischen, Sachverhalt enthalten, können nicht verwertet werden. Eigene Erhebungen beim Versicherten bzw. die Definition von Hilfstatbeständen zu berufskundlichen Details heilen den Mangel für gewöhnlich nicht.

– Der Gutachter stellt den Eintritt der BU anhand rückschauender Ermittlung des Zeitpunkts fest, bei dem nach wissenschaftlicher Erkenntnis Erwartungen auf Besserungen des Zustandes nicht mehr gerechtfertigt sind.

---

5   BGH = Entscheidung des Bundesgerichtshof,
     OLG = Entscheidung des Oberlandesgerichts,
     VersR = Fundstellen der Urteile in „Versicherungsrecht" Zeitschrift für Versicherungsrecht, Haftungs- und Schadensrecht, Verlag Versicherungswirtschaft, Karlsruhe,
     r+s = Fundstellen der Urteile in der Zeitschrift „recht und schaden", Verlag C. H. Beck, München und Frankfurt a. M.

– Die Anforderungen an den Versicherten für die Darlegung seiner BU wegen psychischer Erkrankungen sind nicht zu hoch anzusetzen, da er medizinischer Laie ist. Der Gutachter darf seine Diagnose unter bestimmten Voraussetzungen auf die Beschwerdeschilderung des Patienten stützen. Das Vorliegen von psychischen Krankheitsbildern muss mit einem brauchbaren Grad von Gewissheit nachgewiesen sein. Kann die Störung oder Krankheit von dem Versicherten durch eine zumutbare Willensanstrengung überwunden werden, dann liegt keine BU vor. Der Versicherte hat zumutbare Maßnahmen zur Vermeidung bzw. Besserung der BU zu ergreifen.

– Liegen widersprüchliche Gutachten vor, muss sich das Gericht hiermit in nachvollziehbarer Weise auseinandersetzen.

– Bei entsprechendem Antrag haben die Parteien einen Anspruch darauf, den Sachverständigen in mündlicher Anhörung zu dem Gutachten zu befragen.

– Der beauftragte Gutachter darf bestimmte Sachverständigentätigkeiten delegieren.

– Bei Delegation hat der beauftragte Gutachter die volle Verantwortung für den Inhalt des Gutachtens zu übernehmen und durch ausreichende schriftliche oder mündliche Erklärung zu dokumentieren.

– Offenbart der Sachverständige nicht, dass er befangen ist, verliert er seinen Entschädigungsanspruch.

2.2.2 Beispiele aus der Rechtsprechung

Nachfolgend wird die einschlägige Rechtsprechung zu diesen Grundsätzen anhand exemplarischer Urteile aufgezeigt.

– Notwendige juristische Informationen für den Gutachter

Der Gutachter muss über die Eigenständigkeit des Rechtsbegriffs der BU in der privaten Lebensversicherung unmissverständlich belehrt werden

„Berufsunfähigkeit (…) ist nach der Rechtsprechung des Senats ein eigenständiger juristischer Begriff (siehe auch BGH in VersR 1992, 1386) und darf nicht mit Berufsunfähigkeit oder gar Erwerbsunfähigkeit im Sinne des gesetzlichen Rentenversicherungsrechts gleichgesetzt werden. Dies muss medizinischen Sachverständigen stets unmissverständlich vor Augen geführt werden." (BGH in VersR 1992, 1386)

Der Gutachter ist juristischer Laie und muss sich nicht selbst mit den einschlägigen juristischen Begriffen vertraut machen

„Es geht nicht an, es einem Sachverständigen, der juristischer Laie ist, zu überlassen, ob es ihm gelingt, sich im Zuge seiner Gutachtenerstattung zu juristisch bedeutsamen Begriffen hinreichend sachkundig zu machen. Soweit für eine sachgerechte Gutachtenerstattung notwendig, ist er vielmehr mit juristischen Begriffen und einschlägigen Tatbeständen ebenso vertraut zu machen wie mit allen sonstigen Umständen, von denen er bei seiner Begutachtung auszugehen hat (….)." (BGH in VersR 1992, 1386; r+s 1996, 116)

Fehlt es an der ausdrücklichen Belehrung zu den eigenständigen juristischen Begriffen der BU, kann das Gutachten nicht verwertet werden

„Das LG hat die medizinischen Sachverständigen nicht in der gebotenen Deutlichkeit auf die Besonderheiten des privatversicherungsrechtlichen Begriffs der Berufsunfähigkeit hingewiesen. Es ist deshalb nicht auszuschließen, sondern nach dem Inhalt der Gutachten nahe liegend, dass die Sachverständigen (….) sich bei ihrer Beurteilung entscheidend von sozialversicherungsrechtlichen oder – hier ebenfalls nicht anwendbaren – unfallversicherungsrechtlichen Grundsätzen haben leiten lassen …" (BGH in VersR 1996, 959)

Gutachterliche Feststellungen zur BU können durch medizinische Feststellungen anderer Versicherungsträger nicht ersetzt werden

„Zwar sind medizinische Beurteilungen, die in einem sozialversicherungsrechtlichen Verfahren ergangen sind, in einem Rechtsstreit mit einem privaten Berufsunfähigkeits-Versicherer im Rahmen der Beweiswürdigung zu berücksichtigen; sie können jedoch wegen der Verschiedenartigkeit der Begriffe „Berufs- bzw. Erwerbsunfähigkeit" im Sinne der sozialrechtlichen Bestimmungen und des Begriffs „Berufsunfähigkeit" im privatversicherungsrechtlichen Sinne keine alleinige Entscheidungsgrundlage im Prozess gegen den privaten Berufsunfähigkeits-Versicherer sein. Vielmehr müssen zumindest auch Feststellungen eines medizinischen Sachverständigen vorliegen, der sich speziell mit der Frage einer 50%-igen Berufsunfähigkeit, wie sie in den Bedingungen definiert ist, auseinander gesetzt hat." (OLG Köln in OLG-Report 1993, 194)

– Inhaltliche Vorgaben zur Beurteilung der BU

Der Gutachter verfügt über das notwendige medizinische Spezialwissen zur Beurteilung der BU

„Die Bedingungen schreiben nur für Krankheit, Körperverletzung oder Kräfteverfalls, das Kerngebiet ärztlicher Beurteilung, die ärztliche Feststellung als unerlässlich vor…. Allerdings wirken sich gesundheitliche Beeinträchtigungen zwangsläufig auf die körperliche und geistige Leistungsfähigkeit bzw. die psychische Belastbarkeit eines Patienten aus. Auch insoweit und ebenso für die Frage voraussichtlicher Fort-

dauer einer derartigen Beeinträchtigung verfügt der Mediziner über dem Juristen regelmäßig fehlendes Spezialwissen, das ihn befähigt, *Helfer des Gerichts* zu sein."
(BGH in VersR 1992, 1386)

„Berufsunfähigkeit.... ist zwar ein eigenständiger juristischer Begriff, er enthält aber maßgebliche Komponenten aus dem gesundheitlichen Bereich des Versicherten. Diese sind....durch einen medizinischen Befund zu sichern" (BGH in VersR 1995, 1431)

Der Gutachter kann den Grad der BU ohne Kenntnis der konkreten Berufsausgestaltung nicht bestimmen

„Sollte der gerichtliche Sachverständige laut Beweisbeschluß sich dazu äußern, ob der Versicherte infolge eines durch einen Adertumor eingetretenen Sehkraftverlust zumindest 50% außerstande ist, seinen Beruf als Organisationsprogrammierer auszuüben, ohne ihm gleichzeitig die konkrete Tätigkeitsgestaltung des Versicherten vorzugeben, so ist der Sachverständige nicht in der Lage den Grad der konkreten Berufseinschränkung festzustellen." (BGH in r+s 1997, 260)

Dem Gutachter muss das Arbeitsfeld des Versicherten für seine Beurteilung der BU bekannt sein

„Nach Respr. des Senats kommt es bei der Beurteilung, ob der Versicherte bedingungsgemäß berufsunfähig geworden ist, zunächst darauf an, wie sich seine gesundheitliche Beeinträchtigungen in seiner konkreten Berufausübung auswirken. Deshalb muss bekannt sein, wie das Arbeitsfeld des Versicherten tatsächlich beschaffen ist und welche Anforderungen es an ihn stellt.

Es ist Sache des Ansprucherhebenden ‚substantiiert' vorzutragen und im Falle des Bestreitens Beweis für sein Vorbringen anzutreten. Als Sachvortrag genügt dazu nicht die Angabe des Berufstyps und der Arbeitszeit, vielmehr muss eine ganz konkrete Arbeitsbeschreibung verlangt werden, mit der die anfallenden Tätigkeiten ihrer Art, ihres Umfanges wie ihrer Häufigkeit nach für einen Außenstehenden nachvollziebar werden. Sache des Gerichts ist es dann zu entscheiden, ob zunächst eine Beweisaufnahme zu dem vorgetragenen Beruf in seiner konkreten Ausgestaltung geboten ist, deren Ergebnis einem anschließend einzuschaltenden Sachverständigen vorzugeben ist – sei es in alternativer Form, sei es aufgrund von Feststellungen, die das Gericht bereits zu treffen vermag. Jedenfalls muss der Sachverständige wissen, welchen – für ihn unverrückbaren – Sachverhalt er zugrunde zu legen hat." (BGH 1996, r+s 116)

Dem Gutachter ist der sog. außermedizinische Sachverhalt zum Beruf vom Gericht vorzugeben

„Für den Sachverständigen blieb danach offen, von welchen (insbesondere auch körperlichen) Anforderungen er bei den jeweiligen Tätigkeiten auszugehen hatte ...

Dem Sachverständigen wurde vielmehr eine Beurteilung von Berufsunfähigkeit abgefordert, die sich letztlich nur auf die pauschale Umschreibung ‚Rettungsfahrten Kranken- und Behindertentransporte' gründen konnte. Ihm ist damit insoweit der seiner Beurteilung zugrund zulegende außermedizinische Sachverhalt nicht in der verfahrensrechtlich gebotenen Weise vorgegeben worden." (ständige Rechtsprechung, z. B. BGH in VersR 1996, 1090)

Der Gutachter darf mangels gerichtlicher Vorgaben seiner gutachterlichen Würdigung keine eigenen berufsbezogenen Tatsachen, die er für plausibel hält, zugrunde legen

„Mangels gerichtlicher Vorgaben dazu, welche Aufgaben in welchem Umfang und mit welchen Anforderungen der Kl. (.....) wahrzunehmen hatte, hat der Sachverständige selbst außermedizinische Anknüpfungstatsachen entwickelt (.....) obwohl dies alles in dem ihm vorgegebenen Sachverhalt keine Stütze findet (...). Sein Gutachten bietet schon deshalb keine ausreichende Grundlage, auf die verfahrensfehlerfrei die Annahme gestützt werden konnte, beim Kl. liege hinsichtlich der zuletzt ausgeübten Tätigkeit bedingungsgemäße Berufsunfähigkeit vor." (BGH VersR in 1996, 1090)

Der Gutachter darf mangels gerichtlicher Vorgaben seiner gutachterlichen Würdigung nicht ausschließlich Angaben des Versicherten zugrundelegen (wenn sie streitig sind)

„Das Gutachten selbst belegt vielmehr, dass der Gutachter an außermedizinischen Tatsachen zur Berufsausübung nut berücksichtigt hat, was ihm der Kl. selbst (.....) dazu angegeben hatte und schließlich vom Gutachter als Vorgeschichte zusammengefasst worden ist....

Das Sachverständigengutachten gründet sich demnach erkennbar gerade nicht auf einen dem Gutachter – und sei es auch in Alternativen – durch das Gericht vorgegeben außermedizinischen Sachverhalt, mit dem die konkrete Art und Weise der Berufsausübung durch den Kl. beschrieben und damit für den Gutachter festgelegt worden ist. Schon deshalb bietet das Gutachten keine ausreichende Grundlage für die Annahme des OLG, beim Kl liege bedingungsgemäße BU vor." (BGH in r+s 1996, 116)

Dem Gutachter muss bei Bedarf neben dem bisherigen Beruf auch der in Frage stehende Verweisungsberuf als außermedizinischer Sachverhalt vorgegeben werden

„Will der Versicherer den VN einer Berufsunfähigkeitszusatzversicherung (.....) auf eine andere berufliche Tätigkeit verweisen, so muss er deren prägende Merkmale – erforderlicher Vorbildung, übliche Arbeitsbedingungen wie Arbeitsplatzverhältnisse und Arbeitszeiten sowie übliche Entlohnung, erforderliche Fähigkeiten oder körperliche Kräfte, Einsatz technischer Hilfsmittel – substanziert darlegen und konkretisieren.

Hält der Tatrichter nach Bewertung des beiderseitigen Parteivortrags eine Beweis-aufnahme für geboten, muss der medizinische Sachverständige, der sich zu der Fra-ge äußern soll, ob der VN gesundheitlich in der Lage ist, den Verweisungsberuf aus-zuüben, wissen, welchen für ihn unverrückbaren außermedizinischen Sachverhalt er zugrunde zu legen hat." (BGH in VersR 2008, 479)

Ist der außermedizinische Sachverhalt bekannt, kann der Gutachter zur BU Stellung nehmen

„Jedenfalls muss der medizinische Sachverständige wissen, welchen für ihn unver-rückbaren – außermedizinischen Sachverhalt er zugrunde zu legen hat. Ist ihm auf diese Weise bekannt gemacht, welche Anforderungen beruflich an den Patienten gestellt sind, so erscheint es grundsätzlich unbedenklich, ihn auch zu Frage und Aus-maß einer gesundheitsbedingten Einschränkung der Fähigkeit, diesen Anforde-rungen gerecht zu werden, Stellung nehmen zu lassen." (BGH in VersR 1992, 1386)

Die Bindungswirkung des Anerkenntnisses kann im Nachprüfungsverfahren nicht durch ein neues Gutachten aufgehoben werden, welches den unveränderten Ge-sundheitszustand im Hinblick auf BU anders bewertet

„Es kommt allein darauf an, ob eine relevante Besserung des Gesundheitszustandes eingetreten ist. Liegt im Wesentlichen derselbe Gesundheitszustand vor, kann die spätere Andersbewertung durch einen Gutachter die Leistungseinstellung des Versi-cherers nicht rechtfertigen. Die irrtümliche Beurteilung des – unverändert gebliebe-nen – Gesundheitszustandes und seine Auswirkungen kann der Versicherer im Nachprüfungsverfahren nicht rückgängig machen." (OLG Düsseldorf in NversZ 1999, 561)

– Gutachterliche Bestimmung des Zeitpunkts für den Eintritt der BU

Der Gutachter muss in rückschauender Ermittlung den Zeitpunkt feststellen, zu dem die BU eingetreten ist

„Demgemäß ist maßgebend für die Feststellung des Zeitpunkts, zu dem bedingungs-gemäße Berufsunfähigkeit eingetreten ist, die rückschauende Ermittlung des Zeit-punkts, zu dem erstmals ein Zustand gegeben war, der nach dem Stand der medi-zinischen Wissenschaft keine Erwartungen auf Besserung mehr rechtfertigte (.....). In andere Worte gekleidet: Den Eintritt des Versicherungsfalls bestimmt der Zeit-punkt, zu dem nach sachgerechter medizinischer Beurteilung eine Erkrankung, eine Körperverletzung oder ein Kräfteverfall, die/der Versicherten außerstande setzt, sei-nen Beruf (und letztlich auch einer vergleichbaren Tätigkeit) in einem vertraglich vor-gesehenen Ausmaß nachzugehen, erstmals nicht (mehr) derart besserungsfähig er-scheint, dass eine Verringerung der bestehenden Beeinträchtigung der Arbeitskraft des Versicherten erwartet werden dürfte." (BGH in VersR 1995, 1431)

Der Gutachter hat den Beginn des Versicherungsfalls = Eintritt der BU entsprechend dem Zeitpunkt der fehlenden Besserungsmöglichkeit festzulegen

„Bei der Feststellung des Zeitpunkts des Beginns des VersFalls ist dabei nicht auf die Krankheit selbst, die zu dem Zustand der BU führt, abzustellen (…). Vielmehr ist auf das Vorliegen einer solchen Gesundheitsbeeinträchtigung abzustellen, welche zur Folge hat, dass der Versicherte ganz oder teilweise ‚voraussichtlich dauernd' außerstande ist, seinen Beruf auszuüben (……). (…..) wann nach sachverständiger Einschätzung ein gut ausgebildeter, wohl informierte und sorgfältig handelnder Arzt nach dem jeweiligen Stand der medizinischen Wissenschaft erstmals einen Zustand des VersNehmers als gegeben angesehen hätte, der keine Besserung mehr erwarten ließ." (OLG Saarbrücken r+s 2006, 424)

Nur der Gutachter kann im Prozess feststellen, ab wann eine Gesundheitsstörung eine weitere Ausübung des bisherigen Berufs unmöglich macht (Eintritt des Versicherungsfalls BU)

„Für den Eintritt bedingungsgemäßer Berufsunfähigkeit besagt es demnach noch nichts Abschließendes, ob und ab wann einer anlagebedingten Minderbelastbarkeit oder einer Konstitutionsschwäche aus medizinischer Sicht Krankheitswert beizumessen ist.

Macht sich in versicherter Zeit eine zunächst latent gebliebene Minderbelastbarkeit oder eine Disposition zu Gesundheitsstörungen in körperlichen oder seelischen Beschwerden und Erkrankungen bemerkbar, so wird es deshalb im Regelfall in einem Prozeß, in dem um Leistungen wegen BU gestritten wird, nur mit sachverständiger Unterstützung möglich sein festzustellen, ob und ab wann bei einer Gesundheitsstörung die im vertraglich vorgesehenen Ausmaß berufsbeeinträchtigend wirkt, keine Besserungschancen mehr bestehen, die sich zugunsten einer weiteren Ausübbarkeit des bisherigen Berufs auswirken könnten." (BGH in VersR 1995, 1431)

Der Gutachter kann eine Prognose zur BU erst dann abgeben, wenn ein sinnvoller Arbeitsversuch des Versicherten gescheitert ist

„Letztlich konnte daher erstmals sicher nach dem Scheitern des Arbeitsversuchs Ende Juni 2002 davon ausgegangen werden, dass der Kl in seinen Beruf nicht zurückkehren wird. Denn bis zur Durchführung des Arbeitsversuchs bestand eine nicht nur ganz theoretische Möglichkeit der Wiederherstellung seiner Arbeitsfähigkeit. Damit hätte jedoch vor Durchführung des Arbeitsversuchs kein Mediziner – ausgehend von dem Stand der Wissenschaft zum Zeitpunkt der jeweiligen Untersuchungen im Dezember/Januar/April – die Prognose der Berufsunfähigkeit mit der erforderlichen Überzeugungskraft gestellt." (OLG Saarbrücken in r+s 2006, 424)

– Rechtsprechung zu psychischen Erkrankungen

An die Darlegungslast des Versicherten als medizinischem Laien zum Nachweis einer BU wegen einer psychischen Erkrankung sind keine übermäßigen Anforderungen zu stellen

„Der Kl. hat – trotz eines Hinweises des Senats – schon nicht hinreichend dargelegt, welche gesundheitlichen Hindernisse der Fortführung der von ihm zuletzt ausgeübten beruflichen Tätigkeit entgegenstehen. Weil der Versicherungsfall in der Berufsunfähigkeitszusatzversicherung voraussetzt, dass der VN ‚infolge Krankheit voraussichtlich dauernd außerstande ist' beruflich in dem bedingungsgemäßen Maß tätig zu werden, muss er nicht nur die zuletzt von ihm konkret ausgeübte Tätigkeit, sondern auch vortragen, welche gesundheitlichen Beeinträchtigungen ihn in welcher konkreten Weise hindern, bestimmte qualitative oder quantitative Anforderungen seines Berufs zu erfüllen. Dem wird ein VN zwar regelmäßig allein durch die Angabe seiner gesundheitlichen Leiden und die Behauptung einer daraus folgenden Berufsunfähigkeit genügen; von Tiefe und Breite der Darlegung darf von ihm als medizinischem Laien insoweit grundsätzlich nicht zu viel verlangt werden." (OLG Saarbrücken in VersR 2007, 93)

Unzulässiger Ausforschungsbeweis durch Sachverständigengutachten bei nicht näher konkretisierten psychischen Störungen

„Gerade dort, wo es um vornehmlich psychische Befindlichkeitsstörungen unklarer Wirkung geht (.....) genügt es nicht, wenn ein VN sich darauf beschränkt, zu behaupten, ‚alle' seine Tätigkeiten seien ‚nicht mehr drin'. (.....) Sähe man dies anders, würde einem gerichtlichen Sachverständigen aufgegeben auszuforschen, ob es für die Behauptung, nicht näher konkretisierte ‚gesundheitliche' Belastungen oder gar nur Stimmungsschwankungen schlössen auf Dauer eine Berufstätigkeit aus, gesundheitliche und versicherungsvertraglich quantitativ und qualitativ relevante Gründe gibt. Das ist nicht zulässig." (OLG Saarbrücken in VersR 2007, 93)

Ein Gutachter kann seine Diagnose bei bestimmten Erkrankungen aus dem psychiatrischen Fachgebiet auf die Beschwerdeschilderung des Patienten stützen

„Der ärztliche Nachweis braucht nicht in Befunden der Apparatemedizin oder der sonstigen Zusatzdiagnostik zu bestehen. Der gegenteiligen vertretenen Ansicht, dass nämlich ohne objektivierbare Befunde von einer Krankheit nicht gesprochen werden könne, ist nicht zu folgen. Die Verfasser des psychiatrischen Gutachtens haben bereits darauf hingewiesen, dass ansonsten auf psychiatrischem Fachgebiet wissenschaftlich nicht in Frage gestellte Erkrankungen wie alle affektiven Störungen (z. B. depressive Erkrankungen, außer sie seien Folge organischer Schädigung) oder alle Psychosen aus dem schizophrenen Formenkreis nicht mehr zu diagnostizieren wären. Zutreffend ist deshalb die Ansicht der Revision, dass bei einer Krankheit wie der generalisierenden Tendomyopathie, die gerade durch das Fehlen naturwissenschaftlich gewonnener Untersuchungsbefunde charakterisiert wird, der ärztliche Nachweis der Erkrankung auch dadurch geführt werden kann, dass ein Arzt seine Diagnose auf die Beschwerdenschilderung des Patienten stützt." (BGH in VersR 1999, 838)

Anmerkung des Verfassers: Dieses Urteil führte zu einer heftigen Kontroverse unter Juristen und Medizinern. Namhafte Mediziner wie Prof. Dr. med. Klaus Foerster und Prof. Dr. med. Andreas Stevens von der Universitätsklinik für Psychiatrie und Psychotherapie, Tübingen vertraten die Auffassung, dass die Feststellung einer psychischen Erkrankung in jedem Fall objektive Befunde erfordere. Leistungsregulierer befürchteten, noch mehr als bisher mit Ansprüchen auf Berufsunfähigkeitsrente bei psychischen Erkrankungen konfrontiert zu werden, die nicht hinreichend objektiviert seien. Zum Verständnis der Diskussion und zum Abschluss der Debatte trug der Beitrag von Prof. Wolfgang Römer, Richter am Bundesgerichtshof a. D. und erster Ombudsmann für Versicherungen bei:

„(.....) ist zunächst einmal festzustellen, dass auch nach Auffassung des Bundesgerichtshofs allein die Beschwerdeschilderung des Versicherten nicht ausreichend sein kann, um einen Anspruch aus der Berufsunfähigkeitsversicherung auszulösen. Teil der Anspruchsgrundlage ist § 2 Nr. 1 der Allgemeinen Versicherungsbedingungen, wonach der Versicherte berufsunfähig ist, wenn er seinen Beruf oder eine andere vergleichbare Tätigkeit nicht mehr ausüben kann und dies die Folge von Krankheit, Körperverletzung oder Kräfteverfall ist. Diese drei Merkmale müssen nach den Bedingungen (…) ,ärztlich nachzuweisen' sein. Schon daraus ergibt sich, dass die Beschwerdeschilderung des Versicherten allein nicht genügt, um Zahlungsansprüche auszulösen. Immer ist der ärztliche Nachweis erforderlich. Nichts anderes hat der Bundesgerichtshof gesagt, denn in seinem obiter dictum heißt es ausdrücklich, der ärztliche Nachweis – er wird also gefordert – könne auch dadurch geführt werden, dass ein Arzt seine Diagnoseschilderung auf die Beschwerdeschilderung des Patienten ,stützt'."

Zustimmend dazu führten Prof. Dr. med. Klaus Foerster und Prof. Dr. med. Andreas Stevens, Universitätsklinik für Psychiatrie und Psychotherapie, Tübingen, aus:

„Hinsichtlich der Feststellung einer Krankheit besteht, und das ist wesentlich, zwischen Juristen und Medizinern Übereinstimmung darin, dass die Beschwerdeschilderung nicht genügt, um eine Krankheit festzustellen, insbesondere dann nicht, wenn es um Zahlungsansprüche geht. Eine Diagnose kann nicht ausschließlich, sondern nur ,auch' (unter anderem) auf den Beschwerdevortrag gestützt werden. Die Krankheitsfeststellung kommt ohne objektive Befunde nicht aus, maßgeblich ist das objektive Leistungsbild." (Wolfgang Römer/Klaus Foerster/Andreas Stevens „Nochmals: Genügt für den Nachweis einer Erkrankung die Beschwerdeschilderung?", Forum Medizinische Begutachtung, Ausgabe 1/2005, 29)

Der Gutachter muss im Einzelfall den Unterschied zwischen Krankheit und Motivationsstörung erläutern

„Zwar ist unter einer Krankheit i. S. v. § 2 Abs. 1 der zwischen den Parteien geltenden Bedingungen für die Berufsunfähigkeitszusatzversicherung jeder regelwidrige physische oder psychische Zustand zu verstehen, der von dem ‚normalen Gesundheitszustand‘ so stark und so nachhaltig abweicht, dass er geeignet ist, die berufliche Leistungsfähigkeit oder die berufliche Einsatzmöglichkeit dauerhaft auszuschließen oder zu beeinträchtigen (....). Darunter fällt aber nicht jede Befindlichkeitsschwankung, Motivationsstörung oder depressive Verstimmung, die ein Versicherter selbst und ohne medizinische Hilfe zu beherrschen in der Lage ist und die auch aus psychiatrischer Sicht nicht das Gewicht einer auch nur leichten psychischen ‚Krankheit‘ hat (....). Dass das ‚Leiden‘ des Kl. dieses Maß nicht erreicht, hat der erstinstanzlich tätige Sachverständige festgestellt, dabei aber nicht erläutert, wie aus seiner Sicht ‚Krankheit‘ und ‚Motivationsstörungen‘ voneinander zu unterscheiden sind. Das müsste – unter Einbeziehung der durch den Kl. vorgelegten privatärztlichen Berichte – nachgeholt werden." (OLG Saarbrücken in VersR 2004, 54)

Das Vorliegen eines somatoformen Beschwerdebildes muss mit einem brauchbaren Grad von Gewissheit nachgewiesen werden

„Zutreffend weist die Bekl. zwar darauf hin, dass Feststellungen einen für das praktische Leben brauchbaren Grad von Gewißheit erfordern, der Zweifeln Schweigen gebietet, ohne sie völlig auszuschließen. Es trifft auch zu, dass der Sachverständige ausgeführt hat, in der Psychiatrie gebe es keine an Sicherheit grenzende Wahrscheinlichkeit, im naturwissenschaftlichen Sinn sei von einer Trefferquote von 80 bis 90 % auszugehen. Ein größeres Maß an Sicherheit ist aber in der Psychiatrie überhaupt nicht erreichbar. Das Ergebnis des Sachverständigen gründet auf das höchstmögliche dort erreichbare Maß. Zutreffend hat der Sachverständige auf die erhebliche und lange Leidensgeschichte des Kl. hingewiesen, die geradezu typisch für derartige Beschwerdebilder ist. Die somatoformen Beschwerden sind als Krankheit anerkannt. Die Psychiatrie steht nach Auffassung des Senats nicht auf dem Prüfstand. Wenn die Beschwerden des Kl. mit dem in der Psychiatrie höchstmöglichen Maß an Gewißheit als somatoformes Beschwerdebild eingestuft werden können, genügt dies auch für das für § 286 ZPO geforderte und von der Bekl. zutreffend aufgezeigte Beweismaß." (OLG Hamm in VersR 1997, 817)

Keine BU bei somatoformer Schmerzstörung, wenn diese mit zumutbarer Willensanspannung überwunden werden kann

„Konkret führte der Sachverständige Dr. B. aus, dass eine solche somatoforme oder ‚neurotische‘ Schmerzstörung nur dann Einfluss auf die Berufsunfähigkeit bzw. deren Grad habe, wenn sie stark ausgeprägt sei. Es habe beim Kl. keine Anhaltspunkte dafür, dass die Störung so stark ausgeprägt sei, dass deren Auswirkung nicht mehr mit zumutbarer Willensanspannung, bezogen auf die in Rede stehende berufliche Tätigkeit des Kl. (selbständiger Metzgermeister/Anmerkung des Verfassers) überwunden werden könnte." (BGH in r+s 2003, 337)

Zumutbare Willensanspannung bei Somatisierungsstörung, chronischem Erschöpfungssyndrom

„(…) nichts spräche dagegen, dass die psychische Störung durch eine entsprechende Therapie grundsätzlich zu beheben sei (…). Die bei ihr vorliegende Neurose beeinflusse nach allgemeiner wissenschaftlicher Erkenntnis nicht ihre Möglichkeit, ihren Willen und ihren Verstand korrigierend einzusetzen (…). Maßgeblich für die Beurteilung der Berufsfähigkeit kann aber nur sein, wozu (auch zu welchen Willensanstrengungen) die Betroffene tatsächlich in der Lage ist." (OLG Köln in VersR 2002, 1365)

Frage der zumutbaren Willensanstrengung fällt ausschließlich in den Kompetenzbereich eines Psychiaters

„Hier war auch zu berücksichtigen, dass die Frage, ob die Betroffene durch entsprechende Willensanstrengung in der Lage ist, ihren ursprünglichen Beruf (oder eine vergleichbare Tätigkeit) wieder auszuüben oder ob ihr dies nicht möglich ist, ausschließlich in den Kompetenzbereich eines Psychiaters fällt, nicht aber in die eines Arbeits- und Umweltmediziners (…)." (OLG Köln in VersR 2002, 1365)

Aggravationstendenzen des Versicherten sind bei der Bestimmung des Grades der BU zu berücksichtigen

„In psychiatrisch-psychosomatischer Hinsicht überzeugt die Beurteilung durch Dr. S., dass auch unter Berücksichtigung der psychischen Erkrankung des Klägers insgesamt keine über 50% hinausgehende Einschränkung der Berufsfähigkeit vorliegt. Dabei hindern insbesondere schon die vom Sachverständigen Dr. S. festgestellten Aggravationstendenzen des Klägers das Gericht daran, eine hinreichend sichere Überzeugung von einem bestimmten tatsächlich vorliegenden Grad der Berufsunfähigkeit zu gewinnen. Der Anteil dieser Überzeugung konnte vom Sachverständigen nicht genau bestimmt werden, so dass selbst im Falle voller Berücksichtigung der depressiven Tendenzen eine Überzeugungsbildung zugunsten des Klägers ausgeschlossen wäre." (OLG Frankfurt, 28. 6. 2005, 25 U 87/02)

– Zumutbare Maßnahmen zur Vermeidung oder Besserung der BU müssen von dem Versicherten ergriffen werden

Einnahme von Medikamenten kann im Einzelfall zumutbar sein

„Der Versicherte ist gehalten, seine Leistungsfähigkeit durch eine zumutbare Behandlung mit Medikamenten, die nicht ihrerseits die Gesundheit gefährden, wiederherzustellen bzw. zu erhalten." (BGH in VersR 1991, 450)

Ob eine Medikamenteneinnahme gesundheitsschädlich und damit nicht zumutbar ist, muss sachverständig abgeklärt werden

„Mit dem gerichtlich bestellten Sachverständigen geht das Berufungsgericht davon aus, dass der Kl. seine berufliche Tätigkeit unter erheblichen Schmerzen ausüben muss, die nur durch die Einnahme von Antiphlogistika gelindert werden können. Es folgt dem Sachverständigen auch noch darin, dass die Antiphlogistika, die der Kl. nimmt, schädlich werden können für die Schleimhäute des Magens und Darms und für Leber und Niere (.....).

Da es (das Berufungsgericht; Anm. des Verf.) dabei zu Recht als entscheidungserheblich ansah, ob die Medikamenteneinnahme des Kl. bereits zu weiteren Gesundheitsschäden geführt hat oder führen wird, hätte es dieser Frage zunächst nachgehen müssen. Der Sachverständige hatte erklärt, insoweit sei der Kl. noch nicht untersucht worden (.....). Die Ausführungen des Berufungsgerichts zur Begründung seiner gegenteiligen Ansicht weisen nicht aus, dass es aus eigener Sachkunde hätte feststellen können, der Kl. gehöre zu denjenigen Patienten, die (....) zwar Antiphlogistika nehmen, dadurch (.....) jedoch keine Schäden (....) erleiden." (BGH in VersR 1991, 450)

Unterlassung einer Therapie hat Auswirkungen auf das Vorliegen des Versicherungsfalls

„Unterlässt der Versicherte eine objektiv mögliche, nicht mit ins Gewicht fallenden Risiken oder Nebenwirkungen (oder sonstigen einschneidenden Belastungen) verbundene Therapie ohne plausible Gründe, führt allein das objektive Vorliegen einer länger anhaltenden Krankheit, die ihn hindert, seinen Beruf fortzuführen, nicht zum Versicherungsfall – gleich ob man in einem solchen Fall ebenfalls die Prognose objektiver Dauerhaftigkeit verneint oder, näher liegend schon nach dem Normzweck das Vorliegen eines Versicherungsfalles verneint." (OLG Köln in VersR 2002, 1365)

Einfache und gefahrlose medizinische Maßnahmen mit sicherer Aussicht auf Heilung oder Besserung sind zumutbar

„In der Rechtsprechung ist jedoch anerkannt, dass ein Versicherter Leistungen aus einer Berufsunfähigkeitsversicherung nicht beanspruchen kann, wenn er seine Krankheit durch eine einfache, gefahrlose und nicht mit besonderen Schmerzen verbundene, sichere Aussicht auf Heilung oder wesentliche Besserung versprechende medizinische Maßnahme vermeiden kann (...). Die gesundheitliche Beeinträchtigung darf also nicht leicht und risikolos therapierbar sein (....). Verweigert sich der Versicherte einer solchen ihm zumutbaren Therapie, so ist schon fraglich, ob bei wertender Betrachtung die Berufsunfähigkeit ‚infolge' der Krankheit – und nicht in Folge eines krankheitsunabhängigen und unverständlichen Verhaltens des Kl. – eingetreten ist. In jedem Fall aber ist es einem Versicherten dann nach Treu und Glauben genommen, den Versicherer auf die bei Berufsunfähigkeit versprochenen Leistungen in

Anspruch zu nehmen. Das gilt für den Kl. um so mehr, als er im Rahmen einer von der BfA veranlassten Rehabilitationsmaßnahme unter Aufbau der rückenstabilisierenden Muskulatur und Anleitung zum Eigentraining und rückengerechtem Alltagsverhalten bei gut vertragenen und komplikationsfreien Therapiemaßnahmen, zu denen er gut motiviert war, von einer leichten Beschwerdelinderung berichtet hat." (OLG Saarbrücken in r+s 2006,30)

Auch eine Änderung des Tagesablaufs ist zumutbar, wenn sich das erleichternd auf die berufliche Tätigkeit auswirkt

„Die Sachverständige hat (…) – ohne dass dem andere Feststellungen aus der Anhörung des Kl. oder der Vernehmung von Zeugen entgegenstünden – bestätigt, dass die Beschwerden des Kl. passagerer Natur waren und ihn nur während ihrer Manifestationsphasen gesundheitlich beeinträchtigt haben. Es wäre ‚schwer vorauszusagen‘ gewesen, ob auch ohne richtige Therapie die autonome somatoforme Funktionsstörung, also die vornehmlich kardialen Beschwerden, bei Fortführung der unternehmerischen Tätigkeit ununterbrochen oder jedenfalls bei bestimmten mit ihr zwingend verbundenen Verrichtungen gewissermaßen vorhersehbar immer wieder aufgetreten wäre. Vereinfacht gesagt: Der Kl. war immer wieder einmal ‚krank‘. Wann, wie erheblich und wie lange er immer wieder krank sein würde, war nicht vorauszusagen. Das gilt vor allem, weil, wie die Sachverständige ausgeführt hat, das Auftreten des Leidens vom Auftreten unklarer ‚Stressoren‘ – privater und beruflicher Natur – abhängt und durch eine vernünftige Organisation des Arbeitstags unter Umständen ganz vermieden werden kann." (OLG Saarbrücken in VersR 2006, 778)

Im Nachprüfungsverfahren kann ein im Erstverfahren falsch bewerteter Gesundheitszustand nicht mittels Sachverständigengutachten anders beurteilt werden

„Es kommt allein darauf an, ob eine relevante Besserung des Gesundheitszustandes eingetreten ist. Liegt im Wesentlichen derselbe Gesundheitszustand vor, kann die spätere Andersbewertung durch einen Gutachter die Leistungseinstellung des Versicherers nicht rechtfertigen. Die irrtümliche Beurteilung des – unverändert gebliebenen – Gesundheitszustandes und seine Auswirkungen kann der Versicherer im Nachprüfungsverfahren nicht rückgängig machen." (OLG Düsseldorf in NversZ 1999, 561)

– Prozessuale Fragen der Einschaltung von Gutachtern

Verletzung des rechtlichen Gehörs gegeben, wenn das Gericht die Einholung eines Sachverständigengutachtens zu medizinischen Sachfragen ablehnt

„Das Berufungsgericht hat den Anspruch des Kl. auf rechtliches Gehör verletzt, weil es zu Unrecht den Antrag auf Einholung eines medizinischen Sachverständigengutachtens abgelehnt hat zu ihrer Behauptung, die Vorerkrankungen, deren Verschweigen ihr angelastet werde, stünden in keinem ursächlichen Zusammenhang mit dem Eintritt des Versicherungsfalls.

Diese Annahmen beruhen auf medizinischen Schlussfolgerungen, die das Berufungsgericht ohne eigene Sachkunde nicht ziehen durfte. Er hat damit die Beweisfrage, deren Beantwortung medizinischen Sachverstand voraussetzt, ohne ausgewiesene eigene Sachkunde selbst beantwortet. Das ist prozessual unzulässig." (BGH in VersR 2008, 382)

Verletzung des rechtlichen Gehörs gegeben, wenn Parteien dem Gutachter in mündlicher Anhörung keine Fragen stellen können

„Nach der Rechtsprechung des BGH haben die Parteien zur Gewährleistung des rechtlichen Gehörs einen Anspruch darauf, dass sie einem Sachverständigen die Fragen, die sie zur Aufklärung der Sache für erforderlich halten, in mündlicher Anhörung stellen können (…). Dieses Antragsrecht der Parteien besteht unabhängig von § 411 Abs. 3 ZPO (…). Hat das LG einem rechtzeitig gestellten Antrag auf Ladung eines Sachverständigen zu mündlichen Erläuterung nicht entsprochen, so muss das Berufungsgericht dem im zweiten Rechtszug wiederholten Antrag stattgeben."

Verletzung des rechtlichen Gehörs gegeben, wenn widersprüchliche Gutachten vom Gericht nicht gewürdigt werden

„Das (die Nichtauseinandersetzung; Anm. des Verf.) verletzt das dem Tatrichter bei Erhebung des Sachverständigenbeweises eingeräumte Ermessen und den Grundsatz freier tatrichterlicher Beweiswürdigung (…) und lässt besorgen, das Berufungsgericht habe auch insoweit den Anspruch des Kl. auf rechtliches Gehör verletzt." (BGH in VersR 2008, 479)

Liegen widersprüchliche Gutachten vor, muss sich das Gericht damit auseinander setzen

„Der Kl. hat im vorliegenden Rechtsstreit mehrere ärztliche Stellungnahmen vorgelegt, mit denen sich das Berufungsurteil nach den vorgenannten Maßstäben nicht ausreichend auseinander setzt (…).

Den Widerspruch der genannten ärztlichen Stellungnahmen zu der Annahme des gerichtlich bestellten Gutachters (….) hat das Berufungsgericht nicht ansatzweise aufgelöst. Das Berufungsurteil lässt nicht einmal erkennen, ob und inwieweit das Berufsgericht den betreffenden Kl.-Vortrag überhaupt zur Kenntnis genommen und in seine Erwägungen einbezogen hat." (BGH in VersR 2005, 676)

Legt eine Partei ein solches medizinisches Gutachten vor, das im Gegensatz zu den Erkenntnissen des gerichtlich bestellten Sachverständigen steht, so ist vom Tatrichter besondere Sorgfalt gefordert. Er darf in diesem Fall – wie auch im Fall sich widersprechender Gutachten zweier gerichtlich bestellter Sachverständiger – den Streit der Sachverständigen nicht dadurch entscheiden, dass er ohne einleuchtende und logisch nachvollziehbare Begründung einem von ihnen den Vorzug gibt." (ständige Rechtsprechung, z. B. BGH VersR 2008, 479)

Bei Streit über die Richtigkeit eines Privatgutachtens (= jedes von dem Versicherungsnehmer oder dem Lebensversicher eingeholte Gutachten) muss ein gerichtlicher Sachverständiger beauftragt werden

„Der Tatrichter darf sich zwar mit Zustimmung der Parteien allein auf ein vorgelegtes Privatgutachten stützen. Wenn hingegen der Gegner die Richtigkeit des Privatgutachtens bestreitet, muss das Gericht ein gerichtliches Gutachten einholen, sofern die beweisbelastete Partei dies beantragt hat." (für die Unfallversicherung BGH in VersR 2003, 1165)

Bei nicht offenbarter Befangenheit hat der Gutachter keinen Entschädigungsanspruch

„Ein Sachverständiger ist aufgrund der Vorprüfung nach § 407 a ZPO auch verpflichtet, ihm bekannte Umstände zu offenbaren, die Zweifel an seiner Unbefangenheit wecken können (hier: Private Vortätigkeit für einen Beteiligten). Versäumt er diesen Hinweis und wird er deshalb später mit Erfolg wegen Besorgnis der Befangenheit abgelehnt, verwirkt er seinen Entschädigungsanspruch selbst dann, wenn ihm nur einfache Fahrlässigkeit vorzuwerfen ist." (OLG Koblenz in VersR 2004, 130)

– Delegation von Sachverständigentätigkeiten

Der beauftragte Gutachter darf Sachverständigentätigkeiten in bestimmtem Rahmen delegieren

„Der Sachverständige darf die Befunderhebung an Hilfskräfte delegieren, ebenso die Zusammenstellung der für die Begutachtung erheblichen Informationen aus der Akte (…). Die wissenschaftliche Auswertung der Arbeitsergebnisse bleibt zwar Sache des Sachverständigen (….), doch auch sie darf von Hilfskräften vorbereitet werden. Insoweit reicht es aus, dass der Sachverständige erklärt, er habe die Auswertung nachvollzogen und sich zu Eigen gemacht, bzw. er sei mit der Befunderhebung und Beurteilung einverstanden (…). Doch ist dem Sachverständigen eine vollständige Übertragung der Begutachtung auf einen Mitarbeiter nicht gestattet (…)." (OLG Frankfurt in VersR 2004, 1121)

Der beauftragte Gutachter muss die volle fachliche, zivil- und strafrechtliche Verantwortung für das Gutachten auch bei Delegation übernehmen

„(…) Mit der bloßen Unterzeichnung wird noch nicht hinreichend die Übernahme der Verantwortung für ein Gutachten durch den Sachverständigen erklärt…; ebenso wenig durch den Zusatz ‚Einverstanden'. (..) Erforderlich sind Erklärungen wie ‚Einverstanden aufgrund eigener Untersuchung und Beurteilung' …oder ‚mit Befund und Beurteilung einverstanden'.

(…) Den schriftliche Erklärungen beider Sachverständiger ist zu entnehmen, dass jeweils die wissenschaftliche Auswertung auf ihrer eigenen Prüfung und Beurteilung beruht und sie die volle Verantwortung für das Gutachten übernehmen. (...) Da die Erklärungen beider Sachverständiger inhaltlich eindeutig und Zweifel an ihrem Wahrheitsgehalt nicht erkennbar sind, bedurfte es keiner ergänzenden persönlichen Anhörung (...)." (OLG Frankfurt in VersR 2004, 1121)

3 Allgemeine Aspekte der Begutachtung

3.1 Grundsätzliche Anforderungen an den Gutachter

Diesem Kapitel wird eine Ausarbeitung des Ausschusses für Ärztefragen und Versicherungsmedizin des Gesamtverbandes der deutschen Versicherungswirtschaft e.V. (GDV) zur Qualitätssicherung von medizinischen Gutachten in der BUV zugrunde gelegt. Der Leitfaden wurde von folgenden Ausschussmitgliedern erarbeitet: Priv.-Doz. Dr. Stephan Becher (federführend), Dr. Volker Cautius, Dr. Klaus-Peter Lange, Marlis Ostermann-Myrau, Dr. Martin Pollak und Priv.-Doz. Dr. Ursula Wandl. Er wurde von Dr. Gerd-Marko Ostendorf (Schriftleiter) in der Zeitschrift Versicherungsmedizin 58, Heft 3 2006 S. 147-148 veröffentlicht.

3.1.1 Stellung des Gutachters

Der beauftragte Gutachter ist zur Neutralität zwischen dem Auftraggeber (Versicherer) und dem Versicherungsnehmer verpflichtet. Es dürfen keine persönlichen oder beruflichen Beziehungen zum Auftraggeber oder Patienten bestehen. Er arbeitet eigenverantwortlich und ist nicht weisungsgebunden. Gibt es unterschiedliche oder sich widersprechende Angaben zwischen Auftraggeber und Patient, ist vom Gutachter auf diese Diskrepanz hinzuweisen.

3.1.2 Verpflichtung zur Wirtschaftlichkeit

Der Gutachter ist zur Wirtschaftlichkeit verpflichtet, d. h. unnötige Untersuchungen außerhalb der Diagnosesicherung sind zu vermeiden. Vorbefunde sind einzubeziehen. Insbesondere sollte eine Wiederholung bildgebender Untersuchungsmethoden innerhalb eines sehr kurzen Zeitraums (kleiner als ein Jahr) begründet werden.

3.1.3 Eigenständige Erstellung des Gutachtens

Allgemein wird die Kernleistung bis auf notwendige technische Untersuchungen im Rahmen eines Gutachtenverfahrens nur durch den Beauftragten (Gutachter) persönlich erbracht und kann nicht delegiert werden. Die Beantwortung der Frage, ob eine BU vorliegt, obliegt dem Leistungsregulierer im Versicherungsunternehmen. Der Beauftragte äußert sich ausschließlich zum Restleistungsvermögen in Bezug auf das Tätigkeitsprofil. Eine Delegation kann nur nach Rücksprache mit den Auftraggebern erfolgen und muss Ausnahmefällen vorbehalten sein.

3.1.4 Erstellung von Zusatzgutachten

Der Beauftragte soll rechtzeitig auf evtl. erforderliche Zusatzgutachten hinweisen. Diese müssen dann beim Auftraggeber gesondert beantragt werden. Der Gutachter äußert sich abschließend nur innerhalb seines Fachgebietes, es sei denn, eine zusammenfassende Beurteilung wurde angefordert.

Zeitrahmen für die Erstellung eines Gutachtens: Gutachten müssen zeitnah erbracht werden. Vom Zeitpunkt der Auftragserteilung bis zum Eintreffen eines Gutachtens sollten maximal drei Monate vergehen.

3.2 Fachliche Anforderungen an den Gutachter

Die Anfertigung des Gutachtens im klinischen Bereich sollte mindestens auf Oberarztebene erfolgen. Sofern Assistenten in Weiterbildung beauftragt werden sollen, muss zwingend eine Fortbildung auf gutachtlichem Gebiet nachgewiesen werden.

Im Allgemeinen, so auch außerhalb des klinischen Bereichs, sollte ein bestellter Gutachter folgendes fachliches Profil erfüllen:

– Facharzt für das erforderliche Fachgebiet

– Allgemeine Fortbildungsnachweise auf seinem Fachgebiet

– Fortbildungsnachweise zum Thema Begutachtung

– Praktische Erfahrung auf dem Gebiet der Begutachtung

– Arbeitsmedizinische Grundkenntnisse bei Fragen zur BU

3.3 Aufgaben des Gutachters

Die Auftraggeber erwarten ein formal und inhaltlich richtiges Gutachten, das sowohl dem Auftraggeber als auch dem Patienten sprachlich verständlich ist. Der Gutachter soll eine Beurteilung und Begründung der positiven und negativen Leistungsfähigkeit des Patienten für die zuletzt ausgeübte Tätigkeit aufgrund der erhobenen Befunde abgeben und die an ihn gestellten Fragen anhand des speziellen Berufsbildes umfassend und fundiert beantworten. Bei einer eingeschränkten Leistungsfähigkeit muss die Beschreibung der funktionellen Kapazität Vorrang vor der formal diagnosebezogenen Einschätzung haben.

Bei der Verfassung des Gutachtens ist deshalb insbesondere auf die Einhaltung der in den folgenden Abschnitten genannten Punkte zu achten.

Objektivierung der Beschwerden

Die angegebenen Beschwerden und Beeinträchtigungen müssen kritisch erfragt und mit Hilfe medizinischer Untersuchungen (mit oder ohne technische Hilfsmittel) soweit möglich und vertretbar objektiviert werden. Die notwendigen Untersuchungen sind dabei von einem mit der Methode vertrauten Untersuchenden durchzuführen. Der Untersuchungsgang ist auf größtmögliche Objektivierung durch Maße und Zahlen abzustellen.

Bewertung der Beschwerden

Für die Bewertung der einzelnen Krankheitsbilder, Leiden oder Gebrechen sind die allgemein gültige Lehrmeinung und Ergebnisse der Schulmedizin sowie aktuelle, medizinisch gesicherte Erkenntnisse maßgebend.

Plausibilität der Stellungnahme

Die ärztliche Stellungnahme ist zweifelfrei, plausibel und nachvollziehbar zu verfassen. Anhand der erhobenen Befunde müssen die Antworten auf die gestellten Fragen ausführlich und nachvollziehbar begründet sowie Schlussfolgerungen zwingend und objektiv aus den Befunden abgeleitet werden. Alle Feststellungen und Folgerungen müssen beweisbar oder wenigstens überwiegend wahrscheinlich sein.

Verständlichkeit der Stellungnahme

Diagnosen und Schlussfolgerungen sind allgemeinverständlich zu formulieren; medizinische Fachausdrücke und Abkürzungen möglichst zu vermeiden bzw. zu erläutern. Literatur darf nur in Ausnahmefällen und dann nur mit wenigen aktuellen Literaturstellen zitiert werden.

Neutralität und Objektivität des Gutachters

Die Neutralität und Objektivität des Gutachters ist eine Selbstverständlichkeit, die nicht zu diskutiert werden braucht. Sie ist die essentielle Grundlage jeder Art von Sachverständigentätigkeit, würde man davon absehen, so könnte man auf Gutachter verzichten.

Es ist davon abzuraten, dass der Gutachter die Ergebnisse der Begutachtung, Fragen einer Rentengewährung u.ä. mit dem Untersuchten diskutiert, zumal die Entscheidung nicht ihm, sondern dem Versicherer obliegt. Der Gutachtenauftrag muss unverzüglich zurückgegeben werden, falls der Auftrag oder die Fragestellung die Möglichkeiten oder Fähigkeiten des Gutachters überschreiten, der Gutachter sich als befangen ansieht oder er persönlich an der Erstellung des Gutachtens in angemessener Frist verhindert ist.

Weitergabe des Gutachtens an den Patienten

Falls das Gutachten (z. B. bei psychiatrischen Erkrankungen) an den Patienten nicht weitergegeben werden darf, muss eine Begründung angefügt werden. Für diesen Fall sollte eine Weitergabe an den behandelnden Arzt gestattet sein, damit auf diesem Weg dem Versicherten der Inhalt des Gutachtens erläutert werden kann.

Fristen für die Erstellung des Gutachtens

Abgesehen vom generellen Zeitrahmen von drei Monaten bei der Erstellung eines Gutachtens sind alle objektiven Befunde des Patienten unmittelbar bei der Untersuchung niederzulegen. Das Gutachten muss zu einem Zeitpunkt abgeschlossen werden, an dem der Gutachter noch über einen persönlichen Eindruck von seinem Patienten verfügt. Es sollte also spätestens vier Wochen nach der Untersuchung fertig gestellt werden.

Wann werden Gutachten angefordert?

Wenn anhand der genannten Verfahren keine Entscheidung über die BU getroffen werden kann oder bei Streitigkeiten werden Gutachten angefordert.

BU-Begriff

Voraussetzung für eine richtige Beurteilung des Versicherten ist der Bezug auf die vertraglich festgestellte BU-Definition unter Berücksichtigung eventuell vereinbarter Ausschlussklauseln.

Unterscheidung von Beschwerdeschilderung und Befunderhebung

Oft zeigt sich eine deutliche Kluft zwischen einer überbordenden Beschwerdeschilderung und eher mageren objektiven Befunden bei der Untersuchung. Die erfahrenen Sachbearbeiter und Gutachter wissen, dass nicht unbedingt derjenige, der am meisten klagt, auch tatsächlich am schwersten erkrankt ist. Es ist die Aufgabe, gerade des nervenärztlichen Gutachters, sich ein Bild von der Persönlichkeit des Probanden zu machen und die Plausibilität der Beschwerden abzuschätzen. Oft steht das Bestreben des Antragstellers im Vordergrund, den Gutachter von seiner Leistungsminderung zu überzeugen. Die Problematik ist nicht selten. Die Grenzen zur Aggravation oder gar Simulation sind fließend und es sollte auch die diagnostische Kategorie „Entwicklung körperlicher Symptome aus psychischen Gründen (F 68.0)" differentialdiagnostisch erwogen werden.

Aus der täglichen Praxis der Begutachtung ist die Angabe von ständigen Kopfschmerzen nach einer Schädelprellung oder einer einfachen HWS-Distorsion bekannt, wobei – nach natürlich vorausgehender sorgfältiger Diagnostik – kein Organbefund erhoben werden kann. Dann sollte auch der Gutachter klar Stellung beziehen und ausdrücken, dass keine organische Störung, sondern eine psychische Fehlhaltung ohne Krankheitswert oder ein Entschädigungsbegehren vorliegt. Diagnosen wie „chronisches Kopfschmerzsyndrom" oder „chronisches Zervikalsyndrom" sind nichts sagend und verschleiern nur die zugrunde liegende seelische Ursache. Eine „Nulldiagnose" ist sehr viel ehrlicher und für den Sachbearbeiter hilfreicher.

Arbeitsanamnese

Der Beurteilung zugrunde gelegt werden muss *die Tätigkeit, die der/die Versicherte zum Zeitpunkt des Eintritts der BU ausübte.* Dem Gutachtenauftrag sollte daher grundsätzlich eine Schilderung der beruflichen Tätigkeit durch das beauftragende Versicherungsunternehmen beigefügt sein. Eine eigene ausführliche Arbeitsanamnese durch den Gutachter ist trotzdem unverzichtbar, um eventuelle Widersprüche zu der Darstellung des beruflichen Sachverhalts im Gutachtenauftrag beurteilen zu können Es genügt in keinem Falle eine einfache Berufsbezeichnung, nötig ist eine konkrete Tätigkeitsbeurteilung auch hinsichtlich Art, Häufigkeit und Dauer der unterschiedlichen Belastungen körperlicher und geistiger Art.

Diagnosen im Gutachten

Eine BU kann nach den im Regelfall zugrunde liegenden Bedingungen nur anerkannt werden, wenn medizinisch belegbare Beschwerden vorliegen, die die Fähigkeit zur Berufsausübung zu mindestens 50 % reduzieren. Da zudem der Zeitpunkt des Beginns der BU möglichst exakt festgelegt werden muss, ist es unverzichtbar, zu jeder Diagnose/Erkrankung folgende Punkte ausführlich darzustellen: Ursache, Beginn, Art und Verlauf der Erkrankung. Weiterhin wichtig zur Beurteilung der Leistungsfähigkeit in Bezug auf die verbliebene Restlaufzeit der Versicherung sind Angaben über die voraussichtliche Dauer und Prognose der Erkrankung.

Leistungseinschränkungen

Für jede Erkrankung muss nachvollziehbar dargestellt werden, welche Tätigkeit/Beanspruchung erschwert oder unmöglich ist (negatives Leistungsbild). Die Einschränkungen sollten quantitativ und qualitativ so genau wie möglich definiert werden (z. B. tägliche Arbeitszeit über sechs Stunden nicht möglich, kein Heben und Tragen über 20 kg, kein Umgang mit bestimmten Allergenen/Arbeitsstoffen). Auf der Grundlage der Beurteilungen insgesamt sollte abgeleitet werden, zu welchem Prozentwert die ausgeübte Tätigkeit eingeschränkt ist. Grundlage der prozentualen

Beurteilung ist dabei sowohl (und oft in erster Linie) die zeitliche Einschätzung (z. B. Tätigkeit vier bis sechs Stunden pro Tag möglich) als auch die Auswirkung der Erkrankung auf den für den Beruf essentiell wichtige Fähigkeiten (z. B. Einschränkung der Reisefähigkeit beim Außendienstmitarbeiter, Tätigkeiten mit Absturzgefahr bei einem Baustellenarbeiter). Falls sich die Beeinträchtigungen nur auf bestimmte Teilgebiete des Berufs erstrecken, sollte ebenfalls möglichst genau festgelegt werden, wodurch und zu wie viel Prozent diese Tätigkeiten jeweils eingeschränkt sind. Wichtig bei der Beurteilung ist vor allem, dass dies soweit wie möglich durch objektivierbare Umstände nachvollziehbar gemacht wird.

Das Gutachten muss eine ausführliche Epikrise mit schlüssiger Begründung des Ergebnisses und eine Diskussion abweichender Meinungen enthalten.

Restleistungsfähigkeit

Zur Beurteilung eventuell möglicher beruflicher Umorganisationsmöglichkeiten/ Wiedereingliederungsmaßnahmen und gegebenenfalls – je nach Vertragsbedingungen – auch Verweisungstätigkeiten muss möglichst ausführlich angegeben werden, welche Tätigkeiten/Beanspruchungen für den Versicherten noch möglich sind (z. B. halbschichtige Arbeitszeit, Arbeit in sitzender Körperhaltung). Die konkrete Beurteilung der Berufsfähigkeit in anderen Berufen ist nur nötig, wenn diese im Gutachtenauftrag ausdrücklich aufgeführt sind. Ansonsten genügt eine allgemeine Beschreibung der Restleitungsfähigkeit (positives Leistungsbild).

Besonderheiten bei psychiatrischen Fragestellungen

Für die BUZ-Begutachtung ist bekanntlich der detaillierte Bezug der gesundheitlichen Störungen auf den tatsächlich zuletzt ausgeübten Beruf von entscheidender Bedeutung. Meist wird bei der Anforderung des Gutachtens sehr präzise aufgelistet, welche einzelnen Tätigkeitsbereiche beurteilt werden sollen.

Während bei internistischen, orthopädisch-chirurgischen oder auch rein neurologischen Gutachten manche Tätigkeiten noch als zumutbar und andere als nicht mehr bewertet werden (z. B. kein Stehen und Gehen, jedoch im Sitzen oder nicht auf Leitern und Gerüsten etc.), ist dies bei psychiatrischen Fragestellungen meist illusorisch, da oft globale Leistungsdefizite bestehen. Trotzdem sollte auch hier versucht werden, ein Mindestmaß an detaillierter Leistungsbeschreibung zu erreichen. Beispielhaft kann ein Lehrer aufgeführt werden, der auf Grund einer sozialen Phobie nicht mehr vor der Klasse unterrichten kann, jedoch noch Einzelunterricht erteilen oder rein organisatorische Aufgaben wahrnehmen kann. Ein Versicherungsvertreter wird bei bestehenden Panikstörungen beim Autofahren wohl nicht mehr im Außendienst tätig sein können, jedoch noch Büroarbeit verrichten und zuhause am Computer arbeiten können.

Hauptgutachten

Falls Erkrankungen vorliegen, die durch Ärzte verschiedener Fachgebiete beurteilt werden müssen, sind mehrere einzelne Fachgutachten nötig. In diesem Fall obliegt es dem Hauptgutachter, einen Gesamtberufsunfähigkeitsgrad festzulegen. Dieser soll gut und nachvollziehbar begründet werden und dabei eventuell vorhandene Überschneidungen hinsichtlich der Auswirkungen der jeweils von den einzelnen Fachgutachtern beschriebenen Erkrankungen berücksichtigen. Dies kann im Einzelfall durchaus aufwändig sein, ist aber zur Gesamtbeurteilung unabdingbar, da aufgrund von Überschneidungen zwischen den zugrunde liegenden Behinderungen eine einfache Addition der BU-Grade der einzelnen Fachgutachten in aller Regel nicht möglich ist.

Prognose

Den Abschluss des Gutachtens sollte eine Einschätzung zur Prognose und – soweit möglich – ein Vorschlag zu weiteren Heil- und Rehabilitationsmöglichkeiten bilden.

Aussagen zur Prognose haben für die Gesamtbeurteilung große Bedeutung. Sie sollten nach medizinischem Kenntnisstand angesprochen werden. Dies gilt zunächst grundsätzlich für das vorliegende Krankheitsbild. Es sollte aber auch auf fallbezogene individuelle Besonderheiten geachtet werden, die eine spezifische Individualprognose begründen. Beispielhaft kann auf persönliche Faktoren bei Unfällen verwiesen werden. Wie war die Schwere des Unfalls objektiv? Welche Bedeutung hatte die Art der Verletzung für den Betroffenen speziell (frühere traumatische Erfahrungen)? Welche emotional sehr stark besetzten Bereiche des Körpers waren betroffen? Wie erlebte der Verletzte den Unfall subjektiv und wie wurden die nachfolgenden therapeutischen Maßnahmen empfunden" Gab es „social support" oder eher kränkende und zurücksetzende, enttäuschende Verhaltensweisen von Behandlern, Arbeitgebern, Familienangehörigen o. ä.?

Ähnliche Überlegungen gelten für alle Erkrankungen, die einen Menschen treffen können. Natürlich wirken sich Komplikationen zusätzlich ungünstig aus. All dies beeinflusst die Prognose der weiteren Krankheitsentwicklung maßgeblich.

Besteht eine im rechtlichen Sinne „erhebliche Störung" bereits über einen längeren Zeitraum hinweg und sind die therapeutischen Möglichkeiten tatsächlich ambulant und stationär – einschließlich adäquater Rehabilitationsmaßnahmen – ausgeschöpft worden, so ist mit einer wesentlichen Besserung des Leistungsvermögens wohl nicht mehr zu rechnen (Foerster 1992).

Qualitätskriterien medizinischer Gutachten

Auf die Qualitätskriterien medizinischer Gutachten soll ergänzend hingewiesen werden. Qualität lässt sich prinzipiell auf drei verschiedenen Ebenen betrachten:

– Strukturqualität

– Prozessqualität

– Ergebnisqualität

Die Strukturqualität berücksichtigt die Rahmenbedingungen im Einzelfall, d. h. Ausbildungsstand des Gutachters, seine apparativen und organisatorischen Gegebenheiten u. a. Die Prozessqualität wird durch die Interaktionen zwischen Gutachter und Proband im weitesten Sinne bestimmt und die Ergebnisqualität von der zutreffenden Bewertung medizinischer Sachverhalte, die auch der Überprüfung durch andere Sachverständige standhält.

Häufige Fehler

1. Vielfach wird auf die Frage nach der BU mit der Beurteilung der Minderung der Erwerbsunfähigkeit (MdE) oder der Arbeitsunfähigkeit geantwortet, und Fragen nach der prozentualen Höhe der BU werden übergangen.

2. Erfahrungen aus der Vergangenheit zeigen, dass die Erstellung von Gutachten sehr lange dauern kann. Ziel sollte es sein, Gutachten in einem zeitlich akzeptablen Rahmen anzufertigen, da es oftmals um die finanzielle Existenz eines Menschen und seiner Familie geht.

3. Bei der zusammenfassenden Beurteilung mangelt es oft an der Diskussion von Alternativen zum bisherigen Beruf. Wenn auch die Umschulung, Umsetzung oder Verweisung immer seltener erreicht werden, so geht doch aus einer solchen Überlegung hervor, dass sich der Gutachter über die berufliche Tätigkeit des Untersuchten eine genaue Vorstellung gemacht hat. Es wäre wünschenswert, dass dieser Punkt mehr Beachtung fände.

4. Viele Gutachten setzen eine zu große Fachkenntnis voraus. Da oftmals medizinische Laien ein Gutachten zur weiteren Bearbeitung erhalten, wäre es vorteilhaft, dies bei der Abfassung der Untersuchungsergebnisse zu berücksichtigen.

3.4 Aufgaben des Auftraggebers

Der Auftraggeber hat im Rahmen seiner Leistungsprüfung die im Folgenden genannten Vorarbeiten abzuschließen.

Erstellung des Tätigkeitsprofils

Dazu gehört die Darstellung eines dezidierten Tätigkeitsprofils mit genauer Beschreibung der zuletzt ausgeübten beruflichen Tätigkeit einschließlich der Darlegung des zeitlichen Umfangs, der auf einzelne Teilbereiche der Berufsausübung entfällt. Bei unklaren Tätigkeitsbildern empfiehlt sich zusätzlich

– die Verwendung der berufskundlichen Blätter der Bundesagentur für Arbeit oder

– eine Bewertung vorhandener Unterlagen, wie z. B. der Gefährdungsanalyse gemäß § 5 Arbeitsschutzgesetz.

Formulierung der zu klärenden Fragen

Die zur Beantwortung durch den Gutachter anstehenden Fragen müssen fallbezogen präzise formuliert werden und auf das spezielle Fachgebiet bezogen sein. Die Frage nach der Beeinträchtigung des Patienten in seinem ausgeübten Beruf einschließlich der Teiltätigkeiten muss eingeschlossen sein.

Weitergabe der relevanten Unterlagen

Wird ein Gutachtenauftrag erteilt, müssen alle Unterlagen/Behandlungsberichte/ ambulante und stationäre Behandlungsunterlagen und das erstellte Tätigkeitsprofil dem beauftragten Gutachter unter Beachtung des Datenschutzes zugänglich gemacht werden.

Von besonderer Bedeutung ist, dass der Auftraggeber, dem Sachverständigen die korrekten rechtlichen Vorgaben mitteilt. Ist dies nicht der Fall, so besteht die Gefahr von Fehlleistungen, wenn der Gutachter Antworten gibt, ohne den rechtlichen Hintergrund der Frage zu kennen. Dies gilt besonders für die Begutachtung im Rahmen der privaten BUZ.

Im Nachgang kann der Auftraggeber zur Qualitätssicherung weitere interne Maßnahmen ergreifen. Beispielsweise kann ein spezieller Fragebogen (siehe folgende Checkliste) verwendet werden, mit dem Form und Inhalt eines Gutachtens überprüft werden.

3.5 Checkliste für Gutachter und Sachbearbeiter bei psychiatrischen Fragestellungen

– *Aktenlage*

Sind die für die Fragestellung wichtigen Akteninhalte kurz und prägnant referiert worden?

Oder sind unwichtige und ausufernde Aktenauszüge erstellt worden?

Leistungsverzeichnis der Krankenkasse?

– *Frühere Erkrankungen*

Sind die körperlichen und psychischen Vorerkrankungen ausführlich, umfassend, aber zugleich prägnant dargestellt worden?

– *Biografische Anamnese*

Sind die lebensgeschichtlichen Faktoren ausführlich und plausibel dargestellt worden?

Berufsanamnese? Freizeitaktivitäten?

– *Jetzige Beschwerden und aktuelle Anamnese*

Sind die derzeitigen Beschwerden des Probanden mit seinen eigenen Worten überzeugend und vollständig wiedergegeben worden?

Ist die aktuelle Krankheitsentwicklung nachvollziehbar dargestellt worden?

Konnte eine Fremdanamnese erhoben werden?

Ist der Krankheitsverlauf typisch? Oder lassen sich Abweichungen begründen?

Wurde zwischen anamnestischen Angaben und eigenen Befunden klar unterschieden?

– *Befund*

Wurde eine adäquate körperliche Untersuchung durchgeführt?

Liegt ein ausführlicher und vollständiger psychopathologischer Befund vor?

Für die Fragestellung angemessene technische Zusatzuntersuchungen?

Für die Fragestellung angemessene psychometrische Testuntersuchungen?

– *Diagnosen*

Sind die Gesundheitsstörungen umfassend diagnostisch erfasst und nach der ICD-10 verschlüsselt worden? Ist der Schweregrad angegeben?

Erfolgten gegebenenfalls differentialdiagnostische Überlegungen?

– *Epikrise und Gutachtliche Beurteilung*

Sind Krankheitsanlagen, frühere Erkrankungen, biografische Faktoren, reaktive Komponenten und das aktuelle Beschwerdebild ausreichend erfasst und kritisch diskutiert worden?

Wurden Vorbefunde berücksichtigt und diskutiert?

Gelang eine nachvollziehbare epikritische Zusammenfassung?

Sind nicht objektivierbare Störungen (z. B. Schmerzen) hinsichtlich ihres Krankheitswertes kritisch diskutiert und mit dem Alltagserleben korreliert worden?

Ist das vorliegende positive und negative Leistungsvermögen plausibel dargelegt worden?

Sind die Auswirkungen speziell auf den tatsächlich zuletzt ausgeübten Beruf überzeugend diskutiert und dargelegt worden?

Ist das Vorliegen von Aggravation oder demonstrativer Verhaltensweisen angesprochen worden?

Liegen evt. Probleme in der Therapie oder Nebenwirkungen vor, die sich auf das Leistungsvermögen auswirken?

Sind Außenseiterpositionen vertreten worden, die nicht der allgemein anerkannten wissenschaftlichen Meinung entsprechen?

Sind Leitlinien der wissenschaftlichen Fachgesellschaften berücksichtigt worden?

– *Beantwortung der gestellten Fragen*

Sind alle gestellten Fragen umfassend beantwortet worden?

Konnten evt. einzelne Fragen nicht adäquat beantwortet werden und ist dies plausibel begründet worden?

– Besteht die *Notwendigkeit, weitere Gutachter* anderer Fachgebiete einzuschalten, um zu einer leistungsgerechten Beurteilung zu kommen?

Ist ggf. ein (neuro)psychologisches Gutachten erforderlich?

– *Formelle Standards*

Briefkopf, Adressat, Datum, Aktenzeichen, Schriftbild, Rechtschreibung, Tippfehler, Unterschrift?

Zeitgerechte Erstellung des Gutachtens?

3.6   Neuropsychologische Testuntersuchungen

Die klinische Neuropsychologie beschäftigt sich mit den „kognitiven Funktionen", d. h. den Funktionen die man auch allgemein ausgedrückt als „geistige Leistungen" bezeichnen kann. Im Einzelnen sind dies das Lernen, das Gedächtnis, Erkennen, Denken, Urteilsvermögen, Abstraktionsfähigkeit, Entscheidungsvermögen, die Sprache mit all ihren Möglichkeiten der Störung, die visuell-räumlichen Leistungen, das Vorstellungsvermögen, Aufmerksamkeit und Konzentration in verschiedenen Einzelbereichen, Handlungsplanung und -ausführung u. a. (Merten).

Behauptete kognitive Defizite sind in der Regel auch ein Dreh- und Angelpunkt für die Ausübung der Berufstätigkeit. Hier ist primär der neurologische und psychiatrische Gutachter gefragt, der in seinem klinischen Befund überzeugend das Vorhandensein und das Ausmaß derselben darlegen muss und dann – darauf aufbauend – seine Stellungnahme zur Berufsfähigkeit begründen muss. Entscheidend ist dabei die umfassende Anamnese, die auch alle Aspekte der Freizeitgestaltung einbeziehen muss, die Art der Therapie, die Schilderung des Tagesablaufs, nach Möglichkeit die Fremdanamnese und die Schlüssigkeit der Darstellung.

Neuropsychologische Testuntersuchungen sind in Abhängigkeit von der Fragestellung manchmal ergänzend hilfreich. Der nicht als klinischer Psychologe tätige Gutachter wird sich aus der unübersehbaren Fülle angebotener Testverfahren einige wenige heraussuchen, mit denen er im Sinne eines „Screening-Verfahrens" einen gewissen Überblick über einzelne Bereiche kognitiver Leistungen erhält. Es gilt dabei stets, verschiedene Aspekte zu beachten. Ausgedehnte Testbatterien sind enorm zeitaufwändig und können – unter Kostenaspekten – dem Auftraggeber und – unter dem Aspekt der Belastung – dem Probanden häufig nicht zugemutet werden. Auch der Gutachter ist gezwungen, seine Zeit ökonomisch einzuteilen.

Die größte Bedeutung haben Tests zur Beurteilung der kognitiven Funktionen und der Persönlichkeit.

Als praktikabel erweisen sich im gutachtlichen Alltag neben dem klassischen, aber zeitaufwändigen Hamburg-Wechsler-Intelligenztest für Erwachsene (HAWIE) mit einem Verbal- und einem Handlungsteil, der einfach durchzuführende Mehrfachwahl-Wortschatz-Intelligenztest (MWT-B), der die Basis- oder kristallisierte Intelligenz misst und der Kurztest für Allgemeine Intelligenz (KAI), der die fluide Intelligenz bzw. das aktuell verfügbare Intelligenzniveau erfasst.

Der Benton-Test gilt als Parameter der visuo-konstruktiven Leistungsfähigkeit, der Syndrom-Kurztest (SKT) dient der Erfassung der Aufmerksamkeits- und Gedächtnisleistung, entsprechend der c.I.-Test, der Zahlen-Verbindungstest (ZVT) und der Aufmerksamkeits-Belastungstest (Test d2 nach Brickenkamp).

Es existiert eine Fülle weiterer psychometrischer Untersuchungen, wobei der Gutachter aus der großen Palette des Angebots solche einsetzen sollte, mit denen er selbst die größte Erfahrung hat und die für die vorliegende Fragestellung angemessen sind.

Tests für Persönlichkeitseigenschaften sind hilfreich, um sich ein Bild über Persönlichkeitszüge zu machen, die bei der alleinigen Exploration manchmal übersehen werden. Am häufigsten wird bei uns das Freiburger Persönlichkeitsinventar (FPI-R) angewandt, wobei man sich im Klaren sein muss, dass es sich um Selbstauskünfte des Probanden handelt, die natürlich durchaus von ihm beeinflusst werden können. Das Ergebnis der „Offenheitsskala" des FPI-R gilt als Maß für die Offenheit des Probanden bei der Beantwortung der gestellten Fragen.

Darüber hinaus steht eine Fülle von Befindlichkeitsskalen zur Verfügung, die die Palette der Untersuchungsverfahren ergänzen kann. Aber auch dies sind lediglich nur Selbstauskünfte des Betroffenen, die in der Behandlungssituation nützlich sein können. Für die Begutachtung ist ihr Wert eher gering, da bei den oft offenkundigen Fragen eine bewusste Verfälschung im Sinne für das Ergebnis erwünschter Antworten nahe liegt.

Ähnliches gilt für Fragebögen im Rahmen der Depressionsdiagnostik (BDI, HADS-D u. a.), worauf im entsprechenden Kapitel hingewiesen wird.

Für spezielle und weitergehende Fragestellungen ist **ein neuropsychologisches Zusatzgutachten** erforderlich.

Das Berufsbild des Klinischen Neuropsychologen ist relativ neu und erfordert eine spezifische Weiterbildung nach Abschluss des Studiums als Diplom-Psychologe. Der nicht speziell weitergebildete Psychologe ist nicht als neuropsychologischer Gutachter qualifiziert.

Störungen einzelner neuropsychologischer Teilleistungen können zu Beeinträchtigungen im beruflichen Bereich bis hin zur vollständigen BU führen, naturgemäß abhängig vom jeweiligen Anspruchsniveau des tatsächlich ausgeübten Berufes.

Als Ursache kommen praktisch alle Erkrankungen des Gehirns in Betracht. Von besonderer gutachtlicher Bedeutung sind Schädel-Hirn-Traumen, Schlaganfälle, entzündliche Gehirnerkrankungen, Hirntumoren, zerebrale Hypoxie durch Erkrankungen des Herzens und des Gefäßsystems und anderer Organe.

Der neuropsychologische Gutachter bedient sich in erster Linie entsprechender Testuntersuchungen, die für die vorgesehene Fragestellung geeignet und validiert sein müssen.

Sehr leichte oder auch sehr schwere Formen von Leistungsstörungen können durch den Neurologen und Psychiater entweder allein durch den klinischen Befund oder durch orientierende Testuntersuchungen adäquat beurteilt werden.

Die meisten Probleme bereiten zunächst geringgradig anmutende kognitive Störungen, etwa nach Schädel-Hirn-Traumen, die sich erst bei länger dauernder Belastung im Alltag bemerkbar machen und der klinischen Untersuchung entgehen können. Es ist dann sinnvoll, ein spezielles neuropsychologisches Gutachten mit einer breiteren „Testbatterie" zu veranlassen.

Man muss sich aber stets vor Augen halten, dass psychologische Testergebnisse keinesfalls „objektiv" wie Labor- oder Röntgenuntersuchungen sind, sondern in erheblichem Umfang von der Kooperation des Probanden abhängen. Sie müssen daher immer mit dem klinischen Befund, der psychiatrischen Exploration und der gesamten Vorgeschichte sowie auch dem körperlichen Befund korreliert werden. Eine testpsychologische Untersuchung ergibt keine Diagnose, sondern stellt einen Mosaikstein für die Gesamtbeurteilung dar, ebenso wie andere Zusatzuntersuchungen (etwa ein neuroradiologisches Zusatzgutachten).

Merten hat mehrfach auf das Problem des suboptimalen Leistungsverhaltens hingewiesen. Dabei kommen ursächlich nicht nur Aggravation und Simulation, sondern auch somatoforme, dissoziative und artifizielle Störungen sowie auch psychiatrische Erkrankungen, Persönlichkeitsstörungen und nicht zuletzt situative Faktoren in Betracht.

Im Regelfall wird bei entsprechenden Fragestellungen der Hauptgutachter ein Neurologe und Psychiater sein, der – falls erforderlich – die Indikation zu einem neuropsychologischen Zusatzgutachten stellt, dies mit dem Auftraggeber abspricht und am Ende die Gesamtbeurteilung vornimmt.

Auch hier gilt, dass es grundsätzlich nicht zweckmäßig ist, den behandelnden Psychologischen Psychotherapeuten mit der Begutachtung zu beauftragen. Der Rollenkonflikt zwischen Therapeuten und neutralem Gutachter ist hier ganz besonders evident und kann im Grunde meist nicht gelöst werden.

3.7 Allgemeine Grundsätze zur Honorierung

Um einen allgemeingültigen, vergleichbaren Standard der Honorierung zu erreichen, soll sich der Gutachter prinzipiell an der Gebührenordnung für Ärzte (GOÄ) orientieren.

Freie Vereinbarungen zwischen Auftraggeber und Beauftragten sind allerdings möglich.

3.8 Der Gutachter und sein Gutachten im Gerichtsverfahren

Bei der gerichtlichen Anfechtung einer Entscheidung des Versicherers zur privaten Berufsunfähigkeitsversicherung sind die Zivilgerichte, d.h. die Amts- und Landgerichte und *nicht* die Sozialgerichte zuständig.

Im Zivilprozess gelten als Beweismittel der Augenschein, der Zeugenbeweis, der Beweis durch Sachverständige, der Urkundenbeweis und die Parteivernehmung.

In strittigen medizinischen Fragen wird fast stets die Einholung eines medizinischen Sachverständigengutachtens erforderlich sein.

Dabei wird zwischen Privat- und Gerichtsgutachten unterschieden.

3.8.1 Privatgutachten

Jedes von einer Partei eingeholte Gutachten gilt als Privatgutachten. Als ein solches ist auch das vom Versicherer im Regulierungsverfahren eingeholte Gutachten zu werten, welches die Grundlage der Leistungsentscheidung war. Es ersetzt im Zivilprozess nicht das Gerichtsgutachten, wenn auch nur eine Partei seiner Verwendung widerspricht, was ja letztlich auch der Grund für die Klage war. Die Aufgabe des Gerichts ist es dann, die Klärung der strittigen Frage über ein gerichtliches Gutachten herbeizuführen.

3.8.2 Vorgaben an den Gutachter

Bei Abfassung des Beweisbeschlusses und Beauftragung des Sachverständigen hat das Gericht Vorgaben an den gerichtlichen Sachverständigen zu machen. Dies betrifft vornehmlich die Erläuterung von Rechtsbegriffen, wobei in der BUZ besonders die vereinbarte Definition des Begriffes der BU zählt. Zum außermedizinischen Sachverhalt gehört das berufliche Anforderungsprofil in der Berufsunfähigkeits(zusatz)versicherung.

3.8.3 Gerichtsgutachten

Der Gerichtsgutachter ist konkret an die Beweisfragen des Gerichts gebunden.

Neben einer Diagnose ist von ihm zu fordern, zu einer tatsächlichen Funktionsbeeinträchtigung Stellung zu nehmen. Dazu gehören Ausführungen zu Bewegungseinschränkungen, aber auch geistigen und seelischen Leistungseinbußen, chronischen Schmerzen u. a. Er hat die Aufgabe, dies dem Gericht in allgemein verständlicher Form darzulegen. Bei psychiatrischen Beeinträchtigungen kommt naturgemäß der anamnestischen Schilderung des Probanden eine wesentliche Rolle zu. Der Gutachter muss dann zur Plausibilität der Angaben des Untersuchten Stellung nehmen und versuchen, mosaiksteinartig aus der Anamnese, die auch Freizeitaktivitäten, Erlebnis- und Gestaltungsfähigkeit im Alltag umfasst, die gemachten Angaben auf ihre Konsistenz zu überprüfen. Eine unkritische Übernahme der anamnestischen Angaben ohne kritische Diskussion kann im Gutachten nicht überzeugen. Auch Hinweise auf Aggravation sind im Gutachten aufzuführen und zu diskutieren.

Die für ein psychiatrisches Gutachten oft sehr wichtige Fremdanamnese kann im Zivilrecht vor den Amts- und Landgerichten nicht ohne weiteres eingeholt bzw. verwertet werden, entspricht sie doch nach juristischer Auffassung einer Zeugenvernehmung, wozu nur das Gericht befugt ist. Falls eine solche unbedingt für erforderlich gehalten wird, empfiehlt sich eine Rücksprache mit dem Gericht.

3.8.4 Gerichtliche Anhörung

Die mündliche Anhörung des Sachverständigen steht nach § 411 Abs. 3 ZPO im Ermessen des Gerichts. Es muss jedoch dem rechtzeitig von einer Partei gestellten Antrag auf Ladung des Sachverständigen zu Erläuterung seines Gutachtens so gut wie stets nachkommen, damit die Partei – ggf. im Beisein ihres Privatgutachters – ihr Fragerecht ausüben kann.

Die Anhörung kann auch sinnvoll sein, um Widersprüche zu einem vorgelegten Privatgutachten aufzuklären. Der Tatrichter darf bei deutlichen Widersprüchen zwischen einem Privatgutachten und dem gerichtlichen Gutachten nicht ohne logisch nachvollziehbare Begründung einem von beiden den Vorzug geben.

3.8.5 Verpflichtung zur persönlichen Erstattung

Nach § 407 a ZPO ist der Sachverständige zur persönlichen Erstattung des gerichtlichen Gutachtens verpflichtet. Er kann zwar die Befunderhebung an Hilfskräfte delegieren, die wissenschaftliche Auswertung bleibt jedoch Sache des Sachverständigen. Er übernimmt auch die volle fachliche, zivil- und strafrechtliche Verantwortung für das Gutachten.

Ein Verfahrensfehler liegt nicht vor, wenn der mit der Begutachtung beauftragte Sachverständige zwar nicht selbst das Gutachten erstellt, jedoch die wissenschaftliche Auswertung auf seiner eigenen Prüfung und Beurteilung beruht und er die volle Verantwortung für das Gutachten übernimmt. Ein eventueller Verstoß gegen § 407 s ZPO ist jedenfalls geheilt, wenn der Sachverständige später auf Anfrage des Gerichts eine derartige Erklärung abgibt.

Wird das Gutachten ganz von einer Hilfsperson erstattet, scheidet das Gutachten als Beweismittel aus.

Im Übrigen ist ein Sachverständiger auch verpflichtet, im Vorfeld der Begutachtung ihm bekannte Umstände zu offenbaren, die Zweifel an seiner Unbefangenheit wecken könnten.

Ein nicht ganz seltenes Problem bei der Begutachtung stellt die Forderung der Probanden dar, dass eine Person ihres Vertrauens bei der Begutachtung zugegen sein soll. Manchmal geschieht dies aus der Angst vor dem fremden Arzt und der ungewohnten Situation heraus, manchmal auch aus Misstrauen dem Sachverständigen gegenüber. In den meisten Fällen ist – gerade bei psychiatrischen Gutachten – die Anwesenheit einer weiteren Person aber ausgesprochen störend und für ein offenes Gespräch von Nachteil. Auf die Problematik soll im Folgenden eingegangen werden.

Besonderheiten der psychiatrischen Begutachtung

Eine Begutachtung seelischer Störungen stützt sich wesentlich auf die Exploration, die Anamneseerhebung und die Verhaltensbeobachtung während der Befragung. Natürlich werden auch andere Komponenten berücksichtigt, wie die Aktenvorgeschichte, die Aussagen behandelnder Ärzte und nicht zuletzt auch die Fremdanamnese, soweit eine solche verfügbar ist. Das entscheidende Untersuchungsinstrument ist dabei aber ganz zweifellos eine eingehende Exploration und Anamneseerhebung durch den Psychiater.

Wenn die Anamneseerhebung verwertbar und für die Fragestellung ergiebig sein soll, so bedarf es dazu eines nicht unbeträchtlichen Maßes an Vertrauen seitens des Patienten seinem Therapeuten gegenüber. Dies gilt nicht nur für die Behandlungssituation, sondern ebenso für die Begutachtung. Soll es zu einer ersprießlichen Erhellung der Vorgeschichte kommen, so muss der Therapeut wie auch der Gutachter eine ausreichende Empathie, ein freundliches Wohlwollen und eine Akzeptanz des zu Untersuchenden einbringen, aber ebenso bedarf es von Seiten des Probanden eines Mindestmaßes an Vertrauen, um sich im Gespräch öffnen zu können. Kommt eines von beiden nicht zustande, so ist die Anamneseerhebung wenig ergiebig und damit die Aussagekraft einer psychiatrischen Beurteilung gering.

3.8.6 Anwesenheit einer dritten Person bei der Exploration

In der therapeutischen Situation wird als selbstverständlich vorausgesetzt, dass das Gespräch in einer ruhigen Atmosphäre, ungestört durch Dritte in einer Zweier-Beziehung vonstatten geht. Genau dasselbe gilt für die Exploration im Rahmen einer Begutachtung bei seelischen Störungen jeglicher Art. Natürlich kann, ebenso wie in der therapeutischen Situation später ergänzend noch die Fremdanamnese, etwa von begleitenden Familienangehörigen eingeholt werden, vorausgesetzt das Einverständnis des Probanden und die rechtlichen Grundlagen dazu liegen vor.

Die Gegenwart einer dritten Person während der Exploration und der Untersuchung ist in jeder Hinsicht kontraproduktiv und stört den Aufbau der so dringend erforderlichen vertrauensvollen Beziehung zwischen Gutachter und Proband ganz empfindlich. Allein die Argusaugen eines „Zeugen" hemmen ein unstrukturiertes und spontanes Gespräch erheblich. Die Anwesenheit von Familienangehörigen oder von Freunden lässt kaum erwarten, dass frühkindliche Konflikte, sexueller Missbrauch oder sonstige traumatisierende Erlebnisse, ebenso wie andere gegenüber der Familie verschwiegene frühere Vorkommnisse ausgesprochen werden, wie dies in einer gelungenen Zweierbeziehung, auch in der gutachtlichen Situation durchaus häufig thematisiert werden kann.

3.8.7 Fallkonstellationen

Es sollen beispielhaft einige Fallkonstellationen zur Verdeutlichung angeführt werden. Wenn einer somatoformen Störung ein lang anhaltender Ehekonflikt zu Grunde liegt, der nicht selten über Jahre hinweg latent dahinschwelt, so kann man kaum erwarten, dass der oder die zu Untersuchende dies in Gegenwart des Ehepartners ansprechen wird. Käme es dazu, so wäre mit entsprechenden Gegenargumenten und Diskussionen des Ehepartners zu rechnen, was die Begutachtung letztlich ad absurdum führen würde.

Ähnliches gilt für andere familiäre Konfliktkonstellationen. Als konkretes Beispiel kann der Fall einer 22-jährigen Frau angeführt werden, die am Arbeitsplatz geringgradig sexuell belästigt wurde – sie selbst sprach von einer „missglückten Anmache" – mit nachfolgender lang dauernder Arbeitsunfähigkeit wegen Ängsten und einem langwierigen Gerichtsverfahren im Rahmen einer privaten Berufsunfähigkeitsversicherung und die darauf bestand, dass die Mutter als Begleitperson bei der Exploration anwesend sein müsse. Die behandelnde Psychotherapeutin hatte auf einen schwerwiegenden Ablösungskonflikt der noch zuhause lebenden Tochter von der Mutter verwiesen. Diese Thematik kam bei der Exploration in Anwesenheit der Mutter überhaupt nicht zur Sprache bzw. wurde mit „alles in Ordnung" abgeblockt.

Eine seit 32 Jahren in Deutschland lebende Türkin, die wegen einer somatoformen Schmerzstörung für das Sozialgericht zu begutachten war, gab an, kein Wort deutsch zu sprechen. Vom Sozialgericht wurde unter Hinweis auf die gut deutsch sprechende Tochter kein Dolmetscher genehmigt. Die intelligente Tochter mit abgeschlossenem Studium führte ausschließlich das Gespräch, die Mutter saß passiv daneben, zuckte auf direkte Fragen mit den Schultern und verwies auf die Tochter, die ihre Sicht der familiären Situation darstellte. Ein unmittelbarer Zugang zur Klägerin gelang nicht und damit auch keine unmittelbare psychopathologische Befunderhebung.

3.8.8 Diskussion des Problems von „Beiständen" bei der Begutachtung

Die Gegenwart einer dritten Person, sei es von Familienangehörigen oder eines „Zeugen" lässt somit schwerwiegende Verfahrensmängel bei der Begutachtung befürchten, wenn die notwendige persönliche Beziehung im Sinne einer Vertrauensbasis zwischen Untersucher und Proband dadurch gefährdet wird. Nicht selten kommt es in diesem Rahmen auch vor, dass die Begleitperson dann das Wort ergreift, die Gesprächsführung für den Probanden übernimmt und damit ihre eigene Einschätzung in die Exploration einbringt, mit der Folge einer unerfreulichen Diskussion, die der Sachaufklärung in keiner Weise dienlich ist. Dies ist gerade bei Anwesenheit von Familienangehörigen häufig der Fall.

Wollte man sich darauf einlassen, auf Wunsch des Probanden einen „Zeugen" bei der Begutachtung zuzulassen, der den Ablauf der Untersuchung quasi protokolliert, so ist dem zu entgegnen, dass dann auch der Gutachter einen Zeugen aufbringen müsste, um die Gleichheit zu gewährleisten, was schließlich nicht zumutbar ist und auch wiederum mit der Schweigepflicht nicht in Einklang zu bringen wäre.

In der Literatur wird unter anderem von Hackhausen nachdrücklich darauf hingewiesen, dass der Gutachter letztlich das Bestimmungsrecht über die Gestaltung und den Ablauf der Untersuchung in der Hand hat. Er kann nach freiem Ermessen – falls dies wünschenswert ist – eine gewünschte dritte Person zulassen, kann aber auch von seinem Recht Gebrauch machen, eine dritte Person abzulehnen. Hackhausen verwies auf eine entsprechende juristische Klärung dieses Sachverhaltes durch den Verband Deutscher Rentenversicherungsträger (VDR).

Dies entspricht auch den Empfehlungen der Berufsgenossenschaften und der Landesärztekammern.

Die Bayerische Landesärztekammer verwies in einem einschlägigen Schriftsatz darauf, dass die begutachtende Tätigkeit eines Arztes von einem Mindestmaß gegenseitigen Vertrauens getragen sein muss, das sich auf Seiten des Arztes auf die Vollständigkeit und Richtigkeit der Angaben des Probanden bezieht und auf Seiten des Probanden auf die Objektivität des Arztes. Ist dieses Vertrauensverhältnis nicht vorhanden, so ist der Arzt in berufsrechtlicher Hinsicht frei, den Gutachtensauftrag wegen Unzumutbarkeit abzulehnen. Diese Auffassung stützt sich auf die Berufsordnung für die Ärzte Bayerns, die dem Wortlaut nach auf die Behandlung abzielt, für die

Begutachtung könne jedoch nichts anderes gelten. Es ist dem Arzt auch nicht gestattet, in Anwesenheit von Personen, die weder Ärzte sind, noch zu den berufsmäßig tätigen Mitarbeitern des Arztes gehören zu untersuchen oder zu behandeln. Allerdings dürfen Angehörige oder „andere Personen" anwesend sein, wenn hierfür eine „ärztliche Begründung" besteht und der Patient zustimmt.

Die Empfehlungen des Landesverbandes Südwestdeutschland der gewerblichen Berufsgenossenschaften vom 2. 1. 1996 stellen klar, dass der Arzt eine Begutachtung ablehnen kann, wenn auch nur die begleitende bzw. unterstützende Anwesenheit eines Beistandes begehrt wird.

Im Beschluss des OLG Hamm vom 16. 7. 2003 (1 W 13/03) wird festgestellt: „Ärztliche Untersuchungen greifen in den Intimbereich ein und haben grundsätzlich in Abwesenheit dritter Personen stattzufinden."

Das LSG Rheinland-Pfalz (L 4 B 33/06) entschied, dass bei einer gerichtlich angeordneten ärztlichen Untersuchung ein Prozessbeteiligter das Recht auf Anwesenheit seines Anwalts oder einer anderen Vertrauensperson habe, da eine ärztliche Untersuchung einen erheblichen Eingriff in das allgemeine Persönlichkeitsrecht darstelle. Dem Mediziner stehe es jedoch frei, diese Untersuchung abzulehnen!

3.8.9 Dolmetscher

Ähnliche Überlegungen gelten naturgemäß auch für einen Dolmetscher, auf den bei völliger Sprachunkundigkeit natürlich nicht verzichtet werden kann. Es sollte dann aber ein professioneller Dolmetscher anwesend sein und nicht Familienangehörige. Sind einigermaßen ausreichende Sprachkenntnisse vorhanden, so sollte – zunächst jedenfalls – auf einen Dolmetscher verzichtet werden und ggf. noch strittige oder unklare Punkte anschließend mit Hilfe eines Dolmetschers, der dann wohl meist dem familiären Bereich entstammt, gezielt abgeklärt werden. Nach Hackhausen sollte daher – wenn möglich – auf die Einschaltung eines Dolmetschers verzichtet werden, da er häufig seine eigene Interpretation und nicht die tatsächlichen Äußerungen des Probanden übermittelt.

3.8.10 Empfehlungen zum praktischen Vorgehen

Aus langjähriger praktischer gutachterlicher Erfahrung heraus kann empfohlen werden, durch ein aufklärendes Gespräch zu versuchen, das Misstrauen und die Angst gegenüber der Untersuchung abzubauen, so dass in den meisten Fällen der Proband auch bereit ist, alleine mit dem Gutachter zu sprechen. Es kann auch ein abschließendes Gespräch mit der Begleitung angeboten werden – auch im Sinne der durchaus erwünschten Fremdanamnese oder auch evtl. ein Gespräch zu dritt. Der Proband geht dann meist darauf ein, sich allein und unter vier Augen explorieren zu lassen. Wird auch dies abgelehnt, so empfiehlt es sich, den Gutachtensauftrag zurückzugeben und vorzuschlagen, den Antragsteller von einem anderen Gutachter untersuchen zu lassen, gegen den keine Vorbehalte bestehen und zu dem sich die erforderliche Vertrauensbasis aufbauen lässt, die gerade in der Begutachtung unumgänglich ist.

Konklusion

Die Anwesenheit einer dritten Person als „Beistand" ist bei einer ärztlichen Untersuchung, und ganz besonders bei der psychiatrischen Exploration, in jeder Hinsicht kontraproduktiv und lässt schwerwiegende Verfahrensmängel bei der Begutachtung befürchten. Es bedarf bei der Anamneseerhebung und bei der Untersuchung eines nicht unbeträchtlichen Maßes an Vertrauen, einerseits des Arztes hinsichtlich der Angaben des Probanden, andererseits des Probanden bezüglich der Objektivität des Untersuchers. Ist dies nicht gegeben, so ist das Ergebnis der Begutachtung in Frage zu stellen. Für die psychiatrische Exploration gilt dies in ganz besonderem Maße, müssen hier doch fast stets sensible Bereiche der Biografie angesprochen werden, die selbst vor Familienangehörigen häufig verheimlicht werden, jedoch für die korrekte Bewertung von geltend gemachten Beschwerden, etwa von somatoformen, depressiven oder Angststörungen von erheblicher Bedeutung sind. Wird auf der Anwesenheit eines „Beistandes" beharrt, für die sich keine anderweitige ärztliche Notwendigkeit ergibt, so sollte die Begutachtung abgelehnt und der Gutachtensauftrag zurückgegeben werden.

Dies gilt für alle Rechtsbereiche der Begutachtung, auch für die Berufsunfähigkeitsversicherung.

4 Häufige, für die Begutachtung relevante organische Krankheitsbilder

4.1 Schwindel

4.1.1 Einleitung

Schwindel als medizinisches Symptom ist ein außerordentlich häufiges, vieldeutiges und unspezifisches Phänomen und nach Kopfschmerzen das zweithäufigste neurologische Leiden.

Es handelt sich im Grunde um ein wenig fassbares Beschwerdebild, hinter dem sich eine Fülle sehr unterschiedlicher Krankheiten verbergen kann und welches in vielen Fällen trotz intensiver somatischer Diagnostik ungeklärt bleibt.

4.1.2 Definition

Schwindel ist eine unangenehme Verzerrung der Raum- und Bewegungswahrnehmung mit Gleichgewichtsstörungen.

Schwindel wird aber auch allgemein als eine unangenehme Störung der räumlichen Orientierung oder als die fälschliche Wahrnehmung einer Bewegung des Körpers oder der Umgebung beschrieben.

Im anglo-amerikanischen Sprachgebrauch bezeichnet

– „vertigo" längerdauernde illusionäre Scheinbewegungen,
– „dizziness" kurzzeitige Störungen in der Raumbeziehung mit subjektiv irrtümlich wahrgenommener Körperschwankung oder Schwankung der Umgebung und

  „lighthcadcdness" diffuse Gefühle mit „komischem Schwebegefühl" im Kopf.

Mit Schwindel befassen sich Ärzte in Klinik und Praxis ebenso wie auch Gutachter der Fachgebiete Neurologie, HNO-Heilkunde, Innere Medizin, Orthopädie und Psychiatrie.

4.1.3 Prävalenz

Etwa 60 % der Patienten einer Allgemeinarztpraxis sollen über Schwindelsensationen klagen. Dabei wird in der Bevölkerung oft darunter nur ein „irgendwie komisches Gefühl" verstanden, welches sich meist nur schwer präzise zuordnen lässt.

Der Anteil des psychogenen Schwindels wird mit etwa 25 % angegeben.

4.1.4 Ursachen und Krankheitsentstehung

Zur Erhaltung einer normalen Raumorientierung und eines stabilen Gleichgewichtes bedient sich der Körper dreier verschiedener Informationsquellen:

– des visuellen Systems,

– des Vestibularapparates und

– der propriozeptiven Sensibilität über die peripheren Nerven und über das Rückenmark.

Fällt eine dieser Informationsquellen aus, so gelingt meist relativ rasch eine befriedigende zentrale Kompensation und die Gleichgewichtsfunktion ist im Allgemeinen nur gering beeinträchtigt. Sind aber mehrere Informationszuflüsse gestört, so ergibt sich der Eindruck von Gleichgewichtsstörungen, die der Betroffene ganz allgemein als „Schwindel" bezeichnet.

Die zentrale Verarbeitung der eingehenden Afferenzen aus den drei unterschiedlichen Informationskanälen erfolgt im Bereich des Kleinhirns und des parieto-temporalen Kortex. Dort werden die eingehenden Informationen ständig miteinander und mit früheren Bewegungserfahrungen verglichen und verrechnet. Sofern erforderlich, erfolgen entsprechende motorische Antworten zur Beeinflussung des Muskeltonus und der Körperhaltung, um das Gleichgewicht aufrechtzuerhalten.

Widersprechen die eingehenden Informationen aber den früheren persönlichen Erfahrungen oder sind sie in sich inkongruent, so kommt es nach dem „mismatch-Konzept" auf der kortikalen Ebene zu der Empfindung „Schwindel". Verknüpfungen mit dem limbischen System führen gleichzeitig zu den Empfindungen Angst, Depression und „Unlust". Die sehr häufig zusätzlich vorhandenen vegetativen Begleiterscheinungen sind ebenfalls davon abhängig. Übelkeit und Erbrechen werden durch die gleichzeitige Aktivierung des medullären Brechzentrums ausgelöst.

Drehschwindel, Karussell- und Liftgefühl sowie Lateropulsion sind als systematischer Schwindel meist durch eine vestibuläre Läsion bedingt. Ungerichtetes Schwanken, Betrunkenheitsgefühl, Leeregefühl im Kopf, ein Gefühl der Benommenheit oder ein Schwarzwerden vor den Augen lassen eher an einen unsystematischen Schwindel unterschiedlicher Genese denken.

4.1.5 Klinisches Bild

4.1.5.1 Systematischer Schwindel

Der vestibulär bedingte Schwindel manifestiert sich als Dreh- oder Liftschwindel, auch als Lateropulsion und gilt als der klassische „systematische Schwindel". Als

Dauerschwindel hat er seine Ursache meist in einem Labyrinthausfall, einer Neuritis vestibularis oder zentralvestibulär in einer Durchblutungsstörung im Hirnstamm (Wallenberg-Syndrom). Ein Attackenschwindel ist für den Morbus Menière charakteristisch. Ein kurzdauernder Schwindel wird oft einer flüchtigen Perfusionsstörung im vertebro-basilären Stromgebiet zugeordnet.

4.1.5.2 Unsystematischer Schwindel

Ein „unsystematischer Schwindel" ist als nicht vestibulär bedingt zu werten. Er wird eher diffus und wenig präzise und oft auch kaum in Worten fassbar geschildert. Ein Benommenheits-Schwankschwindel im höheren Lebensalter ist meist Ausdruck einer allgemeinen zerebralen Insuffizienz, nicht ganz selten auch Folge medikamentöser Einflüsse. Eine enge Verknüpfung von vaskulärer Beeinträchtigung, Sehstörungen, Angst, Regression und Verlust von Sicherheitsgefühlen ist für den „Altersschwindel" oder die „Alterstaumeligkeit" charakteristisch.

Als „unsystematisch" werden auch vielfältige weitere Schwindelformen klassifiziert, die durch Benommenheit, Sehstörungen mit Schwarzwerden vor den Augen, Augenflimmern, Sternchensehen, Leeregefühl im Kopf, Torkeln, verknüpft mit Angstgefühlen und einer allgemeinen Unsicherheit charakterisiert sind.

4.1.5.3 Dauer des Schwindels

Die Dauer des Schwindels ermöglicht eine weitere ätiologische Zuordnung. Nur Sekunden bestehende Attacken sprechen für einen benignen peripheren paroxysmalen Lagerungsschwindel oder eine Vestibularisparoxysmie, eine Dauer von mehreren Minuten lässt an eine vertebrobasiläre Insuffizienz denken, ein stundenlanger Schwindel an einen Morbus Menière und ein Schwindel, der über Tage anhält, an eine Neuritis vestibularis.

Ein Lageschwindel wird nur in bestimmten Körperpositionen geklagt, ein Lagerungsschwindel bei raschen Lageänderungen des Kopfes.

Eine allgemeine Gangunsicherheit spricht für eine periphere Polyneuropathie oder eine Hinterstrangaffektion. Sie nimmt bei Augenschluss oder in Dunkelheit bei Wegfall der optischen Kontrolle zu. Die Kombination mit Angst und Phobien oder auch ein sehr situationsgebundener Schwindel, etwa auf Treppen und Brücken, legt einen Schwindel aus dem psychogenen Formenkreis nahe.

4.1.5.4 Organisch bedingter Schwindel

Eine eingehende neurologische und HNO-ärztliche Untersuchung ist beim erstmaligen Auftreten von Schwindel obligat. Es besteht eine Fülle von körperlichen Erkrankungen, die mit dem Symptom Schwindel einhergehen und die grundsätzlich zunächst zu bedenken und diagnostisch auszuschließen sind.

Die Differentialdiagnose umfasst folgende häufige Krankheitsbilder:

– in erster Linie den benignen paroxysmalen Lagerungsschwindel,

– die vielleicht zu oft diagnostizierte vertebrobasiläre Insuffizienz,

– den Hirnstamm- oder Kleinhirninsult,

– die Neuritis vestibularis,

– die akute Labyrinthitis,

– den Morbus Menière,

– sowie auch den akuten Hörsturz, der mit Schwindel einhergehen kann.

Seltener kommen in Betracht:

– Kleinhirnbrückenwinkeltumor,

– Zoster oticus,

– Multiple Sklerose,

– Schädel-Hirntrauma mit Felsenbeinfraktur,

– Migräne.

Internistische Krankheitsbilder mit Störungen des kardio-vaskulären Systems sind nicht selten Ursache eines unsystematischen Schwindels. Nicht zu vergessen ist die Gangunsicherheit bei Polyneuropathie und Ataxie. Auch eine allgemeine Erschöpfung nach schweren Allgemeinerkrankungen wird vom Betroffenen nicht selten als „Schwindel" beschrieben.

4.1.5.5 Psychogener Schwindel

Ergibt sich bei der eingehenden körperlichen Untersuchung einschließlich gezielter Zusatzdiagnostik kein pathologischer Befund und sprechen auch psychopathologischer Befund, Persönlichkeitsstruktur, die biografische Anamnese sowie die auslösenden Begleitumstände und psychosoziale Konfliktsituationen dafür, so ist an einen psychogenen bzw. psychosomatisch determinierten Schwindel zu denken. Eine weitergehende Exploration ist dann das entscheidende diagnostische Instrument. Neben Schwindel ganz unterschiedlicher Art werden Antriebs- und Konzentrationsstörungen, Leistungsabfall, subjektive Einschränkungen der Berufs- und Alltagsaktivitäten, vegetative Symptome, Störungen der Stimmungslage und Angst geschildert.

Typischerweise werden aber diese Symptome von den Betroffenen in aller Regel als reaktiv, d. h. durch den Schwindel ausgelöst und bedingt geschildert und erlebt. Sie suchen daher stets erst den jeweiligen Organspezialisten, meist den HNO-Arzt auf. Zugrunde liegende Konflikte und Belastungssituationen werden kaum spontan berichtet und sind den Patienten meist nicht bewusst, was die Diagnose erschwert.

Immer muss auch bedacht werden, dass ein ursprünglich somatisch bedingter Schwindel im weiteren Verlauf nicht zuletzt durch die Beeinträchtigung der Lebensqualität zur Entwicklung oder zur Dekompensation psychischer Störungen unterschiedlicher Art führen kann.

Psychosomatisch im engeren Sinne bedeutet, dass eine organische Ursache vorhanden ist, Krankheitsmanifestation, Ausprägung und Verlauf aber stark von psychischen oder psychosozialen Faktoren geprägt sind.

Als psychogen werden Krankheiten bezeichnet, bei denen sich die Empfindung ausschließlich im subjektiven Bereich und damit in der psychischen Sphäre abspielt.

Die Exploration psychopathologischer Begleitsymptome wie Angststörungen, Agoraphobie, Vermeidungsverhalten, depressiver Symptome und vorangegangener Belastungs- und Konfliktsituationen und deren zeitlicher Zusammenhang ist zur Diagnosestellung essentiell, ebenso auch die Schilderung vegetativer Erscheinungen wie Herzrasen, Mundtrockenheit, Schweißausbrüche, Hyperventilation und Leeregefühl im Kopf.

4.1.5.6 Psychische Störungen, die mit Schwindel einhergehen können

Der psychogene Schwindel kann ein wesentliches Symptom einer

– depressiven Störung,
– Angst- und phobischen Störung,
– dissoziativen oder Konversionsstörung,
– Anpassungsstörung,
– Reaktion auf schwere Belastungen,
– somatoformen Störung und
– allgemeinen neurotischen Entwicklung sein.

Im Sinne einer bizarren Leibgefühlsstörung kann er auch für eine schizophrene Psychose sprechen.

Sehr oft sind organische Auslöser des Schwindels vorausgegangen und die psychoreaktiven Störungen überschneiden sich damit in vielfacher Weise.

Die häufigste seelisch determinierte Schwindelform ist der phobische Schwank-schwindel.

Ein Gefühl des Ausgeliefertseins und der Hilflosigkeit ist mit der Schwindelsensation eng verbunden und fördert seinerseits wieder Ängste und Depressionen. Die Zuord-nung von psychogenem Schwindel zu einer „somatoformen autonomen Funktions-störung" (F 45.3) bereitet häufig Probleme, da die Betroffenen hartnäckig auf einer organischen Genese beharren, obwohl keine körperliche Ursache gefunden wur-de. Sie verleugnen meist auslösende Belastungs- und Konfliktsituationen, die bei einem Teil der Betroffenen im Sinne einer „leeren" Anamnese auch nicht zu eruieren sind. Die Abwehrhaltung wird oft durch die behandelnden Ärzte im Sinne einer iatrogenen Fixierung verstärkt, die das Beschwerdebild auf leichte körperliche Ver-änderungen, z. B. degenerative Schäden der HWS oder Blutdruckschwankungen zurückführen.

4.1.5.7 Schwindel als neurotisches Symptom

Als Angstäquivalent kann Schwindel signalisieren, dass das seelische Gleichge-wicht bedroht oder bereits dekompensiert ist. Auf den „Schwindel der Angstneuro-se" hatte Freud bereits 1895 hingewiesen.

Schwindel kann auch als Affekt-, besonders als Depressionsäquivalent gewertet werden. Bei allen Formen der Depression ist Schwindel als Symptom häufig. Die Klagen sind dabei stets diffus, unbestimmt und wenig präzise, oft auch eigenartig blass und wechselnd.

Als Konversionsphänomen ist Schwindel im Sinne der „Übersetzung" früherer unbe-arbeiteter Konflikte in die Körpersprache ebenfalls nicht selten.

Phobischer Schwankschwindel

Das Krankheitsbild wurde von Brandt erstmals 1986 beschrieben. Danach lässt sich der somatoforme phobische Attacken-Schwankschwindel eindeutig von der Agoraphobie, der Akrophobie und den Panikerkrankungen abgrenzen. Der pho-bische Schwankschwindel wird als zweithäufigste Schwindelursache im neurolo-gischen Krankengut angesehen und zwar hinter dem benignen paroxysmalen Lage-rungsschwindel und noch vor der Neuritis vestibularis oder dem Morbus Menière.

Klinik

Charakteristisch ist die Kombination eines Schwankschwindels mit einer subjektiven – nicht objektiven (!) – Stand- und Gangunsicherheit, vor allem bei Patienten mit ei-ner zwanghaften Persönlichkeitsstruktur. Nicht selten wird der Schwindel auch als ein Benommenheitsgefühl empfunden. Attackenartige Verschlechterungen sind möglich. Sie können beim selben Patienten mit oder ohne erkennbare Auslöser auftreten und – jedoch nicht obligat – mit begleitender Angst kombiniert sein.

Die Erstmanifestation fällt häufig mit besonderen psychischen Belastungen oder Krankheitserlebnissen zusammen, kann aber auch als eine phobische Entwicklung nach abgeklungenem organischen vestibulären Schwindel auftreten. Daher kann am Beginn der Erkrankung gelegentlich eine abgelaufene organische Erkrankung mit Schwindel stehen, weshalb die seelische Komponente manchmal übersehen wird.

Die Altersverteilung wird von der Adoleszenz bis zum Senium mit einem Häufigkeitsgipfel in der vierten und fünften Dekade ohne Geschlechtspräferenz angenommen. Eine hohe Komorbidität mit Angst oder Panikerkrankungen sowie einer zwanghaften Persönlichkeitsstörung mit ängstlicher Introspektion wird beschrieben. In etwa 50 % manifestiert sich der Schwindel jedoch ohne Panikattacken oder deutliche Begleitangst. Alkoholgenuss oder die Einnahme von Tranquilizern, auch sportliche Betätigung bessern die Symptome.

Nach Brandt sind fünf Kriterien für die Diagnose des phobischen Schwankschwindels von Bedeutung:

– Die Patienten klagen über Schwankschwindel und subjektive Stand- und Gangunsicherheit bei normalem neurologischem Befund und unauffälligem Gleichgewichtstest.

– Der Schwindel wird als eine fluktuierende Unsicherheit von Stand und Gang mit attackenartiger Fallangst ohne Sturz beschrieben, wobei Angst und vegetative Missempfindungen angegeben werden können. Die Angst ist dabei aber nicht obligat.

– Die Attacken treten oft in typischen Situationen auf, die auch als Auslöser anderer phobischer Syndrome bekannt sind wie Aufenthalt auf Brücken, Auto fahren, besonders auf Autobahnen, große leere Räume oder Menschenansammlungen in Kaufhäusern. Im Verlauf kommt es nicht selten zu einer Generalisierung mit zunehmendem Vermeidungsverhalten auslösender Reize.

– Die Persönlichkeitsstruktur der Betroffenen wird meist als zwanghaft beschrieben, oft verbunden mit einer reaktiven depressiven Symptomatik.

– Der Beginn der Erkrankung kann auf eine organische vestibuläre Funktionsstörung wie eine Neuritis vestibularis zurückgehen, aber ebenso gut auf besondere psychische Belastungssituationen.

Theorie zur Krankheitsentstehung

Als hypothetische Erklärung aus neurologischer Sicht für den phobischen Schwankschwindel gilt, dass es durch die Unsicherheit des Gleichgewichtsgefühls und eine ängstliche Introspektion zu einer Fehlabstimmung zwischen Efferenz und Efferenzkopie kommt, d.h. zwischen erwarteter und aktueller Sinnesreizung, so dass aktive Kopf- und Körperbewegungen als passive Reize mit Körperbeschleunigungen oder Scheinbewegungen erlebt werden. Letztlich wird eine ängstlich besetzte Kontrolle der Gleichgewichtsreaktionen angenommen. Aus psychiatrischer Sicht wird diese Schwindelform als Angstäquivalent angesehen.

Therapie

Als wichtigster therapeutischer Schritt wird empfohlen, den Patienten durch sorgfältige Untersuchung und Erklärung dieses psychogenen Mechanismus von seiner Angst, organisch krank zu sein, zu entlasten. Eine langdauernde Psychotherapie ist im Allgemeinen nicht erforderlich, entscheidend ist eine selbst kontrollierte Desensibilisierung im Rahmen einer Verhaltenstherapie. Meist kommt es im weiteren Verlauf über Jahre hinweg zu einer deutlichen Besserung bis zur Beschwerdefreiheit. Eine konsequente Führung des Patienten durch den Arzt ist dabei von wesentlicher Bedeutung.

4.1.5.8 Posttraumatischer psychogener Schwindel

Schwindel nach einem Schädel-Hirntrauma kann natürlich organisch bedingt sein. Dies ist zunächst sorgfältig diagnostisch abzuklären. Häufig entstehen aber Probleme bei der Begutachtung von Probanden, bei denen sich nach nur leichten Verletzungen des Kopfes oder der Halswirbelsäule keinerlei somatisches Korrelat für die geklagten Beschwerden findet, diese aber hartnäckig und mit Tendenz zur Verschlimmerung vorgetragen werden.

Eine Schwindelsymptomatik nach einer Commotio cerebri kann grundsätzlich nicht zu einem organisch bedingten Dauerschaden werden.

Nicht selten liegt eine Störung in der psychischen Verarbeitung des Unfalles zugrunde. Wie beim „Schleudertrauma" entstehen auch hier neurotische Entwicklungen sehr viel häufiger nach leichten als nach schweren Verletzungen. Der Arzt-Patienten-Beziehung in der Zeit unmittelbar nach dem Unfall kommt dabei besondere Bedeutung zu, legt sie doch oft die Grundlage für spätere Ängste und Unsicherheiten ebenso wie für Entschädigungsvorstellungen.

Polypragmatische Behandlungsmaßnahmen und ein einfaches Erklärungsmodell für den Schwindel seitens des behandelnden Arztes – „alles kommt vom Unfall" – fördern eine iatrogen bedingte somatische Fixierung. Eine besonders vulnerable Lebenssituation zum Zeitpunkt des Unfalles kann ausschlaggebend sein, so dass – bewusst oder unbewusst – eine ausgesprochen ungünstige weitere Entwicklung angestoßen wird, die sich später oft kaum noch korrigieren lässt. Kommen dann bei langwierigem Verlauf mit unterschiedlichen gutachtlichen Einschätzungen Enttäuschungen über die materielle Entschädigung hinzu, so wird die posttraumatische Symptomatik weiter fixiert. Sie chronifiziert und wird im Sinne einer narzisstischen Kränkung erlebt. Bei chronischen langwierigen Beschwerden muss differentialdiagnostisch auch an ein Rentenbegehren gedacht werden.

4.1.5.9 Höhenschwindel

Der Höhenschwindel gilt als Beispiel eines psychogenen Reizschwindels. Oft werden auch die Begriffe „Höhenangst" oder „Akrophobie" als Synonyme verwendet.

Im Vordergrund steht ein an entsprechend exponierten Orten auftretendes Gefühl der Unsicherheit, der gefürchtete Sog des Abgrunds, verbunden mit der Angst, zu fallen, sowie vegetative Begleiterscheinungen. Bei schon vorbestehender ängstlicher Erwartungshaltung kommt es zu kognitiven Verschiebungen in der Wahrnehmung von Größendifferenzen, woraus Angstgefühle bis hin zur Panik resultieren können.

Ein zu großer Abstand zwischen Auge und nächstem visuellem Fixpunkt scheint neurophysiologisch auslösend zu sein. Psychodynamisch wird der Verlust einer stabilen Außenorientierung durch ungewohnte Stimuli der Umgebung bei entsprechender Disposition als Auslöser der Angst gewertet, dadurch den „Grund unter den Füßen zu verlieren".

Bei der Begutachtung spielt dies eine Rolle bei Arbeitsunfällen bestimmter Berufsgruppen, wie Bauarbeitern, Dachdeckern oder Kaminkehrern.

4.1.5.10 Phobien

Unter phobischen Störungen (F 40) wird nach ICD-10 eine Gruppe von Krankheitsbildern verstanden, bei denen Angst ausschließlich oder überwiegend durch eindeutig definierte, im Allgemeinen ungefährliche Situationen oder Objekte – außerhalb der betreffenden Person – hervorgerufen wird. Diese Situationen oder Objekte werden charakteristischerweise gemieden oder voller Angst ertragen. Auch hier spielt die Empfindung „Schwindel" eine große Rolle.

Phobische Angst ist subjektiv und reicht von leichtem Unbehagen bis hin zu panischer Angst. Befürchtungen der Betroffenen können sich auf Einzelsymptome wie Herzklopfen oder Schwächegefühl beziehen und treten häufig mit sekundären Ängsten vor dem Sterben, Kontrollverlust oder dem Gefühl, wahnsinnig zu werden, auf. Die Angst wird nicht durch die Erkenntnis gemildert, dass andere Menschen die fragliche Situation nicht als gefährlich oder bedrohlich erachten. Allein die Vorstellung, dass die phobische Situation eintreten könnte, erzeugt gewöhnlich schon Erwartungsangst.

Differentialdiagnostisch sind andere Angststörungen, Panikstörungen, die generalisierte Angststörung, Zwangsstörungen und auch Anpassungsstörungen und posttraumatische Belastungsstörungen abzugrenzen.

In der ICD-10 werden Agoraphobie (F 40.0) mit und ohne Panikstörung, soziale Phobien (F 40.1) und spezifische isolierte Phobien (F 40.2) unterschieden.

In der Begutachtung ist die Agoraphobie gelegentlich ein Problem, seltener die sozialen Phobien, und durchaus häufig die Höhenangst oder Akrophobie nach Unfällen.

Psychodynamik

Psychodynamisch wird als Ursache der Phobien eine neurotische Entwicklung angenommen, deren Beginn in der Kindheit – meist im vierten Lebensjahr, also in der frühen phallischen und ödipalen Phase – liegt. Es wird postuliert, dass ein Triebkonflikt in Angst vor äußeren Wahrnehmungen verwandelt wird. Zuerst kommt es nach dem Erleben von Furcht zur Angstentwicklung und Verdrängung, dann erfolgt die Projektion der Triebgefahr nach außen. Danach setzt ein zunehmendes Vermeiden der scheinbar äußeren Gefahren ein.

Die Art der Phobie ist durch die zugrundeliegenden Phantasien und durch die Qualitäten der Objekte und Situationen bestimmt. Die Persönlichkeitsstruktur zeigt oft histrionische und zwanghafte Züge. Bei der Akrophobie werden starke Ambivalenzkonflikte zwischen verdrängten Wünschen nach Macht und Besitz einerseits und Anlehnung und Hilfe andererseits angenommen.

Agoraphobie (F 40.0)

Ursprünglich waren damit Ängste auf großen Plätzen gemeint. Nach ICD-10 wird die Agoraphobie sehr viel weiter gefasst und beinhaltet auch die Angst in Menschenmengen, ohne die Möglichkeit, sich sofort an einen sicheren Platz – im Allgemeinen nach Hause – zurückziehen zu können.

Vegetative Symptome wie Herzklopfen, Schweißausbrüche, Tremor und Mundtrockenheit sind häufig, ebenso Atembeschwerden, Beklemmungsgefühle und Schwindel. Andere Phobien sowie Zwänge oder Depressionen können zusätzlich vorhanden sein.

Als diagnostische Leitlinie gilt, dass die psychischen und vegetativen Symptome primäre Manifestation der Angst sein müssen und nicht auf anderen Störungen wie Wahn- oder Zwangsgedanken beruhen. Die Angst muss in den beschriebenen Situationen auftreten und die Vermeidung der phobischen Situation gilt als entscheidendes Symptom.

Soziale Phobien (F 40.1)

Sie beginnen oft in der Jugend, zentrieren sich auf die Furcht vor prüfender Betrachtung durch andere Menschen und führen zu einem entsprechenden Vermeidungsverhalten. Essen oder Sprechen in der Öffentlichkeit oder Treffen mit dem anderen Geschlecht sind typische Auslöser. Auch hier klagen die Betroffenen oft über einen unsystematischen Schwindel.

Spezifische Phobien (F 40.2)

Eine Vielzahl von spezifischen oder isolierten Phobien ist bekannt, meist mit allen möglichen Termini versehen und bezogen auf eine Fülle von angsterregenden Situationen oder Ängsten vor Tieren.

4.1.6 Gutachtliche Beurteilung

Für die Berufsunfähigkeitszusatzversicherung ist entscheidend, welche Art von Tätigkeit zuletzt tatsächlich ausgeübt wurde. Eine detaillierte Anamnese des beruflichen Werdegangs und der beruflichen Tätigkeit ist dringend erforderlich. Nicht nur die Berufsbezeichnung, sondern die tatsächlich ausgeübte Art der Tätigkeit ist ausschlaggebend. Es ist dann zu berücksichtigen, welche objektivierbaren Funktionsstörungen sich auf den letzten Arbeitsplatz auswirken und inwieweit hieraus eine prozentuale Beeinträchtigung im Beruf resultiert, sowie, ob in einem engen Rahmen eine Verweismöglichkeit besteht.

Die Begutachtung muss sich stets am Einzelfall orientieren. Die Bandbreite der psychischen Störungen, die mit Schwindel in Zusammenhang gebracht werden, ist sehr groß und reicht von belanglosen leichten Befindlichkeitsstörungen bis hin zu schwerst behindernden Beeinträchtigungen in allen Lebensbereichen.

Entscheidend ist, wie bei allen somatoformen Störungen die kritische Abwägung

- der naiv hinterfragten Behinderungen im Alltag und natürlich auch im Berufsleben,
- der tatsächlich durchgeführten ärztlichen oder psychologisch-psychotherapeutischen Behandlung einschließlich medikamentöser Therapiemaßnahmen,
- durchgeführter stationärer Rehabilitationsmaßnahmen,
- letztlich aller Fakten, die den Leidensdruck und die tatsächliche Behinderung transparent machen.

Daraus wird man dann die Folgerungen für die sozialmedizinische Beurteilung ziehen. Eine schematische Beurteilung kann es nicht geben.

Grundsätzlich sollte versucht werden, die Angaben des Betroffenen – soweit möglich – zu überprüfen, durch fremdanamnestische Aussagen zu ergänzen, mit den durchgeführten Therapiemaßnahmen in Einklang zu bringen und hinsichtlich der Einschränkung der gesamten, auch außerberuflichen Gestaltungs- und Erlebnisfähigkeit zu bewerten.

Ziel der sozialmedizinischen Beurteilung ist es, dem Auftraggeber des Gutachtens ein möglichst plastisches Bild des Antragstellers zu vermitteln, um eine sachgerechte Entscheidung zu ermöglichen.

Bei der finalen Begutachtung für die private Berufunfähigkeitsversicherung sind bekanntlich die Auswirkungen von Schwindel auf den zuletzt konkret ausgeübten Beruf zu bewerten. Dabei ist auch ein nicht-organisch bedingter Schwindel, wenn ihm entsprechender Krankheitswert zukommt, durchaus leistungseinschränkend.

Arbeiten auf Leitern und Gerüsten und in größeren Höhen sind auch bei Schwindel ohne objektivierbare Funktionsstörungen dann nicht zumutbar, wenn die seelische Störung einen ausreichenden Krankheitswert besitzt.

Es ist auch sorgfältig zwischen akutem Schwindel und einer chronischen Form zu unterscheiden. Im akuten Stadium ist Arbeitsunfähigkeit für die genannten Beschäftigungen gerechtfertigt. Man wird aber den Erfolg entsprechender Behandlungsmaßnahmen abwarten.

Chronifizierte Störungen lassen eine entscheidende Änderung wohl meist nicht mehr erwarten. Nicht fehlen sollte auch die Exploration der Teilnahme am Straßenverkehr. Fährt der Proband noch Auto und kam er selbst allein zur Untersuchung, wird man einer Leistungsminderung eher skeptisch gegenüberstehen. Andererseits ist die Fahrt zum Arbeitsplatz manchmal ein entscheidender Faktor für eine berufliche Eingliederung.

Bei den Phobien hängt es von der Art und der Ausprägung ab, inwieweit eine Leistungsminderung besteht und man wird die Empfehlung aussprechen, die therapeutischen Möglichkeiten im ambulanten und stationären Bereich voll auszuschöpfen. Die Kombination einer medikamentösen mit einer verhaltenstherapeutischen Behandlung hat sich als am aussichtsreichsten erwiesen.

Bei der Berufsunfähigkeitsversicherung existieren keine einschlägigen Tabellen für die Einschätzung des Schwindels wie sie für die gesetzliche Unfallversicherung, für das soziale Entschädigungsrecht und das Schwerbehindertenrecht verfügbar sind.

Um einen Vergleich zu ermöglichen, werden die entsprechenden Tabellenwerte angeführt, obgleich sie naturgemäß für die vorliegende Fragestellung der Begutachtung für die Berufsunfähigkeits(zusatz)versicherung nicht unmittelbar anwendbar sind. Sie sollen aber einen Einblick in entsprechende Vergleichswerte geben.

Tabelle 1 **_MdE/GdB-Werte für Schwindel_** (Stoll 2002)

Intensitätsstufen

		0	1	2	3	4
Heftiger Schwindel, vegetative Erscheinungen	4	100	80	60	40	30
Sehr starker Schwindel, erhebliche Unsicherheit	3	80	60	40	30	20
Starke Schwindelbeschwerden, deutliche Unsicherheit	2	60	40	30	20	10
Geringe Schwindelbeschwerden, leichte Unsicherheit	1	40	30	20	10	< 10
Weitgehend beschwerdefrei, mit und ohne objektivierbare Symptome	0	0	< 10	< 10	< 10	< 10
		0	1	2	3	4
		Ruhelage	Niedrige Belastung	Mittlere Belastung	Hohe Belastung	Sehr hohe Belastung

■　　■　　*Belastungsstufen*　　■

Kasuistik

B. R. 55-jähriger Elektromonteur, Begutachtung für das Landgericht. Zunächst in eigener Firma als „Ein-Mann-Betrieb" für andere Firmen in der Montage von Maschinen tätig, dann Übernahme der Firma durch die Ehefrau, er selbst im Angestelltenverhältnis. Nach ansonsten komplikationsloser Operation eines Prostatakarzinoms impotent geworden, deshalb habe sich die Ehefrau von ihm getrennt und scheiden lassen, das gemeinsame Haus in Spanien „an sich gerissen", ihm gekündigt und die Firma verkauft, sei selbst nach Spanien gezogen. In dieser Zeit sei „Schwindel" aufgetreten, d. h. das Gefühl für Sekunden, er könnte umfallen, besonders beim Einkaufen an der Kasse oder beim Treppaufgehen. Seither arbeitsunfähig krank geschrieben. Objektiv bei vielfachen Untersuchungen und auch bei der Begutachtung unauffälliger Befund. Als Behandlung bei Bedarf ein Tranquilizer, nervenärztliche Kontakte alle sechs Wochen. Keine weitere Therapie. Wegen „Schwindel" könne er im Beruf nicht mehr tätig sein, da er nicht mehr in größeren Höhen (3-5m) arbeiten könne. Er beschrieb vor Gericht, bei der Montage der Maschinen auf einer breiten Plattform zu arbeiten. Ein organischer Schwindel konnte ausgeschlossen werden. Es war von einer Angststörung durchaus leichteren Grades auszugehen gewesen. Gegen eine schwerwiegende Störung spricht die tatsächlich durchgeführte Behandlung. Die Annahme von BU als Elektromonteur konnte dem Gericht nicht empfohlen werden.

4.2 Tinnitus

4.2.1 Einleitung

Das häufige Auftreten von Tinnitus ohne aktuell fassbare Ohrerkrankung lässt an neurologische oder psychosomatische Faktoren als Ursache denken, die auch bei der Begutachtung des Phänomens eine erhebliche Rolle spielen. Tinnitus kann zu gravierenden psychoreaktiven Störungen führen und zeigt zugleich eine beträchtliche Komorbidität mit seelischen Erkrankungen. Gutachtliche Probleme ergeben sich in vielerlei Hinsicht. Bei den Beamten scheinen die Lehrer besonders betroffen zu sein. Insgesamt liegt die sozialmedizinische Bedeutung des Tinnitus vor allem in der beruflichen Auswirkung der damit verbundenen seelischen Störungen.

Ein Tinnitus aurium (lat. Klingeln der Ohren) wird von den Betroffenen und ihren behandelnden Ärzten verständlicherweise primär mit Ohrerkrankungen assoziiert.

In der Praxis findet man aber häufig Patienten mit Ohrgeräuschen, bei denen der Ohrenarzt keinen wesentlichen pathologischen Befund erheben konnte oder die primäre Ohrerkrankung längst ausgeheilt ist. Es stellt sich dann die Frage nach einer neurologischen oder psychosomatischen Störung zumindest als Teilkomponente des Beschwerdebildes.

Der Otologe Hazell aus London formuliert in seinem Vorwort zum Buch von Goebel (2001): „Der Misserfolg ist zum Teil den HNO-Ärzten zuzuschreiben, die das Symptom den Psychologen und Psychiatern Anfang des 20. Jahrhunderts „abgenommen" haben. Ein hauptsächlich ohrzentrierter Ansatz führte zu zahlreichen Behandlungen und Heilungsversprechungen, von denen sich alle im Laufe der Zeit als ineffektiv herausgestellt haben."

Allerdings erscheint es zweifelhaft, ob dieses Zitat für den deutschen Sprachraum voll zutreffend ist, denn es ist kritisch anzumerken, dass lange Jahre hinweg – gerade in der ersten Hälfte des 20. Jahrhunderts – niemand Interesse an der Behandlung des Tinnitus gezeigt hatte, weder die HNO-Ärzte noch die Psychiater. Auch die gutachtliche Beachtung war nur gering. Erst in den letzten 20 Jahren hat der spezielle „Tinnitus-Patient" die Aufmerksamkeit der Medizin gefunden und über die Selbsthilfegruppen auch die der Öffentlichkeit. Die grundlegenden Erkenntnisse über die möglichen Auswirkungen des Tinnitus, auch im psychischen Bereich, sind dagegen schon lange bekannt.

4.2.2 Definition

Tinnitus ist ein subjektiver Höreindruck, der nicht auf der Stimulation durch einen äußeren Schallreiz beruht, aber als ein solcher empfunden wird. Tinnitus ahmt ein akustisches Signal nach. Die fehlende Objektivierbarkeit schließt weder sein Vorhandensein noch eine erhebliche Beeinträchtigung des Betroffenen aus.

Einteilung

Man kann Tinnitus unter verschiedenen Gesichtspunkten einteilen:

– objektiver und subjektiver Tinnitus

– mit oder ohne begleitende Schwerhörigkeit

– von der Zeitdauer her
akuter, d. h. weniger als 3 Monate dauernder
subakuter, d. h. 3 – 12 Monate bestehender
chronischer, d. h. mehr als 12 Monate anhaltender

und schließlich

– kompensierter und dekompensierter Tinnitus.

Als kompensiert gilt ein Tinnitus, wenn keine relevanten Folgeerscheinungen körperlicher oder seelischer Art bestehen; bei erheblicher psychischer Problematik spricht man von komplexem oder dekompensiertem Tinnitus.

Einteilung des chronischen Tinnitus nach der subjektiv empfundenen Beeinträchtigung:

Grad I   = Ohrgeräusche zeitweise hörbar, aber nicht störend und im Alltag nicht belastend (kompensiert).

Grad II = Tinnitus wird permanent in Ruhe gehört, führt aber zu keiner weiteren Belastung.

Grad III = Ohrgeräusche werden permanent wahrgenommen und können von Umgebungsgeräuschen nicht mehr maskiert werden, Schlaf- und Konzentrationsstörungen sind die Folge (dekompensiert).

Grad IV = zusätzliche depressive Verstimmung von Krankheitswert, erhebliche Einschränkung der akustischen Wahrnehmung und der persönlichen Gestaltungsmöglichkeiten.

Differenziert man zwischen Tinnitusträgern und Tinnituskranken, so erlangt das Ohrgeräusch erst Krankheitswert, wenn die bisherigen Verarbeitungs- und Bewältigungsmöglichkeiten nicht mehr ausreichen.

Der Schweregrad des Tinnitus entspricht dem subjektiven Leidensdruck und nicht den messbaren Ohrparametern. Der Leidensdruck korreliert eben nicht mit der subjektiven Lautheit oder mit audiologischen Messungen.

Mit zunehmender Chronifizierung kommt es zum Übergang von der lokalen „Organerkrankung" des Ohres zur Beeinträchtigung des ganzen Menschen im Sinne einer „Systemerkrankung".

4.2.3 Prävalenz

Die Inzidenz des Tinnitus aber auch die Wahrnehmung des Problems durch die Öffentlichkeit hat in den letzten Jahren progredient zugenommen.

35-45% der Erwachsenen haben zu irgendeinem Zeitpunkt ihres Lebens ein Ohrgeräusch erlebt, 17% der Bevölkerung berichten über Tinnituserfahrung von mehr als fünf Minuten Dauer ohne vorheriges Lärmtrauma, 8% sind dadurch und durch die Folgestörungen belästigt und 0,5-1% durch das Ohrgeräusch wesentlich in ihrer Lebensqualität eingeschränkt.

4.2.4 Ursachen und Krankheitsentstehung

Tinnitus kann in allen anatomischen Strukturen der Hörbahn generiert werden:

- Innenohr und Hörnerv: Hörsturz, pathologischer Gefäß-Nerv-Kontakt, toxisch, infektiös, Knalltrauma, Lärmschwerhörigkeit, Morbus Meniere (eher tiefere Frequenzen, analog der zumindest zu Beginn der Erkrankung anzutreffenden Schwellenabsenkung), Commotio und Contusio labyrinthi
- Mittelohr: Otosklerose u. a. (eher tiefe Frequenzen)
- Muskulärer Tinnitus: Myoklonus des weichen Gaumens, Muskeln der Tuba Eustachii
- Vaskulärer Tinnitus: Durafistel, AV-Malformation, Glomustumor, Aneurysma, Gefäßdissektion, Arteriosklerose
- Zerebral: Akustikusneurinom, Basilarismigräne, Hirndrucksteigerung, Multiple Sklerose, komplexe akustische Wahrnehmungen, „Orgel oder Orchester", Schläfenlappenepilepsie, Halluzinationen, Akoasmen

Als Ursache werden außer einer gestörten Haarzellfunktion in der Cochlea Stoffwechselveränderungen, Membrandefekte und Störungen von Neurotransmittern in den aufsteigenden Bahnen, im Thalamus und im Kortex diskutiert. Je höher die Läsion liegt, desto undifferenzierter wird im Allgemeinen das Geräusch empfunden. Neben einer abnormen Aktivität im Colliculus inferior kommt einer zentralen Chronifizierung mit funktionellen Veränderungen im zentralen auditorischen System und pathologischen Assoziationen nach einer primär peripheren Läsion Bedeutung zu, die auch nach Durchtrennung des N. acusticus bestehen bleibt.

Der chronische Tinnitus wird somit nicht mehr im geschädigten Innenohr produziert, sondern hat sich als Ausdruck einer zentralen Störung verselbständigt.

Eine genaue klinisch-neurologische Untersuchung ist grundsätzlich erforderlich, gegebenenfalls mit entsprechender Zusatzdiagnostik.

Immerhin präsentieren sich 4 % aller Akustikusneurinome initial mit einem einseitigen Tinnitus rauschenden oder pfeifenden Charakters. Oft ist dies neben der einseitigen Hörminderung das einzige Initialsymptom. Auch Schädel-Hirntraumen mit Schädelbasisfraktur können Ursache eines Ohrgeräusches sein.

Eine Anämie und ein Bluthochdruck bei generalisierter Arteriosklerose spielen manchmal eine ursächliche Rolle.

Vor allem HNO-ärztlicherseits wird ein Zusammenhang mit einem erlittenen HWS-Beschleunigungstrauma („Schleudertrauma") als möglich angesehen.

Diskutiert wird auch eine Beziehung zu funktionellen Störungen des Kieferbewegungsapparates im Sinne der Myoarthropathie mit Zähneknirschen (Bruxismus), allerdings ohne überzeugende pathophysiologische Erklärung.

Objektiver Tinnitus („body sounds"): Selten kann ein pulsierendes Geräusch vom Untersucher wahrgenommen und mittels Stethoskop auskultiert werden, es handelt sich dann meist um ein Aneurysma der A. carotis, eine Gefäßdissektion, eine Karotis-Kavernosus-Fistel, eine arteriovenöse Fistel oder einen Glomustumor der Schädelbasis, möglich ist auch ein Myoklonus im Gaumenbereich mit „Ear-Click-Syndrom" oder der Binnenohrmuskeln, ebenso Geräusche, die im Kiefergelenk entstehen.

4.2.5   Klinisches Bild

Der Geräuschcharakter wird ganz unterschiedlich angegeben und reicht von Pfeifen, Sausen, Klingeln, Zischen, Wasserrauschen, hellen oder dunklen Tönen bis hin zu Motorenlärm. Hochfrequente Geräusche korrelieren mit dem Überwiegen hochfrequenter Hörverluste. Charakteristisch sind Intensitätsschwankungen, wobei regelhaft die Geräusche in Ruhe, abends oder nachts deutlich stärker und störender als bei Ablenkung tagsüber unter Einfluss anderer äußerer Lärmeinwirkungen empfunden werden (Maskierung).

Tiefe geräuschartige Frequenzen werden eher Erkrankungen des Mittelohres zugeordnet, *hohe* Töne eher solchen des Innenohres, *unbestimmte Frequenzen* überwiegend zentralnervösen Erkrankungen, allerdings nicht obligat.

Am häufigsten werden sie in beiden Ohren gleichzeitig angegeben, in etwa einem Drittel einseitig, dabei eher links. Gelegentlich kommt der Tinnitus auch attackenweise mit längeren freien Intervallen vor.

4.2.5.1 Diagnostik

Am Anfang steht eine eingehende fachärztlich-otologische Untersuchung, die ihre Bedeutung nicht nur im Ausschluss oder Nachweis einer entsprechenden organischen Grunderkrankung hat, sondern auch in der Bestätigung für den Patienten, dass das Krankheitsbild vom Arzt auf symptombezogener Ebene ernst genommen wird. Das aufklärende diagnostische Gespräch ist bereits Teil der Therapie. Eine zusätzliche internistische Untersuchung ist unerlässlich.

4.2.5.2 Psychosomatische Aspekte

Ein Zusammenhang zwischen Stress, psychosozialer Belastung, konkreter Angst und Tinnitus findet sich schon im Alten Testament:

„Seht, ich bringe solches Unheil über diesen Ort, dass jedem, der davon hört, die Ohren klirren" (Jeremia 19,3)

Der Tinnitus gewinnt psychosomatische Bedeutung unter folgenden Aspekten:

1. kann er ohne organische Ohrerkrankung als eigenständiges psychogenes Phänomen auftreten
2. kann er eine inzwischen abgeklungene Erkrankung des Hörorgans überdauern und chronifizieren
3. können sich als Folge des Ohrgeräusches psychoreaktive Störungen von Krankheitswert entwickeln

Tinnitus kann aber auch als Modell für psychosomatische Zusammenhänge gelten:

1. Stufe: Wahrnehmung des Tinnitus – „Merken"
2. Stufe: Zuordnung zu einer Bedeutung – „Interpretation" – häufig als Beunruhigung empfunden
3. Stufe: Bewertung der Bedeutung – „Wirken" – dies bestimmt die psychischen Folgen des Tinnitus

Es ergeben sich somit psychosomatische und somatopsychische Aspekte.

Übereinstimmung besteht, dass der Tinnitus – ebenso wie der Hörsturz – besonders häufig bei anhaltender subjektiver Überlastung im Beruf oder im familiären Umfeld, besonders beim stressintensiven Kontakt mit anderen Menschen auftritt bzw. dekompensiert, allerdings ist dies wiederum nicht obligat.

Eine Zunahme der Lautstärke des Ohrgeräusches bei akuten familiären und beruflichen Belastungssituationen wird jedoch fast stets angegeben.

Man geht davon aus, dass der Tinnitus keine „Organsprache" im Sinne der Konversion bedeutet und keinen Symbolcharakter besitzt, sondern zu den Symptomen der inneren Spannung gehört, die durch eine Störung und Erregung des vegetativen Nervensystems ausgelöst wird.

Sekundär können Ohrgeräusche erhebliche psychische Belastungen darstellen. Die Konfrontation mit dem Tinnitus kann zu einer Lebenskrise führen, mit dem Gefühl der Angst und Hilflosigkeit, des Ausgeliefertseins, der Ohnmacht und der Resignation. Eine besondere Rolle spielt die hohe Aufmerksamkeitsbesetzung des Ohrgeräusches aber auch ein chronischer emotionaler Spannungszustand. Durch die Subjektivität des Phänomens fühlen sich die Betroffenen oft von der Umgebung nicht ausreichend ernst genommen und unverstanden, was wiederum die negativen Emotionen verstärkt. Es entwickelt sich ein Teufelskreis zwischen Ohrgeräusch, Spannungszustand, Angst, vermehrter Organzuwendung und verstärktem Tinnitus.

Der Tinnitus scheint als somatisch empfundene Störung mit hoher gesellschaftlicher Akzeptanz eine Stellvertreterfunktion für psychische Leiden mit geringerem gesellschaftlichen Ansehen übernommen zu haben bzw. liegt ein Krankheitsgewinn in der Verschiebung der Krankheitserklärung vom psychischen in den weniger stigmatisierten körperlichen Bereich.

4.2.5.3 Psychische Begleitsymptome

Seit Jahren ist bekannt, dass Hörgeschädigte *mit* Tinnitus signifikant mehr psychosomatische Beschwerden aufweisen als solche *ohne* Tinnitus.

Symptome wie Verstimmungen, innere Unruhe, Schlafstörungen, Reizbarkeit, Konzentrationsschwäche, Gedächtnisminderung, Angstzustände, allgemeine vegetative Labilität und sozialer Rückzug stehen im Vordergrund, auch Verzweiflung und das Gefühl, in der Beeinträchtigung nicht verstanden zu werden sowie schließlich Hyperakusis mit erhöhter Lärmempfindlichkeit.

Eine Komorbidität mit depressiven Störungen, auch schwerer Ausprägung, ist außerordentlich häufig, wobei es zu Suizidgedanken bis hin zu vollendetem Suizid kommen kann. Angststörungen und chronische somatoforme Schmerzstörungen sind ebenfalls häufig damit verknüpft.

Persönlichkeitsmerkmale wie Neigung zur Depressivität spielen bei Tinnitusbetroffenen mit schlechter Bewältigung eine beträchtliche Rolle.

Typischerweise suchen die Patienten dann den Arzt auf, wenn sie sich in einer besonderen Stresssituation mit psychischen Belastungsfaktoren befinden. Manchmal entsteht der Tinnitus überhaupt erst dann, häufig wird er dadurch erheblich akzentuiert. Nach der HNO-ärztlichen Abklärung müssen daher anamnestisch vertieft emotionale Gegebenheiten und Belastungssituationen, einschließlich früherer psychisch traumatisierender Erlebnisse eruiert werden.

4.2.5.4 Psychiatrische Komorbidität

Hiller und Goebel konnten in einer Untersuchung bei 96% ihrer Patienten mit komplexem chronischen Tinnitus eine vorbestehende oder aktuelle psychiatrische Diagnose stellen.

85% davon zeigten eine affektive Störung i. S. einer Major Depression, einer Dysthymia oder Anpassungsstörung, 31% eine Angststörung und 23% Störungen durch Einnahme psychotroper Substanzen wie Alkohol oder Tranquilizer.

Die Betroffenen selbst suchen die Ursache ihrer seelischen Störung meist unmittelbar im Tinnitus. Tatsächlich ist das ständige Ohrgeräusch und das Gefühl der Hilflosigkeit und Ohnmacht geeignet, im Sinne der „gelernten Hilflosigkeit" nach Seligman eine depressive Störung zu fördern. Verstärkend wirkt oft ein katastrophisierendes Verhalten. Die psychischen Beeinträchtigungen werden vom Patienten meist als zermürbender und schlimmer erlebt, als das Ohrgeräusch selbst.

Es steht somit die Frage im Raum, ob eine primäre psychische Störung schon vor Beginn des Ohrgeräusches bestand oder sich eine solche sekundär erst im Anschluss an den Tinnitus entwickelte oder ob schließlich eine Komorbidität mit anderen seelischen Erkrankungen z. B. einer somatoformen Störung vorliegt.

Immerhin klagten 58% der Tinnituspatienten zusätzlich über ein klinisch relevantes chronisches Schmerzsyndrom.

Hiller und Goebel fanden in ihrer Studie nahezu identische Proportionen für die Differenzierung primär versus sekundär. Danach können psychische Störungen etwa gleichermaßen als vorangehend und somit prädisponierend wie auch als nachfolgende Komplikation eines Tinnitus betrachtet werden.

Weitgehend ungeklärt sind die komplexen Zusammenhänge zwischen Tinnitus und psychischen Symptomen. Da Tinnitus nicht zwangsläufig zu schwerwiegenden Beeinträchtigungen führt, werden eine individuell variable psychische Vulnerabilität sowie missglückte Bewältigungsstrategien postuliert. Neben einer mangelnden Bewältigungskonstitution sind konkurrierende Belastungen, ein unzureichender Bewältigungsstil, ein sekundärer Krankheitsgewinn und auch durch den Tinnitus legitimierte Verhaltensänderungen wie ein Rückzug aus unerwünschten sozialen Aktivitäten zu berücksichtigen.

Nicht ganz selten werden von den Patienten akustische Halluzinationen, vor allem „Akoasmen" dem Arzt als „Tinnitus" präsentiert.

Eine Nähe zur Angststörung, zur „endogenen Depression" oder auch zu chronischen Schmerzsyndromen wurde mehrfach diskutiert.

122

4.2.5.5 Parallelen zum chronischen Schmerzsyndrom

Zahlreiche Parallelen zwischen chronischem Schmerzsyndrom und dem chronischen komplexen Tinnitus wurden immer wieder beschrieben, wobei sich die Interaktion peripherer und zentralnervöser Stellen in ganz ähnlicher Weise darstellt. Die Vorstellung, dass analog dem „Schmerzgedächtnis" subjektive Empfindungen auch nach Wegfall der ursprünglichen Reizung peripherer Rezeptoren persistieren, besticht allemal. Gleiches gilt für die Parallelen zwischen Hyperpathie und Hyperakusis und in der Therapie zwischen TENS-Behandlung und Tinnitus-Maskern und Hörgeräten. Ähnlich wie Schmerz als Phantomschmerz nach Nervendurchtrennung bestehen bleibt, wird Tinnitus auch nach Durchtrennung des Hörnervs weiterempfunden. Chronischer Schmerz und Tinnitus werden daher beide mit spezifischen funktionellen Änderungen innerhalb des ZNS in Verbindung gebracht, letztlich als Folge der neuronalen Plastizität der zentralen Hörbahn und zentraler schmerzverarbeitender Strukturen. Bei beiden spielt auch das sympathische Nervensystem eine Rolle.

An der wechselseitigen Beeinflussung körperlicher und seelischer Phänomene und der Bedeutung einer adäquaten Krankheitsbewältigung besteht bei beiden Krankheitsbildern kein Zweifel.

4.2.5.6 Persönlichkeitsmerkmale

Eine spezielle „Tinnitus-Persönlichkeit" konnte nicht nachgewiesen werden, jedoch durchaus bestimmte Grundhaltungen der Persönlichkeit wie großes Kontrollbedürfnis, Perfektionismus, hohe Verantwortungsbereitschaft, mangelnde Frustrationstoleranz mit der Schwierigkeit, Kränkungen emotional zu verarbeiten, das Gefühl, „durchhalten zu müssen", Aggressionshemmung, Misstrauen, ebenso wie ein Leben in Zeitdruck und Hektik

Im Rahmen eines mehrdimensionalen Bedingungsgefüges kommt einem primär organischen Schwachpunkt, einer psychosozialen Überforderung und einer dazu disponierenden Persönlichkeitsstruktur mit ungünstiger individueller Konfliktbewältigung wesentliche Bedeutung zu. Allein die enge Verbindung der Hörbahn mit dem Thalamus weist auf die Möglichkeit der Beeinflussung durch psychische Reize hin.

4.2.6 Gutachtliche Beurteilung

Die sozialmedizinische Bedeutung des Tinnitus liegt vor allem in der beruflichen Auswirkung *der psychoreaktiven Störungen*, die mit ihm verknüpft sind.

Nach den Vorgaben der WHO steht die Konkretisierung der Begriffe „impairment, disability, handicap" im Vordergrund. Der eigentliche Organschaden, das „impairment", ist beim Tinnitus häufig schwer oder überhaupt nicht nachzuweisen. Die funktionellen Einschränkungen – die „disability" – sind besonders unter emotionalen und kognitiven Aspekten zu berücksichtigen, was nicht immer leicht ist und schließlich obliegt dem Gutachter die Evaluierung der sozialen Beeinträchtigung, des „handicap" im Sinne der Beurteilung des quantitativen und qualitativen Leistungsvermögens.

Allgemein gilt, dass körperliche Arbeit ablenkend wirkt und meist als günstig gewertet wird, geistige Arbeit in Ruhe ist sehr viel problematischer. Daran werden sich die zu anzunehmenden Leistungseinschränkungen zu orientieren haben. Zu berücksichtigen sind Ohrerkrankungen, die je nach beruflicher Tätigkeit qualitativ leistungsmindernd sein können. Von besonderer Bedeutung ist jedoch meist die psychoreaktive Störung, die unterschiedlich ausgeprägt ist und bei entsprechender Schwere gelegentlich auch zu einer zeitlichen Leistungsminderung führen wird. Es gelten dann die Kriterien der Beurteilung funktioneller Störungen mit Fragen nach der Dauer, der Alltagsbeeinträchtigung, der durchgeführten Behandlungsverfahren einschließlich stationärer Rehabilitationsmaßnahmen sowie deren Erfolg und der Motivation dazu. Liegt eine manifeste und behandlungsbedürftige reaktive Depression vor, so kann diese durchaus zu einer relevanten Leistungsminderung führen. Es ist jeder Einzelfall hinsichtlich des positiven und negativen Leistungsvermögens individuell und kritisch zu prüfen. Die Angabe „Tinnitus" allein reicht sicher nicht zur Annahme einer beruflichen Leistungsminderung aus. Die sorgfältige individuelle Beurteilung kann aber sehr wohl zur Empfehlung einer BU führen.

Berufsunfähigkeits-Zusatzversicherung

Maßgeblich ist der Beruf, mit dem der Versicherte zuletzt bei Eintritt des Versicherungsfalles sein Einkommen erzielt hat. Die Frage der Verweisung auf eine andere Tätigkeit (wenn sie bedingungsgemäß vorgesehen ist) ist hier besonders sorgfältig zu prüfen. Es ist dabei nur von Interesse, ob die vorhandenen Funktionseinschränkungen Auswirkungen auf die Berufsausübung haben. Die prognostische Bewertung für eine Zeitdauer von mehr als sechs Monaten ist entscheidend. Die exakte Beurteilung des individuellen beruflichen Anforderungsspektrums muss den körperlichen, kognitiven und emotionalen Beeinträchtigungen des Tinnitus-Patienten gerecht werden. Für die prozentuale Graduierung der beruflichen Einsatzfähigkeit kann es auf Grund der individuellen Besonderheiten keine allgemein gültigen tabellarischen Empfehlungen geben. Auch die Übertragung der Einschätzung psychischer Störungen wird dem Gesamtkomplex des Beschwerdebildes der Tinnitus-Betroffenen als alleinige Beurteilungsgrundlage nicht ausreichend gerecht.

Auffallend häufig finden sich Klagen über **Tinnitus bei Lehrern und Lehrerinnen** in Bezug auf die Lärmbelastung durch die Kinder. Dies ist auch oft Anlass zum Antrag auf Reduzierung der Stundenzahl im Unterricht und auf vorzeitige Pensionierung. Gerade im mittleren Lebensalter, nicht selten verbunden mit einer ansonsten altersgemäßen Hörminderung, ist die Angabe von lästigen Ohrgeräuschen mit daraus resultierender Beeinträchtigung der Konzentrationsfähigkeit und einer depressiven Entwicklung Anlass, zunächst die Stundenzahl zu verringern und später letztlich doch BU anzunehmen. Dabei ist sicher einerseits die tatsächliche Lärmbelastung zu würdigen, der der Lehrer – anders als in anderen Berufen – nicht entgehen kann und die auch gleichzeitig mit angespannter Aufmerksamkeit verbunden ist, etwa in der Pausenbeaufsichtigung. Andererseits fällt der Tinnitus meist in eine Lebensphase, die ohnehin mit nachlassender Spannkraft und allgemeiner Leistungsminderung verbunden ist und vorher mögliche Kompensationsmechanismen nicht mehr verfügbar macht. Vielleicht schon zuvor vorhandene disziplinarische Schwierigkeiten mit den Kindern verstärken sich durch eine möglicherweise schon vorher bestehende Hörminderung und die zusätzliche tinnitusbedingte Beeinträchtigung des Konzentrationsvermögens, verbunden mit vermehrter Reizbarkeit und Affektlabilität zu einem Teufelskreis der allgemeinen Erschöpfung, letztlich zu einer manifesten Lebenskrise. Die Anerkennung von BU erscheint dann als die einzige Möglichkeit, diese Situation zu durchbrechen.

Eine nicht mehr ausreichende Kompensationsfähigkeit ist dann zu vermuten, wenn sich eine krankheitswertige depressive Störung mit Freudlosigkeit, Interessenverlust, Konzentrationsstörungen, Schlafstörungen, Antriebsminderung und allgemeinem sozialen Rückzug eruieren lässt. Nicht selten findet sich eine Einengung des Denkens und Fühlens auf das Ohrgeräusch, vielfältige Ängste und der Verlust der Fähigkeit, sich auf andere Lebensbereiche adäquat umzustellen.

In anderen Berufsbereichen sind diese Probleme vergleichsweise seltener. Immer dort, wo angespannte Konzentration mit gleichzeitiger Lärmeinwirkung bei vorbestehendem Tinnitus unvermeidbar ist, ist wohl von einer ähnlichen Situation auszugehen, die zu entsprechenden sozialmedizinischen Konsequenzen führen wird.

Kasuistiken

A. M. 61-jähriger Mann, machte Ohrgeräusche beidseits (Tinnitus) als leistungsmindernd geltend. Ständiges Rauschen und Pfeifen in beiden Ohren. Dadurch könne er sich nicht konzentrieren. Bei Kundenkontakten höre er schlecht, dies belaste ihn seelisch sehr stark, außerdem immer wieder kurzfristige Attacken von Drehschwindel.

Von Beruf Schriftsetzer, danach Geschäftsstellenleiter einer regionalen Zeitung, seit Übernahme derselben durch eine überregionale Zeitung zurückgesetzt und enttäuscht, jetzt neue Vorgesetzte, die alles in Frage stellten, was er bisher erfolgreich leistete. Daraufhin Gründung einer eigenen Firma, wobei er Druckereivorentwürfe fertige, „Layout". In seinem kleinen Betrieb sei er auf gute Kundenkontakte angewiesen, habe anspruchsvolle Kunden, die häufig Terminarbeiten verlangten. Er müsse sehr kreativ sein, sich immer neue Ideen einfallen lassen, um konkurrieren zu können. Durch den Tinnitus habe sein Konzentrationsvermögen erheblich nachgelassen und er sei auch depressiv geworden, könne sich mit seiner Leistungsminderung nicht abfinden. Diagnostisch chronischer komplexer Tinnitus beidseits sowie mittelgradi-ge depressive Episode mit somatischem Syndrom, bei mittelgradiger symmetrischer Innenohrschwerhörigkeit beidseits. Im ausgeübten Beruf Kundenberatung und Be-sprechung erheblich eingeschränkt, auch Gestaltungsarbeiten, Terminkoordination, Personalführung – alle Tätigkeiten, bei denen Konzentration erforderlich ist. Auch die Drucküberwachung deutlich beeinträchtigt, da er dabei vor allem Einzelheiten der Ausführung beim Druck in der Druckerei diskutieren und überwachen müsse. Für Kundenberatung, Besprechung und Gestaltungsarbeiten Einschränkung um 70%, für Drucküberwachung, Terminkoordination, Personalführung 50%, für allgemeine Büroarbeiten 20%.

W.R. 57-jähriger Hauptschullehrer beklagte seit zwei Jahren bestehende Ohrge-räusche beidseits. Sie traten auf, als er gegen seinen Willen eine als außerordent-lich schwierige Klasse von 14-jährigen Schülern übertragen bekam, denen er sich nicht gewachsen fühlte und die auch seine Schwäche nach Kräften ausnutzten. Es war nicht nur der Lärmpegel in der Klasse sehr hoch, sondern auch die Disziplin nur mühsam aufrechtzuerhalten, was dem Lehrer erhebliche psychische Anstrengungen abverlangte. Neben dem Tinnitus klagte er über Schlafstörungen, Kopfschmerzen, innere Unruhe und depressive Verstimmungen. Organisch fand sich weder HNO-ärztlich noch neurologisch ein pathologischer Befund. Psychisch bot sich das Bild einer ausgeprägten somatisierten Erschöpfungsdepression mit sozialem Rückzug, Resignation und Lebensüberdruss. Eine psychiatrisch-psychotherapeutische Behand-lung erbrachte keine Besserung. Die berufliche Belastungs- und Konfliktsituation ver-stärkte sich, nachdem der – deutlich jüngere – Schulleiter für seine Situation keiner-lei Verständnis zeigte und die Schwierigkeiten mit den Schülern als seine persön-liche Schwäche auslegte. Es erfolgte Krankschreibung durch den behandelnden Nervenarzt und schließlich die Empfehlung einer vorzeitigen Pensionierung, die sei-tens des Amtsarztes befürwortet wurden. Für die BUZ wurde er HNO-ärztlich begut-achtet, wobei nur eine 30%-ige Beeinträchtigung des beruflichen Leistungsvermö-gens festgestellt wurde. Im Widerspruch kam es zur psychiatrischen Untersuchung, die zur Anerkennung einer 50%-igen BU für den gesamten Tätigkeitsbereich führte. Eine Unterscheidung einzelner Teilbereiche bei der Berufsausübung war nicht sinn-voll.

4.3 Parkinson-Syndrom

4.3.1 Einleitung

Das Parkinson-Syndrom gewinnt in der ärztlichen Praxis und in der Begutachtung im-mer mehr an Bedeutung, nachdem die Lebenserwartung der Menschen in unserer Zeit deutlich zugenommen hat und damit der sog. Altersparkinson zunehmend häu-figer beobachtet wird. Es werden aber auch nicht selten jüngere Menschen von die-ser Erkrankung befallen, so dass das Krankheitsbild auch für die Beurteilung der BU immer wichtiger wird.

4.3.2 Definition

Kernsymptome des Morbus Parkinson sind Hypokinese, Rigor, Ruhetremor und gestörte Stellreflexe.

Das Parkinson-Syndrom wird unter ätiologischen Aspekten unterteilt in

1. Morbus Parkinson, die eigentliche Parkinsonsche Erkrankung, heute auch als Idiopathisches Parkinson-Syndrom (IPS) benannt,

2. symptomatisches Parkinson-Syndrom, z. B. vaskulär, toxisch, infektiös oder traumatisch verursacht,

3. medikamentös bedingtes Parkinsonoid, z. B. nach Gabe von Neuroleptika, Metoclopramid oder Flunarizin u. a.

4. Parkinson plus, d. h. Parkinson-Syndrom plus weitere neurologische Symptome, z. B. bei der Multisystematrophie, der progressiven supranukleären Blickparese und anderen Systemdegenerationen

Die Differentialdiagnose dieser Krankheitsbilder ist von erheblicher Bedeutung, da sich daraus relevante therapeutische Konsequenzen ergeben.

Außerdem ist zu berücksichtigen, dass bei älteren Erkrankten meist ein etwas anderer Verlauf als bei jüngeren Menschen zu erwarten ist.

Nach der International Classification of Diseases in der 10. Revision (ICD-10) der Weltgesundheitsorganisation (WHO) werden das Parkinson-Syndrom und die anderen extrapyramidalen Erkrankungen wie folgt eingeteilt:

In den Gruppen G 20–G 26 „Extrapyramidale Krankheiten und Bewegungsstörungen":

G 20   Primäres Parkinson-Syndrom

G 21.- Sekundäres Parkinson-Syndrom
        G 21.0 Malignes Neuroleptika-Syndrom
        G 21.1 Sonstiges arzneimittelinduziertes Parkinson-Syndrom
        G 21.2 Parkinson-Syndrom durch sonstige exogene Agenzien
        G 21.3 Postenzephalitisches Parkinson-Syndrom
        G 21.8 Sonstiges sekundäres Parkinson-Syndrom
        G 21.9 Sekundäres Parkinson-Syndrom, n. n. bez.

G 22*   Parkinson-Syndrom bei anderenorts klassifizierten Krankheiten (A52.1+ floride Neurosyphilis)

G 23.- Sonstige degenerative Krankheiten der Basalganglien

G 24.- Dystonie
    G 24.0 Arzneimittelinduzierte Dystonie
    G 24.1 Idiopathische familiäre Dystonie
    G 24.2 Idiopathische nichtfamiliäre Dystonie
    G 24.3 Torticollis spasticus
    G 24.4 Idiopathische orofaziale Dystonie
    G 24.5 Blepharospasmus
    G 24.8 Sonstige Dystonie
    G 24.9 Dystonie, n. n. bez.

G 25.- Sonstige extrapyramidale Krankheiten und Bewegungsstörungen
    G 25.0 Essentieller Tremor
    G 25.1 Arzneimittelinduzierter Tremor
    G 25.2 Sonstige näher bezeichnete Tremorformen
    G 25.3 Myoklonus
    G 25.4 Arzneimittelinduzierte Chorea
    G 25.5 Sonstige Chorea
    G 25.6 Arzneimittelinduzierte Tics und sonstige Tics organischen Ursprungs
    G 25.8 Sonstige näher bezeichnete extrapyramidale Krankheiten und
    G 25.9 Extrapyramidale Krankheit oder Bewegungsstörung, n. n. bez.

G 26* Extrapyramidale Krankheiten und Bewegungsstörungen bei anderenorts klassifizierten Krankheiten

4.3.3 Prävalenz

Die Inzidenz, d. h. die Neuerkrankungsrate des idiopathischen Parkinson-Syndroms beträgt in der Gesamtbevölkerung etwa 11/100000/Jahr und bei Personen über 50 Jahren etwa 50/100000/Jahr. Die Prävalenz liegt bei etwa 3 Fällen auf 1000 Personen in der Gesamtbevölkerung und nimmt mit zunehmendem Lebensalter exponentiell auf 13 Fälle auf 1000 Personen in der Altersgruppe zwischen 80 und 89 Jahren zu. Weltweit zeigen sich vergleichbare Zahlen, so dass nicht von spezifischen geografisch bedingten Umweltfaktoren auszugehen ist. Der entscheidende Risikofaktor ist das zunehmende Lebensalter.

4.3.4 Ursachen und Krankheitsentstehung

Die Parkinson-Krankheit ist durch eine allgemeine Störung der willkürlichen und der unwillkürlichen Bewegungen und gleichzeitig bestehende zusätzliche spezifische klinische Symptome im Rahmen einer progredienten neurodegenerativen Systemerkrankung vorwiegend dopaminerger Neuronen mit intrazellulären Einschlusskörperchen (Lewy-Körper) in der Pars compacta der Substantia nigra und weiterer nigrostriataler Neurone gekennzeichnet. Dadurch kommt es zu einem Dopaminmangel im Bereich des Corpus striatum und zu einem Ungleichgewicht zwischen dopaminerger und cholinerger bzw. glutamaterger Übertragung. Die Verminderung der dopaminergen Neurotransmission wird mit der Akinese, das Überwiegen der cholinergen Erregungen mit Rigor und Tremor in Verbindung gebracht.

4.3.5 Klinisches Bild

Drei Prägnanztypen der Parkinsonsymptomatik können abgegrenzt werden:

1. hypokinetisch-rigider Typ mit im Vordergrund stehender Hypokinese
2. tremordominanter Typ mit frühzeitig ausgeprägtem Tremor
3. Äquivalenztyp, bei dem die einzelnen Symptome etwa gleichmäßig ausgeprägt vorhanden sind.

Krankheitsstadien

– frühes Krankheitsstadium	sozial und beruflich meist noch integriert
– ausgeprägtes Krankheitsstadium	zunehmend schwere soziale Beeinträchtigung
– Spätstadium einschließlich L-Dopa-Spätsyndrom	meist Pflegefall mit vielfältigen schwersten Beeinträchtigungen im Alltag

4.3.5.1 Frühdiagnose

Nur selten sind die genannten drei bzw. vier klassischen Leitsymptome bereits zu Beginn der Erkrankung nachweisbar.

Die Diagnose eines Parkinson-Syndroms ist bisher immer noch rein klinisch.

Laborchemische Verfahren zur Diagnosestellung existieren nicht, kraniales CT und MRT sind normal. PET- und SPECT-Untersuchungen (letztere mit geringerem räumlichen Auflösungsvermögen) lassen eine Darstellung der Substantia nigra zwar zu, sind jedoch für die Praxis bisher noch nicht relevant und können als eventueller Baustein in der Differentialdiagnose angesehen werden. In neuester Zeit haben sich auch mittels der transkraniellen Sonographie gewisse Hinweise auf Veränderungen im Bereich der Substantia nigra ergeben.

Der Beginn der Erkrankung ist schleichend und oft für den Betroffenen kaum merklich. Es können ganz uncharakteristische Beschwerden vorhanden sein. Allgemeine Abgeschlagenheit, auch innere Unruhe, besonders als „rheumatisch" verkannte Schmerzen stehen oft im Vordergrund, insbesondere Schulterverspannungen, auch pseudoradikuläre Schmerzen in der betroffenen Körperseite. Die meist ohnehin im mittleren bis höheren Lebensalter stehenden Patienten suchen daher fast stets zuerst den Orthopäden auf, der erwartungsgemäß degenerative Veränderungen des Stütz- und Bewegungsapparates findet und behandelt. Erst nach einiger Zeit, wenn diese Behandlungsmaßnahmen erfolglos geblieben sind, erfolgt dann die Überweisung zum Neurologen. Dann finden sich leichte Bewegungsstörungen, ein zeitweises Zittern der Hände und eine nur inkonstant bemerkte Feinmotorikstörung.

In der Frühphase der Erkrankung sind „endogen" anmutende grundlose depressive Verstimmungen durchaus häufig, manchmal verbunden mit vegetativen Symptomen wie Obstipation und Hyperhidrosis, z.T. in Form plötzlicher profuser Schweißausbrüche. Im Anfangsstadium wird auch oft über eine innere Unruhe geklagt. Allmählich kommt es dann zu den ersten motorischen Störungen. Die Handschrift ist frühzeitig betroffen, meist zunehmend kleiner und schlecht lesbar, was vielfach schon früh von aufmerksamen Angehörigen wahrgenommen wird. Sehr bald sind auch die repetitiven Bewegungen erschwert wie Zähneputzen und Rasieren, allgemein störend beim Musizieren, auch beim Trommeln und Klopfen. Früh werden auch differenzierte feinmotorische Bewegungen wie das Hemd zuknöpfen oder die Schuhe zubinden beeinträchtigt. Man findet dann eine Dysdiadochokinese, d.h. eine Störung der raschen harmonischen Drehbewegungen beider Hände (wie beim „Glühbirneneinschrauben"). Neuerdings wurden als Frühsymptome Riechstörungen und eine Störung der Farbdiskrimination beschrieben. Besonders die Wahrnehmung von Oregano – üblicherweise als Gewürz bei der Pizza verwendet („Pizza-Test") – und die Blau-Grün-Diskrimination sind frühzeitig vermindert.

Fortgeschrittene Frühsymptome sind dann die maskenhafte Starre des Gesichts, die Hypomimie, der mangelnde Lidschlag, das fehlende Mitpendeln der Arme beim Gehen – anfangs ganz überwiegend einseitig – der zeitweilige Ruhetremor der Hände – ein Haltetremor tritt meist sehr viel später auf –, die leise, wenig artikulierte Sprache, die zunehmende Verkleinerung des Schriftbildes, als Mikrographie bezeichnet und oft auch durch Tremoreinflüsse schlecht leserlich, der vermehrte Speichelfluss, das Salbengesicht, die vermehrten Schwitzanfälle im Rahmen gestörter Wärme- und Schweißregulation und ganz besonders der kleinschrittige, vornübergebeugte Gang. Auf eine Gangprüfung mit ausreichend langer Gehstrecke (z.B. im Flur) sollte bei der Untersuchung nie verzichtet werden. Im Alltag fällt dann zunehmend eine Erschwernis beim An- und Auskleiden und später auch beim Zerkleinern der Speisen auf. Einen Arm in den Jackenärmel zu stecken wird ebenso zum Problem, wie sich selbst aus dem Sessel zu erheben oder sich nachts im Bett umzudrehen. Bei der Untersuchung kann ein leichter Rigor durch Aktivierung der kontralateralen Extremität verstärkt werden. Das Armschwingen ist frühzeitig beeinträchtigt, was sich durch rasches Drehen der Schultern des Patienten durch den Arzt prüfen lässt: Beim Gesunden schwingen beide Arme mit, beim Parkinsonkranken ist der vom Rigor betroffene Arm steif, der andere schwingt mit.

Frühzeitig fällt es den Betroffenen auch schwer, zwei Bewegungen gleichzeitig durchzuführen, etwa beim Gehen die Knöpfe eines Mantels zu schließen, den Kopf zu drehen oder ähnliches.

4.3.5.2 Ausgeprägtes Krankheitsbild

Das voll ausgeprägte Krankheitsbild stellt für den Erfahrenen eine Blickdiagnose dar. Bei der Untersuchung findet sich meist ein ausgeprägter Rigor, subjektiv als Steifigkeitsgefühl empfunden, d. h. eine zähflüssige Tonuserhöhung der Extremitäten („wie Biegen eines Bleirohres"), im typischen Fall zumindest anfangs einseitig betont mit dem charakteristischen „Zahnradphänomen" bei der passiven Bewegung, meist besonders gut am Hand- und Ellenbogengelenk prüfbar. Wenn man ein Gelenk mehrmals passiv durchbewegt, hat man durch die rhythmische Unterbrechung der Tonuserhöhung den Eindruck, ein Zahnrad zu bewegen. Typisch auch der „Kopffalltest" („head-drop-test"): Wenn beim liegenden Patienten der Kopf von der Unterlage gehoben und dann schnell losgelassen wird, sinkt er nur langsam auf die Unterlage zurück. Beim Stuhl-Kipp-Versuch wird der Stuhl des sitzenden Patienten ohne Vorwarnung kurz nach hinten gekippt, es findet sich dann auch ein Kippen des Patienten nach hinten, während der Gesunde die aufrechte Körperhaltung beibehält. Es findet sich auch eine fehlende Habituierung des Glabella-(=Orbicularis-oculi-)Reflexes beim Beklopfen der Glabella. Beim Barfußgehen wird bei Krallenstellung der Zehen oft der Fuß nicht abgerollt, sondern als Ganzes aufgesetzt.

Die entscheidende Beeinträchtigung stellt jedoch die allgemeine Hypo- oder Akinese, d. h. die Bewegungsarmut in allen motorischen Abläufen dar. Rasche Bewegungen sind dann nicht mehr möglich. Der kleinschrittige Gang, die Starthemmung beim Beginn des Gehens, die Unfähigkeit, rasch anzuhalten, die Erschwernis rascher Drehbewegungen mit vielen kleinen Wendeschritten als Ausdruck der axialen Akinese, die Mühe, allein aus einem Sessel aufzustehen, das förmliche Kleben der Füße am Boden, ein „freezing", d. h. eine plötzliche Bewegungshemmung, besonders in engen Räumen oder beim Gang durch eine enge Türe, sind typische Symptome. Ebenso charakteristisch ist die vornübergebeugte Haltung, die Propulsion mit der Fallneigung nach vorne und die Festination, d. h. der immer schneller werdende Gang mit der Gefahr, schließlich nach vorne zu fallen, letztlich als Ausdruck der Propulsion beim Gehen. Typisch sind die Schwierigkeiten, Bewegungen zu starten und zu bremsen.

Die posturale Instabilität findet sich meist in den späteren Stadien der Erkrankung. Der „Stoßtest" wird dann positiv, d. h. beim Anstoßen kann sich der Patient nicht abfangen und droht zu fallen (und muss daher beim Untersuchen gehalten werden). Es kommt auch zu einer Erschwernis des nächtlichen Umdrehens im Bett, was wiederum den Schlaf sehr beeinträchtigt.

Sehr charakteristisch ist eine Hypomimie, d. h. eine starre Mimik und ein seltener Lidschlag. Eine häufige Hypersalivation, d. h. eine scheinbar vermehrte Speichelproduktion wurde früher als vegetatives Zeichen gewertet und wird heute als durch verringertes Schlucken bedingt angesehen. Hinzu kommt die leise, wenig modulierte, tonlose Stimme, auch als Hypophonie bezeichnet, mit Palilalie, d. h. häufigen Wortwiederholungen.

Als beweisend gilt aber letztlich der Ruhetremor bei entspannt auf einer Unterlage liegendem Arm oder bei hängenden Armen im Stehen, verstärkt bei vermehrter Konzentration. Allein durch Rückwärtszählen oder beim Strichgang mit geschlossenen Augen kann ein latenter Ruhetremor verstärkt werden. Die klassische Frequenz des Parkinsontremors liegt um 5 Hz und wird bildhaft als „Pillendrehen" beschrieben. In späteren Stadien kann ein Haltetremor hinzutreten. Der Tremor wird ganz allgemein bei emotionaler Anspannung und Erregung sowie bei willkürlicher Muskelanspannung und Bewegungsintention verstärkt.

Eine Dyskinesie ist stets ein Therapienebeneffekt, kein eigenständiges Parkinson-Symptom!

Neben den motorischen kommt auch den nicht-motorischen Symptomen Bedeutung zu. Darunter versteht man vegetative, sensorische und psychische Symptome.

Von den vegetativen Symptomen sind orthostatische Dysregulationen, Blasenfunktions- und Erektionsstörungen, Obstipation, Schweißausbrüche, Salbengesicht, Seborrhoe und Schluckstörungen mit Hypersalivation häufig im weiteren Krankheitsverlauf.

An sensorischen Symptomen, die bisher relativ wenig Beachtung fanden und doch bei etwa 40 % der Patienten vorliegen sollen, bestehen unspezifische Schmerzen und Parästhesien, die sehr variabel sein können und sehr wenig fassbar sind, Sehstörungen mit verminderter Sehschärfe und Störungen der Farbdiskrimination sowie Geruchsstörungen. Oft ist schwer zu entscheiden, inwieweit primäre Krankheitssymptome oder Nebenwirkungen der Medikamente vorliegen.

Psychische Symptome kommen in unterschiedlicher Ausprägung vor. In etwa 30 % geht eine grundlose „endogen" anmutende depressive Phase den körperlichen Symptomen voraus, was interessante Aspekte hinsichtlich weiterer gestörter Neurotransmitterregulationen aufzeigt. Natürlich liegt es nahe, im weiteren Krankheitsverlauf von zusätzlichen reaktiven Komponenten einer Depression auf Grund der immer mehr beeinträchtigten Alltagsfunktionen und der subjektiv schmerzlich erlebten Hinfälligkeit mit Abhängigkeit von der Umgebung auszugehen. Bei bis zu 40 % der Betroffenen kommen auch Angststörungen vor. Später tritt dann – allerdings nicht obligat – bei manchen Kranken eine Verlangsamung seelischer Abläufe auf, die früher als Bradyphrenie bezeichnet wurde und heute einem hirnorganischen Psychosyndrom bzw. einer sich möglicherweise entwickelnden subkortikalen Demenz zugeordnet wird. Die Zahlen aus der Literatur dazu sind sehr unterschiedlich, man geht aber von rund 20% Häufigkeit einer Demenz bei Parkinson-Patienten aus.

Der **Verlauf der Erkrankung** ist sehr unterschiedlich. Halbseitiger Beginn mit guter Ansprechbarkeit auf L-Dopa gilt als prognostisch günstig, auch der Tremor-Dominanztyp führt seltener zu einer schwerwiegenden Behinderung oder zu einer dementiellen Entwicklung. Intraindividuell ist der Verlauf ebenfalls sehr variabel. Rasche Progredienz ist ebenso möglich wie langsamer Verlauf und Stillstände mit Plateaubildung der Symptomatik. Ein sehr früher Krankheitsbeginn geht aber im Allgemeinen mit einer verkürzten Lebenserwartung einher.

4.3.5.3 Klassifizierung der Stadien des Parkinson-Syndroms

Webster-Rating-Scale

1. Bradykinesie der Hände, inklusive Schreiben
   0 = normal
   1 = angedeutet verlangsamt
   2 = mäßig verlangsamt, Schreiben stark beeinträchtigt
   3 = schwer verlangsamt

2. Rigor
   0 = normal
   1 = angedeutet
   2 = mäßig
   3 = schwer, trotz Medikamenten nachweisbar

3. Haltung
   0 = normal
   1 = leicht vornübergebeugt
   2 = Armflexion
   3 = stark vornübergebeugt und Flexion von Arm und Hand sowie Knie

4. Mitschwingen der oberen Extremitäten
   0 = beidseits gut
   1 = ein Arm vermindert
   2 = ein Arm schwingt nicht
   3 = beide Arme schwingen nicht

5. Gang
   0 = normal, Umdrehen mühelos
   1 = verkürzte Schritte, verlangsamtes Drehen
   2 = stärkere Verkürzung der Schritte, Aufschlagen beider Fersen am Boden
   3 = schlürfende Schritte, zeitweise blockiert, Umdrehen sehr langsam

6. Tremor
   0 = keiner
   1 = weniger als 2,5 cm Ausschlag
   2 = über 10 cm
   3 = über 10 cm, konstant, Essen und Schreiben unmöglich

7. Gesicht
   0 = normal
   1 = angedeutete Hypomimie
   2 = deutliche Hypomimie, Lippen zeitweise offen, Speichelfluss ausgeprägt
   3 = Maskengesicht, Mund offen, Speichelfluss sehr ausgeprägt

8. Seborrhoe
   0 = keine
   1 = vermehrtes Schwitzen
   2 = ölige Haut
   3 = starkes Sekret im Gesicht

9. Sprache
   0 = normal
   1 = verminderte Modulation, gutes Stimmvolumen
   2 = monoton, nicht mehr moduliert, beginnende Dysarthrie,
       beginnende Verständigungsschwierigkeiten
   3 = ausgeprägte Verständigungsschwierigkeiten

10. Selbständigkeit
    0 = nicht beeinträchtigt
    1 = leicht beim Ankleiden behindert
    2 = Hilfe in kritischen Situationen erforderlich, alles sehr langsam
    3 = unfähig, sich anzukleiden oder zu essen bzw. allein zu gehen

Krankheitsstadien des Parkinson-Syndroms nach Hoehn und Yahr

Stadium I: Einseitige Symptomatik, ohne oder allenfalls mit geringer Beeinträchtigung

Stadium II: Beidseitige Symptomatik, keine Gleichgewichtsstörungen

Stadium III: Geringe bis mäßige Behinderung, gestörte Stellreflexe mit Unsicherheit beim Umdrehen und bei Außenreizen, postuläre Instabilität, Arbeitsfähigkeit in Abhängigkeit vom Beruf noch zum Teil erhalten

Stadium IV: Vollbild mit starker Behinderung, Patient kann zwar noch Gehen und Stehen, benötigt aber Hilfe bei Verrichtungen des täglichen Lebens

Stadium V: Patient ist an Rollstuhl oder Bett gebunden, pflegebedürftig und ständig auf Hilfe Dritter angewiesen

Barthel-Index

Die Aktivitäten des täglichen Lebens sind unter den Aspekten zu werten, wie viel Selbständigkeit der Antragsteller noch besitzt und wie die Einschränkungen seiner Fähigkeiten sich auf die psychosoziale Gesamtsituation auswirken. Grundsätzlich gilt: Nicht die Schwere der Erkrankung oder Behinderung, sondern allein der aus dem konkreten Funktionsausfall resultierende Hilfebedarf dient als Grundlage der Bestimmung der Pflegebedürftigkeit.

Der Barthel-Index wurde 1965 eingeführt und hat sich zur globalen Beurteilung des funktionellen Status von geriatrischen Patienten besonders gut bewährt. Er lässt sich auch auf Parkinson-Patienten sehr hilfreich anwenden. Der Index enthält 10 unterschiedlich gewichtete Items, wobei maximal 100 Punkte vergeben werden können. Für jede Funktion, die vollständig selbständig geleistet werden kann, erhält der Patient die maximale Punktzahl. Wird leichte Hilfe oder Supervision benötigt, so wird nicht mehr die volle Punktzahl gegeben. Keinen Punkt erhält, wer die geforderte Leistung überhaupt nicht selbständig erbringen kann. Die Bewertung basiert auf der Beobachtung und Einschätzung durch die Pflegekräfte und die Ärzte.

Tabelle 2 *Barthel-Index*

Essen:
– unabhängig, isst selbständig, benutzt Geschirr und Besteck	10 Punkte
– Braucht etwas Hilfe, z. B. Fleisch oder Brot schneiden	5 Punkte
– Nicht selbständig, auch wenn o. g. Hilfe gewährt wird	0 Punkte

Bett-(Roll)-Stuhltransfer:
– Unabhängig in allen Phasen der Tätigkeit	15 Punkte
– Geringe Hilfen oder Beaufsichtigung erforderlich	10 Punkte
– Erhebliche Hilfe beim Transfer, Lagewechsel, Liegen/Sitzen selbständig	5 Punkte
– Nicht selbständig, auch wenn o. g. Hilfe gewährt wird	0 Punkte

Waschen:
– Unabhängig beim Waschen von Gesicht, Händen, Kämmen, Zähneputzen	5 Punkte
– Nicht selbständig bei o. g. Tätigkeit	0 Punkte

Toilettenbenutzung:
– Unabhängig in allen Phasen der Tätigkeit (inklusive Reinigung)	10 Punkte
– Benötigt Hilfe, z. B. wegen unzureichenden Gleichgewichtes oder bei An- und Auskleiden sowie Reinigung	5 Punkte
– Nicht selbständig, auch wenn o. g. Hilfe gewährt wird	0 Punkte

Baden:
– Unabhängig bei Voll- oder Duschbad in allen Phasen der Tätigkeit	5 Punkte
– Nicht selbständig bei o. g. Tätigkeit	0 Punkte

Fortsetzung Seite 136

Gehen auf Flurebene bzw. Rollstuhlfahren:

- Unabhängig beim Gehen über 50 m, Hilfsmittel erlaubt,
  nicht jedoch Gehwagen .... 15 Punkte
- Geringe Hilfe oder Überwachung erforderlich,
  kann mit Hilfsmittel 50 m gehen .... 10 Punkte
- Nicht selbständig beim Gehen, kann aber Rollstuhl selbständig bedienen,
  auch um Ecken und an einen Tisch heranfahren, Strecke mindestens 50 m .... 5 Punkte
- Nicht selbständig beim Gehen oder Rollstuhlfahren .... 0 Punkte

Treppensteigen:

- Unabhängig bei der Bewältigung einer Treppe von mehreren Stufen .... 10 Punkte
- Benötigt Hilfe oder Überwachung beim Treppensteigen .... 5 Punkte
- Nicht selbständig, kann auch mit Hilfe nicht Treppensteigen .... 0 Punkte

An- und Auskleiden:

- Unabhängig beim An- und Auskleiden
  (ggf. auch Korsett oder Bruchband betreffend) .... 10 Punkte
- Benötigt Hilfe, kann aber 50% der Tätigkeit selbständig durchführen .... 5 Punkte
- Nicht selbständig, auch wenn o. g. Hilfe gewährt wird .... 0 Punkte

Stuhlkontrolle:

- ständig kontinent .... 10 Punkte
- Gelegentlich inkontinent, maximal 1 x pro Woche .... 5 Punkte
- Häufiger/ständig inkontinent .... 0 Punkte

Urinkontrolle:

- ständig kontinent, ggf. unabhängig bei Versorgung mittels
  Dauerkatheters/Zystofix .... 10 Punkte
- Gelegentlich inkontinent, maximal 1 x pro Tag,
  Hilfe bei externer Harnableitung .... 5 Punkte
- Häufiger/ständig inkontinent .... 0 Punkte

Gesamtpunkte

4.3.6 Gutachtliche Beurteilung

Bei der Parkinsonschen Erkrankung ergeben sich vielfältige sozialmedizinische Fragestellungen im Hinblick auf Berufsfähigkeit, aber auch den Grad der Behinderung nach dem Schwerbehindertengesetz, der Pflegeversicherung und der Fahrtüchtigkeit im Straßenverkehr, wobei die Beurteilung außerordentlich stark vom Krankheitsstadium und der Ausprägung der Erkrankung abhängt.

Berufsunfähigkeit

Prognostisch gilt, dass etwa 80% der Parkinson-Kranken nach einem Krankheitsverlauf von fünf bis neun Jahren berufsunfähig werden. Grundsätzlich sollte jedoch versucht werden, den Patienten möglichst lange adäquat am sozialen Leben teilnehmen zu lassen, wozu auch die Teilnahme am Berufsleben gehört. Die modernen Behandlungsmöglichkeiten haben zu einer entscheidenden Verbesserung der Leistungsfähigkeit und der Lebensqualität gegenüber früheren Jahrzehnten geführt.

Im mittleren Lebensalter und in frühen bis mäßig fortgeschrittenen Krankheitsstadien kann im Allgemeinen bei adäquater und frühzeitig einsetzender Behandlung die Arbeits- und die Berufsfähigkeit über Jahre erhalten werden.

Entscheidend sind jedoch die qualitativen Leistungseinschränkungen, die bei dieser Krankheit vor allem die feinmotorischen Funktionen und die Koordination in Abhängigkeit von Ausprägung und Schweregrad umfassen. Die Bradykinese der Hände beeinträchtigt besonders die Schreibfähigkeit, auch das Bedienen von Schreibmaschinen und Computern, ebenso das anderer technischer Geräte, etwa im handwerklichen Bereich. Der Muskelrigor, die gestörte Körperhaltung, das Gangbild, die Sprache, der Tremor und eine eventuell schon früh bestehende organische Hirnleistungsstörung mit kognitiven Leistungseinbußen werden sich vielfältig auf unterschiedliche berufliche Bereiche auswirken. Gerade die Art der zuletzt ausgeübten beruflichen Tätigkeit muss individuell zur Schwere des Krankheitsbildes in Relation gesetzt werden, wobei auch die Ansprechbarkeit auf die Parkinson-spezifische Medikation und deren Nebenwirkungen, ebenso wie die krankheitsimmanente Fluktuation der Symptomatik zu berücksichtigen sind. Günstig ist es, wenn der Erkrankte Einfluss auf die zeitliche Gestaltung seines Tagesablaufes hat, da dann die störenden „on-off-Phasen" am ehesten berücksichtigt werden können. Für die meisten Arbeitnehmer trifft dies wohl nicht zu, am ehesten für solche in leitender Position oder Selbständige. Bei weiter fortgeschrittenem Morbus Parkinson ist von einem aufgehobenen Leistungsvermögen in den meisten Berufen auszugehen.

Ein Patient, der viel sprechen oder telefonieren muss, wird bereits durch eine leichte Dysarthrie erheblich beeinträchtigt sein, während dies bei einem handwerklich tätigen Kranken kaum eine Rolle spielt. Bei diesem wird dagegen eine Störung der Feinmotorik zur vorzeitigen Berufsaufgabe führen. An grundsätzlichen funktionellen Einschränkungen gilt der Ausschluss von Zeitdruckarbeiten, Arbeiten an gefährdenden Maschinen, ständiges Gehen und Stehen, Treppen- und Leiternsteigen, bei Artikulationsstörungen auch Tätigkeiten mit Publikumsverkehr. Die Beurteilung muss daher ganz besonders auf die individuellen Gegebenheiten des Berufs und der Erkrankung eingehen und erfordert vom Gutachter erhebliches Einfühlungsvermögen. Ein vollständig aufgehobenes berufliches Leistungsvermögen liegt häufig schon im Stadium III nach Hoehn und Yahr vor, wobei aber die Effizienz der Therapie zu bewerten ist. Solange durch Optimierung der Therapie – auch im Rahmen einer stationären Behandlung in einem Fachkrankenhaus – eine Besserung zu erzielen ist, besteht keine aufgehobene Leistungsfähigkeit im Berufsleben, sondern eine zu behandelnde Krankheit. Das Prinzip „Rehabilitation vor Rente" gilt hier in besonderem Maß.

Allerdings sind gerade bei diesem Krankheitsbild die häufigen tageszeitlichen und therapieabhängigen Schwankungen der körperlichen Leistungsfähigkeit, ebenso wie die Nebenwirkungen der Therapie bei der Begutachtung im Rentenverfahren zu berücksichtigen. Andernfalls könnte dies zu einer falsch positiven oder negativen Einschätzung führen.

Ungeeignete Arbeiten beim Parkinson-Syndrom

– Arbeiten unter Zeitdruck (Fließband- und Akkordarbeit)

– schwere körperliche Arbeiten (häufiges Heben und Bücken)

– Arbeiten mit besonderer Anforderung an die Feinmotorik

– Wechselschicht- und Nachtarbeiten

– Tätigkeiten mit Publikumsverkehr und Erfordernis, viel zu sprechen

– Tätigkeiten in großer Hitze

– Arbeiten mit Absturzgefahr auf Leitern und Gerüsten

– Arbeiten mit besonderer Anforderung an den Gleichgewichtssinn

– Tätigkeiten mit hohen Anforderungen an die Umstellungs- und Anpassungsfähigkeit

Kasuistiken

W.O. 58-jähriger freiberuflich tätiger Ingenieur für Umwelttechnik bemerkte seit drei Jahren eine allgemeine Verlangsamung, eine Beeinträchtigung der Feinmotorik, etwa beim Knöpfe schließen, eine zunehmende Störung des Schriftbildes „die Schrift wird immer kleiner", gelegentlich einen Tremor der rechten Hand und schließlich eine Sprachstörung mit leiser und schlecht verständlicher Sprache. Es gelang ihm anfangs, seine Symptome mit Hilfe der Familie zu kompensieren, die Ehefrau nahm ihm vieles ab, am schlimmsten empfand er jedoch die Sprachstörung, die immer mehr zunahm. Er war gezwungen, bei Stadtratssitzungen über Umweltprojekte Vorträge zu halten und seine Firma bzw. sein Konzept für ein Projekt vorzustellen und plausibel zu machen, was ihm immer weniger gelang, da er sprachlich nicht überzeugen konnte und auch durch seine artikulatorische Sprachstörung immer schlechter verständlich war. Bei fortschreitendem Krankheitsbild konnte er aber auch immer weniger Projekte am Computer bewältigen, da ihm auch hier die Feinmotorikstörung zu schaffen machte. In der Beurteilung für die BUZ war eine Leistungsminderung für Verhandlungen und Vorträge, die einen wesentlichen Teil seiner Tätigkeit ausmachten mit 70% anzusetzen, für die übrigen Bürotätigkeiten mit 50%.

H.H. 55-jähriger prakt. Arzt leidet seit sechs Jahren an einem progredienten Morbus Parkinson, der sich anfangs medikamentös relativ gut einstellen ließ und die

Fortsetzung der Praxis ermöglichte. Seit einem Jahr kam es zu unregelmäßigen und häufigen Fluktuationen („on-off-Phänomenen"), die z.T. zu mehrstündiger völliger Akinese, z.T. zu äußerst störenden Hyperkinesen führten. In der Praxis waren daher mehrmals täglich selbst kurze Wegstrecken im Sprechzimmer kaum möglich, durch den Tremor waren Injektionen oft kaum durchführbar. Autofahrten zu Hausbesuchen wurden durch die Bewegungsverlangsamung immer problematischer und letztlich gefährlich. Er versuchte, da er beruflich nach Möglichkeit weiter arbeiten wollte, alle möglichen Therapiemaßnahmen, allerdings ohne anhaltenden Erfolg. Bei weiterer Progredienz stellte er Antrag auf BU. Bei voll ausgeprägtem und fortgeschrittenem Krankheitsbild musste 100% BU auf Dauer für den gesamten Tätigkeitsbereich empfohlen werden.

4.4 Demenzen

4.4.1 Einleitung

Für die Demenzen gelten ähnliche Überlegungen wie für das Parkinson-Syndrom. Auch hier spielt das zunehmende Lebensalter eine große Rolle, aber es erkranken auch immer mehr jüngere Menschen an einer Demenz aus unterschiedlicher Ursache.

In etwa 20% entwickelt sich beim Morbus Parkinson im Laufe der Erkrankung eine Demenz.

Einteilung nach der ICD-10

F 00   Demenz bei Alzheimer-Krankheit
      F 00.0   mit frühem Beginn
      F 00.1   mit spätem Beginn
      F 00.2   atypische oder gemischte Form

F 01   vaskuläre Demenz
      F 01.0   vaskuläre Demenz mit akutem Beginn
      F 01.1   Multiinfarktdemenz
      F 01.2   subkortikale vaskuläre Demenz
      F 01.3   gemischte Form

F 02   Demenz bei sonstigen andernorts klassifizierten Krankheiten
      F 02.0   Demenz bei Pick-Krankheit oder fronto-temporale Demenz
      F 02.3   Demenz bei Parkinson-Krankheit

4.4.2 Definition

Allgemein ist Demenz definiert als chronische und behindernde Störung des Gedächtnisses und mindestens einer weiteren höheren Hirnleistung.

Definition der Demenz nach der ICD-10 (F 0)

„Das dementielle Syndrom, als Folge einer Krankheit des Gehirns, verläuft chronisch und fortschreitend unter Beeinträchtigung vieler höherer kortikaler Funktionen, einschließlich Gedächtnis, Denken, Orientierung, Auffassung, Rechnen, Lernfähigkeit, Sprache und Urteilsvermögen … Die kognitiven Beeinträchtigungen sind meistens begleitet von Verschlechterung der emotionalen Kontrolle, des Sozialverhaltens oder der Motivation … Dieses Syndrom kommt bei Alzheimer-Krankheit, bei zerebrovaskulärer Krankheit und bei anderen Zustandsbildern vor, die primär oder sekundär das Gehirn betreffen."

Allgemeine diagnostische Leitlinien nach ICD-10 für die Annahme einer Demenz

- Nachweis einer Abnahme des Gedächtnisses und des Denkvermögens
- beträchtliche Beeinträchtigung der Aktivitäten des täglichen Lebens

Spezielle Diagnosekriterien für eine Demenz speziell vom Alzheimer-Typ

Neben den allgemeinen Demenzkriterien

- schleichender Beginn der Symptomatik mit langsamer Verschlechterung
- Ausschluss von Hinweisen auf andere Ursachen eines dementiellen Syndroms
- Fehlen eines apoplektischen Beginns oder neurologischer Herdzeichen

Bei der Demenz kommt es zu einer deutlichen Abnahme der intellektuellen Leistungsfähigkeit und zu Beeinträchtigungen in den persönlichen Aktivitäten des täglichen Lebens, wie Waschen, Ankleiden, Essen, persönliche Hygiene bei Benutzung der Toilette u. a.

Schweregrad einer Demenz

Leichte Beeinträchtigung = in den täglichen Aktivitäten zwar beeinträchtigt, aber ein unabhängiges Leben noch möglich, nicht von anderen abhängig, das Lernen neuen Materials erschwert, kürzlich mitgeteilte Informationen werden nicht gespeichert, komplizierte tägliche Aufgaben können nicht mehr ausgeführt werden.

Mittelgradige Beeinträchtigung = Gedächtnisstörung als ernsthafte Behinderung für ein unabhängiges Leben, gut gelerntes und vertrautes Material noch verfügbar, neue Informationen werden nur gelegentlich und kurz behalten, Verlust der Erinnerung an vertraute Namen oder was sie vor kurzem getan haben, im täglichen Leben nicht ohne Hilfe zurechtkommend, zunehmend Einschränkung von häuslichen Tätigkeiten.

Schwere Behinderung = schwerer Gedächtnisverlust mit Unfähigkeit, neue Informationen zu behalten, nur Fragmente von früher Gelerntem übrig, nicht einmal enge Verwandte werden erkannt, Fehlen nachvollziehbarer Gedankengänge.

4.4.3 Prävalenz

Etwa 1 Million Menschen leiden in Deutschland an einer Demenz.

Die Prävalenz beträgt bei 65-69-Jährigen 1,5%, bei über 90-Jährigen mehr als 30% und bei über 100-Jährigen etwa 60%.

Frauen haben ein doppelt so hohes Risiko, an einer Alzheimer-Demenz zu erkranken wie gleichaltrige Männer.

4.4.4 Ursachen und Krankheitsentstehung

Die Alzheimer-Demenz ist eine primär degenerative zerebrale Krankheit mit unbekannter Ätiologie und charakteristischen neuropathologischen und neurochemischen Merkmalen. Sie beginnt gewöhnlich schleichend und entwickelt sich langsam, aber stetig über Jahre. Dieser Zeitraum kann zwei bis drei Jahre betragen, gelegentlich aber auch erheblich mehr.

Der Beginn kann im mittleren Erwachsenenalter liegen, die Inzidenz ist jedoch im späteren Lebensalter höher. Fälle mit späterem Beginn neigen meist zu langsamerem Verlauf.

Es finden sich charakteristische Gehirnveränderungen. Neben einer anfangs umschriebenen, später generalisierten Hirnatrophie finden sich histologisch Beta-Amyloid-Plaques, neurofibrilläre Verklumpungen und Lewy-Körper. Neurochemisch besteht eine deutliche Verminderung des Enzyms Cholin-Azetyltransferase, dadurch entsteht ein Mangel an Azetylcholin, einem Neurotransmitter, dem entscheidende Bedeutung für die kognitiven Leistungen zugesprochen wird.

Bei den vaskulären Demenzen steht eine Störung der Hirndurchblutung im Vordergrund, wobei auch Mischformen vorkommen.

4.4.5 Klinisches Bild

Das klinische Bild hängt vom Prägnanztyp der Demenz ab:

Syndrom der kortikalen Demenz

Gedächtnisstörungen und Störungen anderer höherer Hirnleistungen wie Sprache, Handeln, Erkennen, Rechnen u. a. bei noch lange erhaltener Persönlichkeit und intaktem Antrieb. Prototyp ist die Alzheimer-Demenz.

Syndrom der subkortikalen Demenz

Im Vordergrund stehen psychomotorische Verlangsamung und Antriebsminderung. Prototyp ist die Parkinson-Erkrankung, auch andere extrapyramidale Erkrankungen, die vaskuläre Enzephalopathie, eine chronische Raumforderung und metabolische Störungen.

Syndrom der frontalen Demenz

Im Vordergrund stehen hier Störungen der Handlungsplanung und -kontrolle ohne Berücksichtigung der Konsequenzen, Kritikschwäche, verändertes emotionales Verhalten mit oft raschem Wechsel zwischen Euphorie und Reizbarkeit bis zur Aggressivität, soziales Fehlverhalten, Enthemmungsphänomene. Prototyp ist die fronto-temporale Demenz bzw. der Morbus Pick. Neben der Alzheimer-Demenz ist die vaskuläre Demenz, die fronto-temporale Demenz, die Demenz vom Lewy-Körperchen-Typ und eine Reihe von symptomatischen Demenzen zu berücksichtigen, die gegebenenfalls kausal behandelbar sind, wie Demenzen bei Hirntumoren, chronischen subduralen Hämatomen, Normaldruckhydrozephalus, Infektionskrankheiten, chronische Alkoholabhängigkeit u. a.

Leichte kognitive Störung oder „mild cognitive impairment" (MCI) (F06.7). Ihr kommt in der Begutachtungssituation besondere Bedeutung zu. Hier stehen die subjektiven Beschwerden mit Minderung der Gedächtnisleistung im Vordergrund, ohne dass die Kriterien der Alzheimer-Demenz erfüllt sind. Es finden sich psychometrisch erfassbare Einbußen meist in einem Leistungsbereich, die sich im Alltag noch nicht entscheidend bemerkbar machen. Die leichte kognitive Störung ist oft Frühsymptom einer Demenz, jedoch nicht obligat. Gewissheit kann nur der weitere Verlauf bringen.

Allerdings ist zu berücksichtigen, dass sich sowohl bei Patienten einer Gedächtnissprechstunde, als auch in der Begutachtung „besorgte Gesunde", Patienten mit psychiatrischen Störungen wie Depressionen und somatoformen Störungen ebenso wie solche mit organisch bedingten Störungen der Gedächtnisleistung und anderer kognitiver Fähigkeiten finden, die in ähnlicher Form „Gedächtnisstörungen" geltend machen.

Kernsymptom einer Demenz ist der Nachweis einer Abnahme des Gedächtnisses und des Denkvermögens, der kognitiven Leistungen mit zugleich deutlicher Beeinträchtigung der Aktivitäten des täglichen Lebens.

Das klinische Bild hängt aber auch stark von den sozialen und kulturellen Gegebenheiten ab, in denen die betroffene Person lebt. Nicht zuletzt ist auch die Primärpersönlichkeit zu berücksichtigen.

Wesentliche Bedeutung hat die Abgrenzung von anderen Faktoren, die für eine falsch-positive Zuordnung verantwortlich zu machen sind, ohne dass ein Verlust intellektueller Fähigkeiten besteht:

– mangelnde Motivation

– emotionale Faktoren, wie eine Depression

– motorische Verlangsamung

– allgemeine körperliche Hinfälligkeit

Eine depressive Pseudodemenz lässt sich klinisch kaum von einer echten Demenz unterscheiden, hat aber bei adäquater Behandlung eine günstige Prognose.

Eine angeborene Intelligenzminderung muss von einer Demenz abgegrenzt werden, natürlich ebenso eine iatrogene Störung durch medikamentöse Einflüsse.

Nach Ausschluss einer symptomatischen Demenz ist bei degenerativen Demenzen ein kontrollierter Behandlungsversuch mit Cholinesterasehemmern oder Memantine einer aufwändigen Diagnostik überlegen. Die höchste Sensitivität und Spezifität, ob eine Demenz vorliegt und um welche Erkrankung es sich vermutlich handelt, kommt dem Urteil des erfahrenen Klinikers zu, der sich zusätzlich auf MRT und Labordiagnostik zum Ausschluss einer symptomatischen Demenz und ggf. auf neuropsychologische Diagnostik stützt (Bartels, Wallesch 2007).

Die Diagnostik einer Demenz beruht somit auf

– der Anamnese und Fremdanamnese

– einer kompetenten neurologischen und psychiatrischen Untersuchung

– einer neuropsychologischen Diagnostik

– Laborausschlussdiagnostik

– zerebraler Bildgebung zum Ausschluss einer symptomatischen Demenz

– und im Einzelfall weiterer Zusatzuntersuchungen

Psychometrische Verfahren

Sie sind hilfreich, um das Vorhandensein einer kognitiven Beeinträchtigung zu verifizieren und zu quantifizieren.

Es existiert eine Fülle von testpsychologischen Untersuchungen, die sich vor allem auch im erforderlichen Zeitaufwand unterscheiden.

Für klinische Zwecke und für die Forschung sind aufwändige Tests üblich wie die ADAS (Alzheimer Disease Assessment Scale) oder die Testbatterie des CERAD (Consortium to Establish a Registery for Alzheimer's Disease).

Am gebräuchlichsten in der Praxis sind die folgenden psychometrischen Tests, die sich auch in einem akzeptablem Zeitraum durchführen lassen, ohne den Probanden übermäßig zu beanspruchen:

DemTect-Test

Er gilt als sensibel für die schon im Frühstadium einer Demenz beeinträchtigten Leistungsbereiche Neugedächtnisbildung, mentale Flexibilität, Sprachproduktion, Aufmerksamkeit und Gedächtnisabruf.

Auswertung: 13-18 Punkte = altersgemäße Leistung, 9-12 Punkte = leichte kognitive Beeinträchtigung, unter 8 Punkten = deutlicher Demenzverdacht

MMST (Mini-Mental-Status-Test)

Er ist am weitesten verbreitet. Es werden Orientierung, Merk- und Erinnerungsfähigkeit, Aufmerksamkeit und Rechenfähigkeit, Benenn- und Abzeichenfähigkeit sowie Handlungsausführung geprüft. Allerdings ist der Test nicht zur Frühdiagnostik geeignet.

Auswertung: 19-26 Punkte = leichte Demenz, 10-18 Punkte = mittelgradige Demenz, unter 10 Punkte = schwere Demenz.

Syndrom-Kurztest (SKT)

Neun Subtests prüfen Einzelfunktionen wie Gegenstände benennen und unmittelbar reproduzieren, Zahlen lesen, ordnen und zurücklegen, Symbole zählen, Interferenz, Gegenstände verzögert reproduzieren und wieder erkennen. Er ist ebenfalls für die Praxis gut geeignet, allerdings erzielen auch depressive Patienten häufig pathologische Werte.

Uhrentest (nach Shulman)

Im Uhrentest, bei dem der Proband gebeten wird, ein Zifferblatt zu malen, Zahlen einzutragen und eine Uhrzeit einzustellen wird die visuell-räumliche Organisation und das abstrakte Denken geprüft. Er ist als Screening-Verfahren zusammen mit anderen Tests geeignet und weitgehend unabhängig von Alter, Sprache, Kultur oder Bildung.

4.4.6 Gutachtliche Beurteilung

Fortgeschrittene Demenzen stellen naturgemäß kein Problem in der Beurteilung dar und an einem aufgehobenen Leistungsvermögen besteht kein Zweifel.

Problematisch ist dagegen oft die Bewertung der Frühformen, die sich in uncharakteristischen Befindlichkeitsstörungen äußern können und oft mit neurasthenischen Versagenszuständen verwechselt werden.

Eine sorgfältige körperliche Untersuchung auf neurologischem und internistischem Gebiet ist hier vorrangig, auch eine entsprechende neuropsychologische Testdiagnostik und der Einsatz bildgebender Verfahren, am zweckmäßigsten einer MRT-Untersuchung des Schädels.

Die Beurteilung der Berufsfähigkeit muss sich am tatsächlich zuletzt ausgeübten Tätigkeitsbereich orientieren. Einfache, intellektuell wenig anspruchsvolle Tätigkeiten werden unter Umständen noch längere Zeit zumutbar sein, solche mit hoher Anforderung an die psychische Belastbarkeit, das intellektuelle Leistungsvermögen, mit hoher Eigenverantwortung oder die Steuerung komplexer Arbeitsvorgänge werden sehr früh nicht mehr möglich sein. Ähnliche Überlegungen gelten für Tätigkeiten mit Publikumsverkehr.

Kasuistiken

S.S. 52-jähriger Hotelier, bisher sehr erfolgreich in einem großen Betrieb, vom Wesen her diskret, freundlich, kontaktbereit, jedoch eher zurückhaltend wird plötzlich psychisch auffällig. Besondere Belastungen gingen nicht voraus. Er fängt zunächst an, seine Gäste zu umarmen, auf die Wange zu küssen, was nie seine Art war, erzählt schmutzige Witze, wirkt distanzlos und aufdringlich, erscheint abends zur Dinnerzeit im Restaurant im Morgenmantel mit Gitarre und fängt an, zu singen, wobei seine Texte zunehmend verworren werden. Die Familie ist besorgt, veranlasst verschiedene ärztliche Untersuchungen, die ergebnislos verlaufen. Der Nervenarzt vermutet zunächst eine manische Episode. Das Krankheitsbild verläuft sehr rasch progredient, es treten zunehmend Gedächtnisstörungen auf, erst das Kurzzeitgedächtnis, dann auch länger zurückliegende Episoden betreffend, schließlich auch Orientierungsstörungen, er findet sich im eigenen Haus nicht mehr zurecht. Es folgen mehrere Klinikaufenthalte, wobei jetzt auch neurologische Ausfälle mit Gangataxie, Augenmotilitätsstörungen und Schluckstörungen auffallen. Im MRT zeigt sich eine fronto-temporal betonte Hirnatrophie. Die umfassende Labordiagnostik einschließlich Lumballiquor war unauffällig. Diagnose: Fronto-temporale Demenz. Eine BU von 100 % als Hotelier für den gesamten Tätigkeitsbereich war hier schon im Frühstadium zu empfehlen gewesen.

A.M. 54-jährige Verkäuferin in einer Bäckerei bemerkte seit einem Jahr, dass sie sich die Namen von Kunden, die sie häufig bediente, nicht mehr merken konnte.

Sie verwechselte auch manchmal Artikel, die sie verkaufen sollte. Zuletzt hatte sie auch Probleme mit dem Rechnen, etwa beim Zusammenrechnen von einzelnen Artikeln, sie musste sich dabei eines Taschenrechners bedienen, damit kam sie dann ganz gut zurecht. Der untersuchende Nervenarzt stellte eine beginnende Demenz mutmaßlich vom Alzheimer-Typ fest und konnte andere Ursachen ausschließen. Bei der Begutachtung für die Versicherung in der Testdiagnostik leichte kognitive Leistungseinbußen, vor allem im Kurzzeitgedächtnis und in der Aufmerksamkeitsleistung. In der gewohnten Umgebung ohne unvorhergesehene Belastungen war die Antragstellerin durchaus noch in der Lage, ihren Alltagsverpflichtungen nachzukommen, was auch fremdanamnestisch von den Angehörigen bestätigt wurde. Tätigkeitsprofil: 6 Stunden unmittelbare Kundenkontakte im Verkauf, 2 Stunden vorbereitende Arbeiten, wie Auffüllen der Regale und am Ende des Arbeitstages aufräumen und einfache Putzarbeiten. Zum Zeitpunkt der Untersuchung für die Kundenkontakte BU 30% und für die ergänzenden Arbeiten höchstens 10% zu empfehlen, allerdings bei durchaus fraglicher Prognose.

4.5 Multiple Sklerose

4.5.1 Einleitung

Die Multiple Sklerose (MS) betrifft bei ihrer Erstmanifestation überwiegend junge Menschen, so dass hier sehr früh Fragen nach der Berufsfähigkeit auftauchen. Man muss sich jedoch vor Augen halten, dass die Diagnose „MS" keinesfalls sozusagen automatisch zur BU führt. Ein großer Anteil der MS-Betroffenen erleidet nur wenige Schübe, die sich weitgehend und ohne wesentliche Residuen zurückbilden können und nur ein eher kleiner Anteil bleibt zeitlebens schwer behindert bis hin zum Rollstuhl. Auch von diesen Erkrankten nimmt ein Teil noch durchaus erfolgreich am Erwerbsleben teil. Neben dem Krankheitsverlauf spielt hier auch die persönliche Motivation und das betriebliche und familiäre Umfeld eine entscheidende Rolle.

4.5.2 Definition

Der Begriff „*Encephalomyelitis disseminata*" wird üblicherweise weitgehend synonym verwendet. Es handelt sich um eine vorwiegend in Schüben mit Remissionen verlaufende entzündliche Erkrankung der weißen Substanz des zentralen Nervensystems. Neben dieser typischen schubförmigen Verlaufsform, die später häufig in eine chronisch progrediente Form übergeht, gibt es auch bei etwa 10–15% der Patienten einen primär chronisch progredienten Verlauf. Das durchschnittliche Erkrankungsalter der MS liegt bei 30 Jahren.

4.5.3 Prävalenz

Die MS zählt zu den häufigsten organischen Nervenkrankheiten mit etwa 50 000 bis 100 000 Kranken und fünf jährlichen Neuerkrankungen pro 100 000 Einwohner in Deutschland. Allerdings werden sehr unterschiedliche Zahlen angegeben, u. a. eine Häufigkeit von 51 bis 170 Erkrankten pro 100 000 Einwohner. Es bestehen auch innerhalb der Bundesrepublik Deutschland unterschiedliche Häufigkeiten. Weltweit ist die MS häufiger in Gegenden mit gemäßigtem Klima und guter wirtschaftlicher Entwicklung.

4.5.4 Ursachen und Krankheitsentstehung

Morphologisch bestehen örtlich und zeitlich an verschiedenen Stellen des ZNS auftretende entzündliche Entmarkungsherde, die später mit Glianarben abheilen, woraus sich der Name Multiple Sklerose ableitet.

Die Ursache der MS ist nach wie vor unbekannt. Diskutiert werden verschiedene Hypothesen, wobei genetischen Faktoren ebenso wie Umweltfaktoren eine Bedeutung zukommt. Eine infektiöse Genese wird seit langer Zeit diskutiert, aber letztlich bis heute ebenfalls nicht schlüssig bewiesen.

4.5.5 Klinisches Bild

Das klinische Bild besteht aus der bekannten Vielfalt neurologischer Ausfälle und Störungen und zeigt einen sehr wechselhaften Verlauf. Als typische Symptome gelten eine Sehnervenentzündung mit weiteren Augensymptomen, Intentionstremor, Ataxie, Nystagmus, dysarthrische Sprache, unterschiedlich ausgeprägte spastische Lähmungen mit Reflexsteigerung, Sensibilitätsstörungen, z. T. auch nur in Form von Missempfindungen, Schmerzen, Blasenstörungen sowie eine organische Wesensänderung mit rascher Erschöpfbarkeit. Das Phänomen dieser „MS-Fatigue" bietet besondere Probleme bei der Begutachtung.

Als häufige Komplikationen gelten das Auftreten einer Trigeminusneuralgie und von Krampfanfällen sowie chronischer Harnwegsinfekte.

Die Diagnose stützt sich auf die Anamnese und den klinischen Befund. Nach Poser unterscheidet man in Abhängigkeit von Schüben, klinischen Läsionen und der Liquordiagnostik eine klinisch sichere MS, eine laborunterstützt sichere MS, eine klinisch wahrscheinliche MS und eine laborunterstützt wahrscheinliche MS. Heute werden weltweit die MS-Diagnosekriterien nach McDonald angewandt.

Tabelle 3   *MS-Diagnosekriterien nach McDonald et al.* (2001)

Klinische Befunde	Weitere für die Diagnose MS nötige Befunde

– zwei oder mehr Schübe
– objektiver klinischer Nach-
  weis von zwei oder mehr
  Läsionen
	keine

– zwei oder mehr Schübe
– objektiver klinischer Nach-
  weis von einer Läsion
	– räumliche Dissemination, belegt durch MRT
	  oder
	– zwei oder mehr Läsionen im MRT, die mit MS vereinbar
	  sind und positiver Liquor
	  oder
	– im weiteren Verlauf klinischer Schub, der einen anderen
	  Läsionsort betrifft

– ein Schub
– objektiver klinischer Nach-
  weis von zwei oder mehr
  Läsionen
	– zeitliche Dissemination, belegt durch MRT
	  oder
	– zweiter klinischer Schub

– ein Schub
– objektiver Nachweis von
  einer Läsion (monosymptoma-
  tisches Bild, klinisch isoliertes
  Syndrom)
	– räumliche Dissemination, belegt durch MRT
	  oder
	– zwei oder mehr Läsionen im MRT, die mit MS vereinbar
	  sind und positiver Liquor und
	– zeitliche Dissemination, belegt durch MRT
	  oder
	– zweiter klinischer Schub

– schleichend progrediente
  neurologische Ausfälle, die
  die Diagnose MS vermuten
  lassen
	– positiver Liquor
	  und räumliche Dissemination, belegt durch
	– 9 oder mehr T2 Läsionen im Gehirn oder
	– 2 oder mehr Läsionen im Rückenmark oder
	– 4-8 Läsionen im Gehirn und 1 spinale Läsion oder
	– pathologische VEP kombiniert mit 4-8 Läsionen im Gehirn
	  oder mit weniger als 4 Läsionen im Gehirn und einer spi-
	  nalen Läsion belegt durch MRT und zeitliche Dissemina-
	  tion, belegt durch MRT oder anhaltende Progression über
	  ein Jahr

148

Funktionsausfälle gemäß der EDSS-Skala (nach Kurtzke 1983) bei Multipler Sklerose

0 Normalbefund

1 Funktionell bedeutungslose neurologische Normabweichungen

2 Geringfügige Störungen, z. B. leichte Spastik oder Parese

3 Mittelschwere Störungen, z. B. Monoparesen, leichte Hemiparesen, mäßige Ataxie, mäßige Blasenstörungen, Augenstörungen, Kombination mehrerer leichter Störungen

4 Störungen, die die Arbeitsfähigkeit und normale Lebensweise behindern, aber nicht unmöglich machen

5 Völlige Arbeitsunfähigkeit, maximale Gehstrecke ohne Hilfe etwa 500 m

6 Kurze Gehstrecke nur mit Stöcken, Krücken oder Stützapparaten

7 Rollstuhlpatient, der den Stuhl ohne fremde Hilfe aufsuchen und fortbewegen kann

8 Bettlägerigkeit, Funktion der Arme aber erhalten

9 Bettlägerigkeit, völlige Hilflosigkeit

10 Tod durch MS

Die Sicherung der Diagnose erfolgt durch den Nachweis entzündlicher Veränderungen im Liquor im akuten Stadium mit einer lokalen Produktion von Immunglobulinen im zentralen Nervensystem, der Kernspintomographie sowie durch die Bestimmung der evozierten Potentiale.

4.5.6 Gutachtliche Beurteilung

Bei der Begutachtung der MS ist es günstig, zur besseren Vergleichbarkeit mit späteren Untersuchungen eine Klassifikation z. B. nach der allgemeinen anerkannten EDSS (Expanded Disability Status Scale) nach Kurtzke vorzunehmen.

Für die Begutachtung der BU kann es keine festen Regeln geben. Die Einschätzung des Leistungsvermögens richtet sich nach dem jeweiligen Stadium der Erkrankung und nach den tatsächlich nachweisbaren Funktionsausfällen. Häufig limitiert auch eine durchaus glaubhafte allgemeine Leistungsminderung mit Neigung zu Erschöpfung und z. T. neurasthenisch anmutenden Beschwerden, die sog. *„MS-Fatigue"* die Einsatzfähigkeit im Erwerbsleben. Gerade diese Beschwerden machen erhebliche Schwierigkeiten in der Beurteilung. Sie sind als Symptom der MS weltweit anerkannt, jedoch nicht objektivierbar und von psychoreaktiven Störungen im Grunde nicht zu unterscheiden.

Es ist zunächst zu berücksichtigen, dass der Krankheitsverlauf unberechenbar ist. Im akuten Schub besteht im Allgemeinen Arbeitsunfähigkeit nach den Kriterien der gesetzlichen Krankenversicherung. Nach Abklingen des akuten Stadiums sind bestehende Funktionsstörungen überwiegend i. S. von funktionellen Einschränkungen des Leistungsvermögens zu berücksichtigen, etwa verbleibende Sehstörungen, spastische Paresen oder auch – besonders störend – eine Ataxie. Insgesamt sollte mit der Annahme einer schwerwiegenden Leistungsminderung oder gar eines aufgehobenen beruflichen Leistungsvermögens gerade bei jüngeren Erkrankten Zurückhaltung geboten sein. Die Berücksichtigung qualitativer Leistungseinschränkungen muss sich am zuletzt tatsächlich ausgeübten Beruf orientieren. Leichte spastische Paresen sind je nach Lokalisation für bestimmte Tätigkeiten hinderlich. Arbeiten auf Leitern und Gerüsten, an offenen Maschinen, insgesamt Tätigkeiten mit Absturzgefahr sind bei stärkeren Ataxien nicht zumutbar.

Bei schwerer Ausprägung des Krankheitsbildes ist das berufliche Leistungsvermögen aufgehoben. Auch eine deutliche Wesensänderung ist im Allgemeinen mit einer beruflichen Tätigkeit nicht mehr zu vereinbaren. Andererseits lässt sich immer wieder beobachten, dass auch MS-Kranke mit einer schweren spastischen Paraparese, die auf den Rollstuhl angewiesen sind, bei entsprechender Motivation durchaus noch körperlich leichte Tätigkeiten, etwa im Büro oder auch im Bereich der industriellen Fertigung bewältigen können. Dies ist allerdings nur möglich, so lange keine Ataxie im Bereich der oberen Extremitäten, keine schwerwiegende Sehminderung und auch keine ausgeprägte Wesensänderung vorliegen.

Kasuistiken

A. M. 26-jährige Frau, brachte zur Begutachtung mehrere Befundberichte aus neurologischen Fachkliniken mit, die eine Encephalomyelitis disseminata (Multiple Sklerose) bestätigten. Bisher drei Schübe, die sich weitgehend zurückbildeten. Subjektiv wird eine ausgeprägte Müdigkeit und rasche Erschöpfbarkeit geltend gemacht. Die Neurologen gingen von einer MS-Fatigue aus. Klinisch neurologisch bei der Untersuchung regelrechter Befund. Psychisch dysphorisch, missmutig verstimmt wirkend, nicht tiefergehend depressiv, auch kein Hinweis auf ein wesentliches organisches Psychosyndrom. Sie war sehr auf „Fatigue" fixiert. In der Zusatzdiagnostik EEG und Medianus-SSEP unauffällig.

Beruflich als Fachverkäuferin in einem Baumarkt tätig. Das Symptom der „MS-Fatigue" ist wissenschaftlich allgemein anerkannt, jedoch nicht in irgendeiner Form objektivierbar. Es lässt sich auch kaum von einer somatoformen Störung abgrenzen. Entscheidend ist der Kontext mit einer gesicherten MS.

Als Fachverkäuferin in einem Baumarkt war die Versicherte um 25 % in ihrer Leistungsfähigkeit beeinträchtigt. Die Problematik der Anerkennung einer MS-Fatigue wurde mit dem Sachbearbeiter der Versicherung diskutiert, da objektive Kriterien fehlen, andererseits aber die Symptome weltweit als durchaus charakteristisch für eine MS gewertet werden.

A. S. 29-jährige Frau, als Verwaltungsangestellte tätig, erkrankte vor einem Jahr an akuten Gleichgewichtsstörungen. Im MRT und im Lumballiquor fanden sich typische Veränderungen, die auf eine MS hinwiesen. Auf Cortisongabe zunächst rasche Besserung, der zweite Schub ereignete sich nur vier Monate später mit Ataxie und leichter Halbseitenschwäche rechts. Auffällig war jetzt eine ausgeprägte organische Wesensänderung mit läppisch-euphorischer Grundstimmung und erheblichen kognitiven Leistungseinschränkungen. Sie wurde langfristig arbeitsunfähig krankgeschrieben und die Krankenkasse empfahl vorzeitige Berentung. Im Rahmen eines dritten stationären Aufenthaltes in einer MS-Spezialklinik kam es zu einer überraschenden Besserung der gesamten Symptomatik, vor allem der organisch-psychischen Störung mit jetzt ausgeglichener Stimmungslage und Rückbildung der kognitiven Beeinträchtigungen. Es verblieb nur eine geringe Ataxie bei Wegfall der optischen Kontrolle. Sie wollte selbst weiterarbeiten und zog ihren mittlerweile erfolgten Antrag auf Anerkennung einer BU wieder zurück.

W. R. 38-jährige Frau, Arbeiterin in einer Fabrik für elektronische Geräte. Seit dem 20. Lebensjahr bekannte gesicherte MS, anfangs schubförmig mit dramatischem Verlauf, zuletzt stabiles Defizit mit spastischer Paraparese beider Beine, seit vier Jahren im Rollstuhl. Die oberen Extremitäten nicht beteiligt, auch nicht die Hirnnerven, psychisch unauffällig. Von der Firma sehr viel entgegenkommen, speziell angepasster Arbeitsplatz, den sie nach eigenen Aussagen gut bewältigen könne, sie fährt selbst Auto mit entsprechend angepasstem und von der Verkehrsbehörde genehmigtem Fahrzeug, von der Firma eigener Parkplatz in unmittelbarer Nähe ihres Arbeitsplatzes. Tätigkeitsprofil: Acht Stunden sitzende Tätigkeit an einer Einzelmaschine ohne Akkord mit der Möglichkeit, sich zu bewegen. BU-Rente wurde auf Empfehlung ihrer Selbsthilfegruppe beantragt „Du bist doch so krank, Du musst doch eine Rente bekommen". Sie selbst wollte ihren Arbeitsplatz und die dadurch ermöglichten sozialen Kontakte nicht missen. Eine BU für den leidensgerechten Tätigkeitsbereich konnte hier nicht empfohlen werden.

4.6 Epilepsie

4.6.1 Einleitung

Epilepsie wird in Laienkreisen oft mit „angeboren" oder „seit der Jugend bestehend" verknüpft. Dies ist unzutreffend. Neben tatsächlich in Kindheit und Jugend erstmals auftretenden epileptischen Anfällen, die dann meist genetisch bedingt oder Ausdruck einer frühkindlichen Hirnschädigung sind, können sich zerebrale Krampfanfälle in jedem Lebensalter und durch ganz verschiedenen Ursachen bedingt, manifestieren. Gerade in höherem Lebensalter zeigt sich ein Häufigkeitsgipfel durch vaskulär bedingte Anfälle, aber auch infolge Hirntraumen oder Hirntumore.

4.6.2 Definition

Der epileptische Anfall ist eine von vielen pathologischen Reaktionsformen des menschlichen Zentralnervensystems. Er äußert sich klinisch in paroxysmalen Phänomenen aus dem motorischen, sensorischen, sensiblen, vegetativen oder psychischen Bereich, bzw. deren Kombination. Sein jeweiliges Erscheinungsbild ist im Wesentlichen abhängig von den in die epileptische Funktionsstörung einbezogenen Hirnrealen (Matthes, Schneble).

Bei situativ bedingtem seltenen Auftreten spricht man von *Gelegenheitsanfällen*. Dazu gehören u. a. Fieberkrämpfe im frühen Kindesalter und Alkoholentzugsanfälle im Erwachsenenalter.

Von einer *Epilepsie* wird dann ausgegangen, wenn epileptische Anfälle sich ohne fassbare äußere Ursache wiederholen. Dabei schließt ein normales EEG im Intervall ein epileptisches Anfallsleiden nicht aus. Man nimmt an, dass nur 50 % aller Epilepsiekranken bei der Routine-EEG-Ableitung pathologische Befunde zeigen. Nicht selten sind mehrere EEG-Ableitungen einschließlich Ableitungen bei Hyperventilation, Flimmerlicht und unter Schlafentzug erforderlich, um charakteristische EEG-Veränderungen nachzuweisen.

4.6.3 Prävalenz

Grundsätzlich kann jeder Mensch in entsprechenden Belastungssituationen mit einem epileptischen Anfall reagieren. Es wird angenommen, dass 3 bis 5 % der Menschen im Laufe ihres Lebens wenigstens einen zerebralen Krampfanfall erleiden. Andere Untersuchungen nehmen eine Prävalenzrate von 1 % für Menschen an, die an einer Epilepsie erkrankt sind oder im Laufe des Lebens erkrankt waren.

4.6.4 Ursachen und Krankheitsentstehung

Unter ätiologischen Gesichtspunkten wird ein *symptomatisches* Anfallsleiden, etwa nach Traumen, nach Hirninfarkten, bei Tumoren, Fehlbildungen, Entzündungen und Intoxikationen von einer *genuinen* Epilepsie, die im Wesentlichen genetisch determiniert ist, und einem *residualen* Anfallsleiden nach frühkindlicher Hirnschädigung unterschieden.

4.6.5 Klinisches Bild

4.6.5.1 Klassifikation epileptischer Anfälle

Die **Klassifikation** epileptischer Anfälle wurde in den letzten Jahrzehnten mehrfach geändert, sie wurde immer differenzierter, aber auch unübersichtlicher. Am besten bewährt sich in der Praxis bis heute die Internationale Klassifikation epileptischer Syndrome der Internationalen Liga gegen Epilepsie 1989:

Internationale Klassifikation der Epilepsien und epileptischer Syndrome der Internationalen Liga gegen Epilepsie (ILAE) 1989

1   Lokalisationsbezogene (fokale, lokale, partielle) Epilepsien und Syndrome

1.1   Idiopathisch mit altersabhängigem Beginn

Gutartige Epilepsie des Kindesalters mit zentrotemporalen Spikes

Epilepsie des Kindesalters mit okzipitalen Paroxysmen

1.2   *Symptomatisch*

1.2.1   Einfache fokale Anfälle

1.2.2   Komplexe fokale Anfälle

1.3   *Kryptogenetisch*

2   Generalisierte Epilepsien und Syndrome

2.1   *Idiopathisch mit altersabhängigem Beginn, nach dem Alter aufgelistet*

Gutartige familiäre Neugeborenenkrämpfe

Gutartige Neugeborenenkrämpfe

Gutartige myoklonische Epilepsie des Säuglings- und Kleinkindalters

Absence-Epilepsie des Kindesalters (Pyknolepsie)

Juvenile Absence-Epilepsie

Juvenile myoklonische Epilepsie (Impulsiv-Petit mal)

Aufwach-Grand mal

Andere generalisierte idiopathische Epilepsien, die oben nicht definiert wurden *Kryptogenetisch oder symptomatisch, nach dem Alter bei Anfallsbeginn geordnet*

West-Syndrom (BNS-Krämpfe)

Lennox-Gastaut-Syndrom

Epilepsie mit myoklonisch-astatischen Anfällen

Epilepsie mit myoklonischen Absencen

2.2   Symptomatisch unspezifische Ätiologie

Frühe myoklonische Enzephalopathie

2.2.1   Frühe infantile epileptische Enzephalopathie mit „supression bursts"

2.2.2 Andere symptomatische generalisierte Epilepsien, die oben nicht definiert wurden,

Spezifische Syndrome

Epileptische Anfälle als Komplikationen zahlreicher Erkrankungen

3 Epilepsien und Syndrome mit fraglichem fokalen oder generalisierten Charakter

3.1 *Mit sowohl generalisierten als auch fokalen Anfällen*

3.1.1 Neugeborenenkrämpfe

3.1.2 Schwere myoklonische Epilepsie im Säuglings- und Kleinkindalter

3.1.3 Epilepsie mit kontinuierlichen spike waves im Schlaf

3.1.4 Erworbene epileptische Aphasie (Landau-Kleffner-Syndrom)

3.1.5 Andere Epilepsien dieser Gruppe, die oben nicht definiert wurden

3.2 *Ohne klare generalisierte oder fokale Merkmale*

4 Besondere Syndrome

4.1 *Situationsbezogene Anfälle (Gelegenheitsanfälle)*

4.1.1 Fieberkrämpfe

4.1.2 Isolierte Anfälle oder isolierter Status epilepticus

4.1.3 Anfälle, die nur bei bestimmten metabolischen oder toxischen Ereignissen vorkommen (z. B. Alkohol, Medikamente, Eklampsie, nicht ketotische Hyperglykämie)

4.2 *chronische progressive Epilepsia partialis continua im Kindesalter*

4.3 *Syndrome, charakterisiert durch Anfälle mit speziellen Formen der Anfallsprovokation*

4.6.5.2 Anfallsmanifestationen

Eindrucksvoll sind *große zerebrale Krampfanfälle* (Grand mal), die meist abrupt beginnen und nach einer kurzen Aura in ein tonisch-klonisches Stadium mit Bewusstseinsverlust übergehen, häufig mit Zungenbiss und Urinabgang, postiktal mit Kopfschmerzen und muskelkaterartigen Beschwerden verknüpft sind.

Als *kleine Anfälle* werden in der Kindheit BNS-Krämpfe, später Absencen, Myoklonien, fokale Anfälle und Dämmerattacken bezeichnet, wobei Absencen in klassischer Form im Rahmen des pyknoleptischen Petit-mal-Anfalls auftreten.

Für die Begutachtung bedeutsamer sind Dämmerattacken im Sinne des komplex-partiellen oder *komplex-fokalen* Anfallsleidens und fokale Anfälle, etwa nach Schä-del-Hirn-Traumen, die häufig nur kurz auftreten, nicht selten aber auch in Jackson-An-fälle mit sekundärer Generalisation („march of convulsions") und Bewusstseinsverlust übergehen.

Grundsätzlich kann davon ausgegangen werden, dass bis zum 20. Lebensjahr eine frühkindliche Hirnschädigung oder eine genetische Disposition für die Manifes-tation eines Anfallsleidens im Vordergrund steht, bei Erstmanifestation bis zum 40. Lebensjahr Hirntraumen eine wesentliche Rolle spielen, bis zum 60. Lebensjahr an Hirntumore zu denken ist und in höherem Lebensalter an eine zerebrale Gefäß-sklerose, was aber jeweils andere Ursachen natürlich nicht ausschließt.

Tabelle 4 *Beziehungen zwischen Manifestationsalter und Ätiologie hirnorga-nischer Anfälle* (nach Penin)

0 – 7 Jahre	7 – 20 Jahre	21 – 40 Jahre	41 – 60 Jahre	über 60 Jahre
1. Residualschä-den von früh-kindlichen Hirnläsionen 2. genetische Disposition 3. Sonstiges	1. genetische Disposition 2. Hirntrauma 3. Residual-schäden von früh-kindlichen Hirnläsionen 4. Gefäßmiss-bildungen 5. Hirntumoren 6. Sonstiges	1. Hirntrauma 2. Hirntumoren 3. Gefäßmiss-bildungen 4. Residual-schäden von früh-kindlichen Hirnläsionen 5. Sonstiges	1. Hirntumoren 2. Zerebrale Ge-fäßsklerose 3. Hirntraumata 4. Sonstiges	1. zerebrale Ge-fäßsklerose 2. Hirntumoren 3. Sonstiges

4.6.6 Gutachtliche Beurteilung

Grundsätzliche Aspekte der Begutachtung von Epilepsien

Für die sozialmedizinische Beurteilung sind die Ursache des Anfallsleidens, die Art der Anfälle, besonders deren Häufigkeit sowie das Vorliegen und das Ausmaß ei-ner organischen Wesensänderung von entscheidender Bedeutung. Eine Epilepsie mit diffus über den Tag verteilten Anfällen wirkt sich im Hinblick auf jeden Beruf be-sonders ungünstig aus, treten Anfälle nur im Schlaf auf, ist dies eher günstig für eine Erwerbstätigkeit. Kurze fokale bzw. komplex-fokale Anfälle sind meist unproblema-tisch für das Berufsleben, eine Häufung und eine längere Dauer ist dagegen zwei-fellos ungünstig. Es muss immer der Einzelfall beurteilt werden, wobei es sich als hilf-reich erweist, einen Anfallskalender oder wenigstens fremdanamnestische Anga-ben von Familienangehörigen zur Verfügung zu haben. Ansonsten sind die Ausfüh-rungen der Betroffenen über die Anfallsfrequenz in der Begutachtungssituation unkontrollierbar.

Es gilt stets, bei der Beurteilung des beruflichen Leistungsvermögens ein positives (welche Fähigkeiten bestehen noch?) und ein negatives (was kann der Proband nicht mehr?) Leistungsbild zu erstellen.

Für die finale Begutachtung gilt allgemein, dass die Möglichkeit des Auftretens epileptischer Anfälle nicht an der Ausübung von Tätigkeiten hindert, die mit einer solchen Unfallgefährdung einhergehen, wie sie auch im Alltagsleben besteht. Personen mit Epilepsie haben somit prinzipiell ein normales zeitliches Leistungsvermögen.

Es ergeben sich allerdings qualitative Einschränkungen des Leistungsvermögens im Erwerbsleben, vor allem bei Tätigkeiten, die mit Eigengefährdung oder Fremdgefährdung durch einen epileptischen Anfall verbunden sind. Tätigkeiten in größerer Höhe, auf Leitern und Gerüsten, an ungesicherten, schnell laufenden Maschinen, bei offenem Feuer, in Verkehrsberufen, im Überwachungsbereich, aber auch Tätigkeiten in Nacht- und Wechselschichten sowie solche, die besondere seelische Belastbarkeit erfordern, sind nicht zumutbar.

In der privaten BUZ ist bekanntlich der konkrete letzte Arbeitsplatz versichert und auf diesen ist auch bei der Beurteilung von Anfallsleiden gezielt abzustellen.

Die Möglichkeit des Auftretens epileptischer Anfälle hindert somit grundsätzlich nicht an der Ausübung von Tätigkeiten, die mit einer solchen Unfallgefährdung einhergehen, wie sie auch im Alltagsleben besteht.

Epileptische Anfälle lassen sich zur besseren Einschätzung des Anfallsrisikos nach ihrer Häufigkeit einteilen:

Tabelle 5 *Einteilung epileptischer Anfälle nach ihrer Häufigkeit* (nach Penin)

Einfache- oder/und komplex-partielle Anfälle			Grandmal-Anfälle	
I.	bis zu	6 Anfälle im Jahr	bis zu	3 Anfälle im Jahr = „selten"
II.	bis zu	12-24 Anfälle im Jahr	bis zu	6 Anfälle im Jahr = „untermittelhäufig"
III.	bis zu	48 Anfälle im Jahr	bis zu	12 Anfälle im Jahr = „mittelhäufig"
IV.	mehr als	48 Anfälle im Jahr	mehr als	12 Anfälle im Jahr = „häufig" (berufsunfähig?)
V.	mehr als	120 Anfälle im Jahr	mehr als	48 Anfälle im Jahr = „sehr häufig" (erwerbsunfähig)

Neben der Häufigkeit der Anfälle spielt in der Begutachtung der beruflichen Leistungsfähigkeit allerdings das *Ausmaß psychischer Veränderungen* eine besondere Rolle. Sie beeinträchtigen mitunter mehr das Leistungsvermögen als die Anfälle selbst. Nicht selten sind psychische Auffälligkeiten auch pharmakogen verursacht, vor allem bei Einnahme von Antikonvulsiva der älteren Generation. Sie erweisen sich manchmal bei Medikamentenumstellung als reversibel. Bevor von einer Aufhebung des Leistungsvermögens ausgegangen wird, sollte gerade im mittleren Lebensalter die Möglichkeit der Rehabilitation, insbesondere einer medikamentösen Neueinstellung unter den stationären Bedingungen einer Fachklinik ausgeschöpft werden. Dabei ergibt sich auch die Chance, Anfälle ärztlicherseits oder durch geschultes Fachpersonal zu beobachten, was sich unter ambulanten Bedingungen kaum je ermöglichen lässt. Erst wenn diese therapeutischen Möglichkeiten wahrgenommen wurden und sich trotz einer sachgerecht durchgeführten und vom Patienten tatsächlich eingenommenen antikonvulsiven Medikation (Serumspiegel!) weiterhin häufig Anfälle zeigen, bzw. falls zusätzlich eine schwerwiegende Wesensänderung besteht, ist auch von einer erheblichen beruflichen Leistungsminderung auszugehen. Frühzeitig besteht dagegen Berufsunfähigkeit als Kraftfahrer, für Tätigkeiten in größeren Höhen, auf Leitern, Gerüsten, Dächern, etc.

Der „Arbeitskreis zur Verbesserung der Eingliederungschancen von Personen mit Epilepsie" hat Empfehlungen zur **Beurteilung beruflicher Möglichkeiten** des genannten Personenkreises herausgegeben, die die konkrete Einzelfallbewertung erleichtern können. Auf einer „Epilepsie-Skala" wird eine Klassifizierung in acht Punkten vorgenommen. Dieses Einteilungsprinzip wird auf verschiedene Berufsbereiche übertragen. Eine tabellarische Übersicht für Einschränkungen der beruflichen Einsatzfähigkeit bei Epilepsie findet sich auch bei Stefan.

Tabelle 6   „Epilepsie-Skala" zur Einstufung der Anfallsrisiken am Arbeitsplatz

Stufe	Art der Anfälle
1	Anfallsfreiheit im Sinne der Kraftfahrzeugtauglichkeit, d. h. mindestens 2 Jahre
2	Anfälle nur aus dem Schlaf im Abstand von länger als einem Monat, einseitige Anfälle bei klarem Bewusstsein, Abstand länger als 1 Woche bis zu 1 Monat
3	Anfälle nur aus dem Schlaf, Abstand länger als 1 Woche, sehr kurze Anfälle, Absencen, Abstand länger als 6 Monate
4	Absencen, Abstand 1 Woche, einseitige Krämpfe bei klarem Bewusstsein, Grand mal mit Sturz, die einschließlich Reorientierung nicht länger als 5 Minuten dauern, Abstand länger als 6 Monate
5	Absencen im Abstand von länger als 1 Woche, kurze Anfälle im Abstand von mehr als 4 Wochen, Grand mal mit Sturz einschließlich Reorientierung nicht länger als 15 Minuten dauernd im Abstand von länger als 4 Wochen
6	Anfälle, bei denen der Kranke nicht der Situation angemessen handelt, Abstand mehr als 1 Monat, Grand mal einschließlich Reorientierung nicht länger als 15 Minuten dauernd, Abstand länger als 4 Wochen
7	Häufige Absencen, Anfälle, bei denen der Kranke nicht der Situation angemessen handelt im Abstand von länger als 1 Woche, Grand mal einschließlich Reorientierung nicht länger als 15 Minuten dauernd im Abstand von länger als 1 Woche
8	Alle darüber hinaus gehenden schwereren Anfallsverläufe

Tabelle 7   Hinweise zur Beurteilung der beruflichen Möglichkeiten für Personen mit Epilepsie (nach: Empfehlungen zur Beurteilung beruflicher Möglichkeiten durch den Arbeitskreis zur Verbesserung der Eingliederungschancen, 1983)

Tätigkeit	Keine Beden- ken	Meist möglich	Evtl. möglich
Bohrer, Bohrwerksdreher, Dreher, Automaten- einrichter, Fräser, Hobler, Schleifer	1, 2		3, 4, 5, 6 , 7
Mechaniker (Chirurgie-, Feinwerk, Büro- maschinen-), Werkzeugmacher	1, 2	3	4, 5, 6, 7
Flugzeugmechaniker, Landmaschinenmechaniker, Maschinenschlosser, Betriebsschlosser, Kunststoff- schlosser	1, 2	3	4, 5, 6, 7
Schweißer	1, 2	3	4, 5, 6, 7
Güteprüfer	1, 2, 3	4, 5 6, 7	
Technischer Zeichner, Maschinenbautechniker der Fachgruppe Konstruktion, Qualitätswesen, Arbeits- vorbereitung und NC-Technik	1, 2, 3	4, 5, 6, 7	
Maschinenbauingenieur	1, 2, 3	4, 5, 6, 7	
Nachrichtengerätemechaniker, Funkelektroniker, Energieanlagenelektroniker	1	2, 3	4, 5, 6 ,7
Feingeräteelektroniker, Informationselektroniker	1, 2	3, 4	5, 6, 7
Fernmeldeelektroniker	1	2, 3, 4	5, 6, 7
Elektrogerätemechaniker, Elektromaschinen- monteur, Energiegeräte- elektroniker	1	2	3, 4, 5, 6, 7
Elektrotechniker, Elektroingenieur, Elektronik- techniker, Elektronikingenieur	1, 2	3, 4, 5, 6, 7	

Die Ziffern 1 bis 7 entsprechen der Einstufung der Anfallsrisiken am Arbeitsplatz aus Tabelle „Epilepsie-Skala".

Tabelle 8 *Einschränkung der beruflichen Einsatzfähigkeit bei Epilepsie*
(aus Stefan 1999)

Nicht geeignet	In der Regel nicht zumutbar	Häufig Bedenken bei
– Berufskraftfahrer – Absturzgefahr – offenes Wasser – offenes Feuer – Starkstrom – ungeschützte Maschinen, die rotieren, zerkleinern oder verformen – Überwachungs- und Steuertätigkeit mit Gefährdung anderer (z.B. Kran, Stellwerk)	– Nachtschicht – Akkordarbeit – Wehrdienst	– Hitze – Kälte – Lärm – Überdruck – sonstiger Überwachungs- und Steuertätigkeit – optokinetischen Reizen – Wechselschicht – Publikumsverkehr – langem Arbeitsweg – starkem Stress

Aus dem genannten Arbeitskreis liegen auch differenzierte Hinweise zur Beurteilung der beruflichen Möglichkeiten für Anfallskranke vor, wobei beispielhaft solche in elektrotechnischen oder maschinenbautechnischen Berufen angeführt sind. Nach der obigen „Epilepsie-Skala" bestehen für Anfallskranke aus der Stufe 1 grundsätzlich keine Bedenken in diesen Berufsbereichen. Für die Berufsbereiche Nachrichtengerätemechaniker, Funkelektroniker, Energieanlagenelektroniker, Feingeräteelektroniker, Informations- oder Fernmeldeelektroniker, auch Elektrogerätemechaniker, Elektromaschinenmonteur sowie Elektrotechniker und Elektroingenieur ist der Einsatz für Anfallskranke der Stufen 2 – 4 in der Mehrzahl der Arbeitsplätze, für Anfallskranke der Stufen 5 – 7 nur in besonderen Fällen möglich.

Ähnliches gilt für maschinenbautechnische Tätigkeitsbereiche. Für Berufe wie z.B. Bohrer, Dreher, Fräser, Mechaniker, Schweißer, Güteprüfer, technischer Zeichner, Maschinenbauingenieur u.a. gelten für Anfallskranke der Stufen 1 – 3 in der Mehrzahl der Arbeitsplätze keine Einschränkungen, für Anfallskranke der Stufen 4 – 7 ist die berufliche Einsatzmöglichkeit im Handwerk nur in besonderen Fällen, für eine Bürotätigkeit in der Mehrzahl der Arbeitsplätze möglich.

Eine analoge Beurteilung gilt für andere Berufsbereiche.

Kraftfahrtauglichkeit

Die Kraftfahrtauglichkeit ist oft ein entscheidendes Kriterium für die Vermittelbarkeit am Arbeitsmarkt und essentiell bei bestimmten Berufen. Sie ist nicht unmittelbares Thema dieses Buches. Die Fähigkeit aktiv am Straßenverkehr teilzunehmen ist jedoch auch für die Beurteilung der Berufsunfähigkeit von besonderer Bedeutung.

Hinweise auf die Einschätzung der Kraftfahrtauglichkeit gibt die folgende Tabelle. Einzelheiten sind den Begutachtungs-Leitlinien zur Kraftfahrereignung der Bundesanstalt für Straßenwesen zu entnehmen.

Tabelle 9 *Einschätzung der Kraftfahrtauglichkeit* (nach Schumacher 2005)

Anfallsart jeweils erforderliche *anfallsfreie Zeit* bis zur Fahrerlaubnis	Gruppe 1	Gruppe 2
Einmaliger Gelegenheitsanfall bei Vermeidung von an-fallsprovozierenden Faktoren	3 – 6 Monate	6 Monate
Anfälle nach Hirnverletzungen oder -operationen sowie bei Anfallsrezidiven oder Absetzen von Antiepileptika	6 Monate	nicht definiert
Einmaliger Anfall ohne Anzeichen für eine beginnende Epi-lepsie oder andere hirnorganische Erkrankung	1 Jahr	2 Jahre
Mehrmalige und/oder nicht an eine definierte Ursache ge-bundene Krampfanfälle	1 Jahr	5 Jahre (ohne Antiepileptika)
Langjährig bestehende, therapieresistente Epilepsien	2 Jahre	entfällt

Gruppe 1 = Fahrzeuge bis 3,5 t mit Anhänger bis 750 kg, z. B. privater Pkw
Gruppe 2 = Fahrzeuge mit Gesamtgewicht über 3,5 t, Omnibusse und andere
Fahrzeuge, die der Fahrgastbeförderung dienen

Kasuistiken

H. B. 43-jähriger Handelsvertreter erlitt innerhalb eines Jahres zwei eindeutige große zerebrale Krampfanfälle, mutmaßlich ging aber bereits ein Jahr zuvor nachts ein entsprechender Anfall voraus. Neurologisch unauffälliger Befund, im EEG leichte Allgemeinveränderung, im MRT des Schädels einzelne unspezifische gliotische Herde. Zum Alkoholkonsum wurden wechselnde Angaben gemacht, die Gamma-GT war leicht erhöht. Zu einer antikonvulsiven Behandlung konnte er sich nicht entschließen. Er wollte aber Alkoholkarenz einhalten. Es musste ihm dringend empfohlen werden, wenigstens ein Jahr nicht Auto zu fahren. Seine berufliche Tätigkeit erstreckte sich zu rund 75 % auf den Außendienst und nur zu 25 % auf vorbereitende und Bürotätigkeiten. Es war daher von 75 % BU auszugehen gewesen. Eine Nachuntersuchung wurde in einem Jahr empfohlen.

Z. R. 47-jähriger selbständige Gastwirt, erlitt in den zurückliegenden zwei Jahren insgesamt vier eindeutige große zerebrale Krampfanfälle, jeweils nachts bzw. in den frühen Morgenstunden aus dem Schlaf heraus. Er sei am nächsten Morgen müde, „wie gerädert" gewesen, ansonsten aber beschwerdefrei. Eindeutige auslösende Faktoren konnten nicht eruiert werden, es wurde mäßiger Alkoholkonsum angegeben. Neurologisch o. B. das EEG unregelmäßig mit diskreten epilepsietypischen Potentialen, das MRT des Schädels unauffällig. Es wurde vom Neurologen eine antikonvulsive Medikation eingeleitet. Nachdem der Umsatz in der Gaststätte zurückging, stellte er BU-Antrag. Bei der Begutachtung neurologisch und psychiatrisch unauffälliger Befund. Er hatte vor, das Lokal aufzugeben und strebte nach finanzieller Absicherung, was er auch offen zugab. Eine BU konnte nicht empfohlen werden. Selbst bei erneuten Anfällen wäre eine Tätigkeit zu ebener Erde ohne

Fremd- und Eigengefährdung zumutbar, ganz abgesehen davon, dass die bisherigen Anfälle in den Nacht- und Morgenstunden auftraten, als tageszeitlich gebunden waren und die Medikation erst relativ kurz angesetzt wurden.

M. N. 44-jähriger Raumausstatter, erlitt in den letzten eineinhalb Jahren vier eindeutige zerebrale Krampfanfälle. Die ersten beiden Anfälle erfolgen jeweils nach Schlafentzug und reichlichem Alkoholkonsum, der dritte Anfall nach eher geringem Konsum von Alkohol und der vierte Anfall erfolgte vormittags während einer Autofahrt zu einem Kunden ohne vorausgehende Provokation. Er konnte sein Fahrzeug noch zum Stehen bringen, zu einem Unfall kam es nicht, die Polizei wurde jedoch verständigt. Er war jetzt erstmals zu einer antikonvulsiven Behandlung bereit. Nachdem ihm erklärt wurde, dass er mindestens ein Jahr nicht Autofahren darf, wurde er wütend, da er sich erst vor einem Jahr selbständig gemacht hatte. Er stellte daraufhin Antrag auf BU-Rente. Zum Tätigkeitsprofil gab er an, zehn Stunden täglich zu arbeiten, davon fünf Stunden vor Ort bei Kunden, zu denen er selbst fahren müsse, er habe nur einen Lehrling, keinen Gesellen, vier Stunden Arbeitsvorbereitung in der Werkstatt und eine Stunde Büroarbeiten mit Erstellung von Kostenvoranschlägen, Rechnungen, Bestellungen u. a. Die Zeiten reiner Autofahrt konnte er nicht genau angeben „je nachdem wo die Kunden wohnen", letztlich aber wohl in der Region insgesamt nicht mehr als ein bis zwei Stunden. Für die Autofahrten war eine 100%-ige BU anzunehmen, für die übrigen Tätigkeitsbereiche von 0%. Es wurde vom Gutachter als zumutbar erachtet, statt des Lehrlings einen Gesellen mit Führerschein einzustellen.

4.7 Lyme-Borreliose

4.7.1 Einleitung

Die Lyme-Borreliose gewinnt ihre aktuell relativ große Bedeutung für die Begutachtung dadurch, dass häufig uncharakteristische Befindlichkeitsstörungen mit positiven Borreliose-Antikörpertitern in Verbindung gebracht und mit Krankheitsbezeichnungen wie Fibromyalgie und Chronic Fatigue Syndrom verknüpft werden. Die Annahme eines ursächlichen Zusammenhangs wurde lange diskutiert, aber inzwischen letztlich verworfen. Diese primär somatische Erkrankung muss daher im Rahmen der Begutachtungssituation oft von somatoformen Störungen abgegrenzt werden. Die Häufigkeit entsprechender Fragestellungen entspricht nicht der tatsächlichen Verbreitung der Lyme-Borreliose.

4.7.2 Definition

Die schon seit langer Zeit bekannten Krankheitsbilder Erythema migrans, Radikulomyelomeningitis bzw. Meningopolyneuritis, Lymphadenosis benigna cutis und Acrodermatitis chronica atrophicans, häufig in Verbindung mit entzündlichen Gelenkerkrankungen wurden nach Entdeckung des gemeinsamen Krankheitserregers durch Burgdorfer 1982, der nach ihm benannten Spirochäte Borrelia burgdorferi, 1985 unter dem Krankheitsbegriff „Lyme-Borreliose" zusammengefasst.

4.7.3 Prävalenz

Die Krankheit ist weltweit verbreitet. Da die Übertragung an waldreiche Gebiete gebunden ist, lässt sich die Prävalenz schwer abschätzen. Die Inzidenz pro 100 000 Einwohner wird für Deutschland mit 25,0, für Österreich mit 130,0 und für die Schweiz mit 30,4 angegeben. In Deutschland sind vor allem Bayern, Baden-Württemberg und Nordrhein-Westfalen betroffen.

Problematisch für die Begutachtung ist die Tatsache, dass die Durchseuchung der Bevölkerung in manchen Gegenden recht hoch ist und damit aus einer positiven Serologie allein keinesfalls unmittelbar auf eine manifeste Erkrankung geschlossen werden kann. In Mitteleuropa und Nordamerika sind etwa 10 bis 30 oder mehr Prozent der Bevölkerung Träger eines erhöhten Antikörpertiters im Sinne einer „Seronarbe" (Satz). Regional kann die Durchseuchung aber auch wesentlich höher ausfallen.

4.7.4 Ursachen und Krankheitsentstehung

In Mitteleuropa wird die Borrelie am häufigsten durch die Schildzecke Ixodes ricinus überwiegend im Frühsommer und im Herbst übertragen.

Es erfolgt zunächst eine lokale Entzündung, das Erythema migrans, später in unterschiedlichem Ausmaß eine Generalisation mit Befall verschiedener Organe. Die multiple Lokalisation und die sehr unterschiedliche Manifestation macht die Erkrankung oft so wenig fassbar und vieldeutig.

4.7.5 Klinisches Bild

4.7.5.1 Stadieneinteilung der Lyme-Borreliose

– *Stadium 1:* Erstmanifestation oder Primärstadium: Innerhalb von einigen Tagen, selten auch noch wenige Wochen nach der Infektion durch den Zeckenstich tritt meist das Erythema migrans auf, gelegentlich auch eine Lymphadenosis benigna cutis. Die Labordiagnostik ist in diesem Stadium unergiebig.

– *Stadium 2:* Organdissemination: Wenige Wochen oder Monate nach der Infektion kommt es zu neurologischen, kardialen oder ophthalmologischen Komplikationen. Hier sind die Laboruntersuchungen, vor allem die Antikörpertiter hilfreich und in über 90 % pathologisch.

– *Stadium 3:* Chronifizierung: Es können sich nach sechs Monaten, aber wahrscheinlich noch Jahre nach der Infektion eine Lyme-Arthritis, eine chronische Enzephalomyelitis oder eine Acrodermatitis chronica atrophicans manifestieren. Bei der Lyme-Arthritis wurde eine Latenzzeit von wenigen Wochen bis zu zwei Jahren beschrieben, bei der Acrodermatitis und der Enzephalomyelitis wurden Latenzen von bis zu acht Jahren berichtet. Der Labordiagnostik kommt hier besondere Bedeutung zu.

Die verschiedenen Krankheitserscheinungen treten bei den einzelnen Betroffenen nicht obligat auf und müssen auch nicht in dieser Abfolge vorhanden sein. Das isolierte Auftreten einer Organbeteiligung ist durchaus möglich.

4.7.5.2 Symptome der Lyme-Borreliose

Im Rahmen der Erregerdissemination können prinzipiell alle Organe befallen werden. Haut, Gelenke, Nervensystem und Herz sind Prädilektionsorgane. Nur eine Minderheit der Betroffenen bemerkt einen Zeckenstich oder ein Erythema migrans. Ihr Fehlen spricht daher nicht gegen eine Borreliose und umgekehrt ist ihr Vorliegen noch kein Beweis, dass vorgebrachte Beschwerden tatsächlich damit in Zusammenhang stehen (Satz).

Anfangs zeigen sich unspezifische grippeähnliche Allgemeinsymptome wie Kopfschmerzen, Fieber und Arthralgien und uncharakteristische Laborbefunde mit allgemeinen Entzündungszeichen wie erhöhte Werte für BKS, CRP, Leukozytose u. a.

An der **Haut** manifestiert sich das Frühstadium als Erythema migrans, meist als Rötung anulär und zentral abblassend an der Einstichstelle der Zecke, manchmal begleitet von lokalem Jucken, Brennen und Schmerzen. Nach mehreren Wochen, Monaten oder auch nach Jahren kann sich eine Acrodermatitis chronica atrophicans entwickeln.

In 40 – 60% der Fälle treten **Gelenkbeschwerden** in Form von Arthralgien auf. Die Zeitspanne zwischen Zeckenstich und Auftreten einer Arthritis schwankt und kann zwischen zwei Wochen und mehreren Jahren liegen. Es kommt sowohl zu migratorischen Arthralgien im Stadium 2, als auch zu einer schubweise rezidivierenden Mono- oder Oligoarthritis im Stadium 3. Betroffen sind hauptsächlich die großen Gelenke der unteren Extremitäten, vor allem die Kniegelenke. Klinisch können diese von einer chronischen Arthritis sonstiger Ätiologie, insbesondere von einer rheumatoiden Arthritis nicht unterschieden werden. Es ist dabei in über 80% eine Erhöhung des IgG-Antikörpertiters zu erwarten. Diffuse Myalgien und Steifheit der Muskulatur gelten als unspezifische Symptome der Lyme-Borreliose.

Tage bis Monate nach einem Zeckenstich können sich **kardiale Symptome** mit Perimyokarditis, Reizleitungsstörungen und tachykarden Herzrhythmusstörungen manifestieren.

4.7.5.3 Sonderform Neuroborreliose

Von entscheidender Bedeutung ist die Neuroborreliose (ICD-10: A 69.2), an der 10 – 20 % der Betroffenen erkranken. Der Abstand zum Zeckenstich beträgt Wochen, meist wenige Monate, gelegentlich auch Jahre. Die Symptomatologie ist ausgesprochen vielfältig und kann das zentrale und periphere Nervensystem gleichzeitig im Sinne einer Meningopolyradikuloneuritis betreffen.

Im Stadium 2 kommt es zu leichten Meningitiden und Enzephalitiden, auch zu Hirnnervenausfällen, besonders häufig zu Fazialisparesen (in bis zu 50 – 80 %), davon in 40 % doppelseitig. Liegt allein eine Hirnnervenbeteiligung vor, ist der IgG-Titer im Serum in bis zu 82 % erhöht. Eine Radikulitis, eine Mononeuritis oder Polyneuritis, gelegentlich auch eine Myelitis sind möglich.

Eine akute Enzephalopathie kann im Stadium 2 und eine chronische im Stadium 3 vorkommen und entsprechende psychiatrische Krankheitsbilder verursachen. Selten ist eine zerebrovaskuläre Neuroborreliose. Die wichtigste Differentialdiagnose ist die Encephalomyelitis disseminata. Für die Diagnose einer Neuroborreliose ist neben der Klinik die Liquoruntersuchung – bei gleichzeitiger Serumdiagnostik – entscheidend.

Eine geringe Zahl von Erkrankten behält anhaltende Residualsymptome oder Rezidive, die durch einen schubförmigen Verlauf gekennzeichnet sind. Dieses *Post-Lyme-Syndrom* (PLS) ist durch muskuloskeletale Schmerzen, neurokognitive Defizite und einen Erschöpfungszustand gekennzeichnet, der einem „Chronic-Fatigue-Syndrom" ähneln kann. Es ergeben sich dabei erhebliche Probleme in der Behandlung. Klare diagnostische Kriterien fehlen und die Pathogenese ist völlig unklar, schließlich wurden auch Zweifel an der organischen Genese der Beschwerden überhaupt geäußert. Derartige unspezifische Beschwerden seien nicht häufiger bei Patienten nach Lyme-Borreliose als nach nicht daran erkrankten Personen.

4.7.5.4 Labordiagnostik

Die Diagnose gründet sich auf den Nachweis von IgM- und IgG-Antikörpern gegen Borrelia burgdorferi im Serum und ggf. im Liquor. ELISA- oder indirekte Immunfluoreszenz-Tests haben eine hohe Sensitivität und Spezifität, die höchste Spezifität weisen jedoch die Immunoblots (z. B. Westernblot) auf. Eine initial negative Borrelien-Serologie schließt eine Infektion nicht aus, da die Latenzphase von der Infektion bis zum Auftreten von Antikörpern bis zu einigen Wochen dauern kann.

Im Stadium 2 und 3 haben bis zu 90 % aller Betroffenen zunächst erhöhte *IgM*- und wenig später *IgG*-Titer. Kommt die Erkrankung zum Stillstand, so fällt der IgM-Titer schnell ab, allerdings nicht obligat. Der IgG-Titer kann dagegen Jahre und Jahrzehnte persistieren. Umgekehrt schließt ein Fehlen von IgG-Antikörpern im Serum bei den späten Manifestationen eine Infektion nahezu aus. Etwa 10 – 30% der gesamten Bevölkerung hat im Rahmen einer natürlichen Durchseuchung – abhängig von Wohngegend, Beruf und Lebensgewohnheiten – noch jahre- bis jahrzehntelang erhöhte IgG-Titer. Für die Akuität sprechen erhöhter IgM-Titer und Titerbewegungen, im Liquor der Nachweis autochthoner, d. h. im ZNS selbst gebildeter Antikörper. Die Höhe des IgG-Antikörpertiters sagt nichts über die Akuität oder das Ausmaß der Krankheit aus. Auch nach der Heilung persistiert der IgG-Titer meistens.

Für die Neuroborreliose ist die *Liquoruntersuchung* das entscheidende diagnostische Kriterium. Auch ohne klinische Zeichen einer Meningitis findet man eine deutliche Pleozytose von 100-600/3, seltener bis 1000/3 Zellen mit vorherrschenden Monozyten, Lymphozyten und Plasmazellen. Das Gesamteiweiß kann mehr oder weniger erhöht sein. Oligoklonale Banden kommen in über 80% der Fälle vor, sind aber nicht spezifisch, wobei die autochthone IgG-Antikörperbildung entscheidend ist. In allen Fällen ist ein Vergleich mit den gleichzeitig bestimmten Serumwerten unerlässlich.

Falsch positive Antikörpertiter können bei einer Fülle anderer Infektionskrankheiten auftreten. *Falsch negative Werte* kommen bei zu früher Bestimmung, nach antibiotischer und zytostatischer Behandlung und auch bei labortechnischen Mängeln vor. Auch die Borrelien-PCR beweist nicht das Vorliegen einer aktiven Lyme-Borreliose.

Dem „Lymphozyten-Transformations-Test" (LTT) wird Bedeutung bei klinischem Verdacht auf chronische Borreliose bei fraglichem oder negativem serologischem Befund zugeschrieben, auch zum Ausschluss oder Nachweis einer aktiven Borreliose bei chronischen Befindlichkeitsstörungen und geltend gemachtem „Chronic Fatigue Syndrom" u. a. Allerdings wird er, ebenso wie der „Visual Contrast Sensitivity Test" (VCS- oder „Graustufentest" von Pfister, einem Experten auf dem Gebiet der Neuroborreliose ausdrücklich nicht empfohlen.

Die Labordiagnostik ist somit hilfreich, jedoch nicht alleine ausschlaggebend für die Diagnosestellung. Der Anamnese und dem klinischen Befund kommt entscheidende Bedeutung zu, gerade auch in der Begutachtungssituation.

4.7.6 Gutachtliche Beurteilung

Bei der Begutachtung für die private Berufsunfähigkeitsversicherung ist die funktionelle Einschränkung für die zuletzt ausgeübte berufliche Tätigkeit entscheidend, nicht dagegen die Ursache der Leistungsminderung. Daher steht die individuelle Beurteilung der beruflichen Situation unter angemessener Berücksichtigung der tatsächlich festgestellten Funktionsminderungen im Vordergrund.

Hierbei sind primär die objektivierbaren Funktionsausfälle, etwa Funktionseinschränkungen der Gelenke oder neurologische Ausfälle zu berücksichtigen. Sehr viel häufiger wird aber in der Begutachtungssituation ein eher diffuses Beschwerdebild vorgebracht und auf eine Borreliose bezogen. Es werden dann Diagnosen wie „Fibromyalgie" oder „Chronic-Fatigue-Syndrom" gestellt. Es bedarf hier einer sorgfältigen biografischen und auch beruflichen Anamnese, obgleich es sich um eine finale Betrachtung handelt, bei der die kausalen Zusammenhänge eher sekundär sind. Als zeitliche Obergrenze der Anerkennung eines zeitlichen Zusammenhanges wird ein Zeitraum von zwei Jahren angesehen, wobei der ursächliche Zusammenhang umso wahrscheinlicher wird, je enger die zeitliche Verbindung ist (Mauch). Ein Zusammenhang dieser angeführten beschreibenden Leidensbezeichnungen mit erhöhten Borreliose-Titern wurde immer wieder kontrovers diskutiert, ein schlüssiger, allgemein anerkannter Konsens dazu fehlt bislang bzw. wird ein solcher derzeit eher abgelehnt.

Funktionelle Leistungsminderungen ergeben sich in Abhängigkeit vom klinischen Bild. Körperliche Schwerarbeiten, Heben und Tragen von Lasten ohne mechanische Hilfsmittel, wohl auch Arbeiten in Kälte, Zugluft und Nässe und unter starken Temperaturschwankungen wird man meist ausschließen müssen.

Eine berufliche Leistungseinschränkung resultiert nur in seltenen Fällen und müsste erforderlichenfalls gut begründet werden.

Die Neuroborreliose im Stadium 3 macht die größten Schwierigkeiten in der Beurteilung. Eine chronische Enzephalitis oder Enzephalopathie kann motorische, sensible und koordinative Ausfälle, aber auch eine Wesensänderung mit kognitiven Ausfällen möglicherweise bis hin zur Demenz verursachen. Eine eingehende neurologische und psychiatrische Untersuchung mit mehren Kontrollen kann am ehesten zur korrekten Einschätzung der Wertigkeit beitragen. Entsprechendes gilt für die Bestimmungen der IgM- und IgG-Antikörpertiter im Serum, bei Verdacht auf Neuroborreliose der Nachweis einer spezifischen intrathekalen IgG-Synthese im Liquor.

Es muss auch bedacht werden, dass die Borreliose als selbstlimitierende Erkrankung durchaus selbst abheilen kann und keinesfalls zwangsläufig zu bleibenden Schäden führen muss.

Psychosomatische Entwicklungen werden nicht selten – gestützt auf die Serologie – als Borreliose fehldiagnostiziert. Hier ist in der gutachtlichen Beurteilung eine sehr kritische Einstellung geboten. Für den Nachweis einer Neuroborreliose ist stets die Liquordiagnostik mit eindeutigen Befunden erforderlich.

Inwieweit aus der Lyme-Borreliose eine chronische Arthritis mit bleibenden Funktionsstörungen von Gelenken entsteht, kann nur der Verlauf zeigen. Die Beurteilung erfolgt dann nach den üblichen Kriterien der Gelenkfunktion in Analogie zu den rheumatischen Gelenkaffektionen.

Grundsätzlich gilt:

> *Positive Borreliosetiter im Serum rechtfertigen alleine weder die Diagnose einer klinisch relevanten Lyme-Borreliose noch begründen sie eine quantitative oder qualitative Leistungsminderung, auch nicht in Zusammenhang mit geklagten Befindlichkeitsstörungen.*

Kasuistiken

M. P. 37-jähriger Dipl.-Ing. für Informationstechnologie wurde vor zweieinhalb Jahren gegen Tollwut geimpft. Bereits nach der ersten und verstärkt nach der zweiten Injektion Abgeschlagenheit, Müdigkeit, „wahnsinnige Kopfschmerzen", allgemeines Krankheitsgefühl. Er wurde seither durchgehend arbeitsunfähig krankgeschrieben. Eine Vielzahl von neurologischen Untersuchungen einschließlich MRT ging ergebnislos voraus, auch eine stationäre medizinische Rehabilitationsmaßnahme in einer psychosomatischen Klinik. In der Labordiagnostik erhöhte IgG-Titer für Borreliose. Eine Infusionsbehandlung mit Antibiotika blieb ohne Erfolg. Diagnostisch wurde von einer Somatisierungsstörung mit Spannungskopfschmerzen ausgegangen. Internistisch wurde in einer Universitäts-Klinik ein Zusammenhang mit der Tollwutschutzimpfung und mit einer Borreliose ausgeschlossen. Eine Vielzahl von medikamentösen Behandlungsversuchen blieb ohne Erfolg. Zuletzt kamen homöopathische Mittel zum Einsatz. Geklagt wurde unverändert über Kopfschmerzen, „ich habe keinen klaren Kopf". Er könne sich nicht konzentrieren, sei bei geringsten Belastungen erschöpft, müde, „schlapp in den Beinen", leide unter eigenartigen Wahrnehmungsstörungen. Er ist ledig, lebt bei der Mutter. Bei der Untersuchung hier unauffälliger neurologischer Befund einschließlich EEG und VEP. Psychisch auffällig wirkend, enorm verlangsamt, weitschweifig, umstellungserschwert, affektiv starr, wenig schwingungsfähig, die Konzentrationsfähigkeit beeinträchtigt, depressiv herabgestimmt, keine psychotischen Elemente. Von deutlichem Leidensdruck erfüllt, keine Hinweise auf demonstrative Verhaltensweisen oder auf Verdeutlichungstendenzen, völlig auf „Borreliose" und die IgG-Titer fixiert, von der organischen Genese seiner Beschwerden überzeugt. Hinsichtlich biographischer Angaben sehr verschlossen wirkend. Er gab nichts Persönliches preis. Es war von einer bereits langfristig chronifizierten Somatisierungsstörung, einer Neurasthenie und einer Dysthymia auszugehen gewesen. Auf Grund seines ausgeprägt somatischen Krankheitskonzeptes lehnte er Psychotherapie ab und wandte sich Außenseitermethoden zu. Die somatisch orientierten Behandlungsmaßnahmen blieben allerdings ohne Erfolg. Es musste von einer Beeinträchtigung der beruflichen Leistungsfähigkeit von 100 % ausgegangen werden, dies bei ungünstiger Prognose.

K. S. 48-jähriger Mann machte eine Polyneuropathie der Hände und Füße beidseits geltend. Ein entsprechender Bericht aus einer Neurologischen Fachklinik wurde mitgebracht. An eine Borreliose wurde immer wieder gedacht, vor allem da der Hausarzt erhöhte Antikörpertiter fand. Die Konstellation sprach jedoch für eine Serumnarbe. Eine Abklärung der Ursache gelang letztlich nicht. Beruflich zunächst Energie-anlagenelektroniker, 1996 habe er sich selbständig gemacht, betreibe eine Firma für Kanalsanierung, wobei er bei nachgewiesenen Kanalschäden mittels Fernseh-kamera den Schaden lokalisiere und über die flexible Fernsehkamera ein Drahtge-flecht, welches anfangs zusammengeklappt in das Kanalrohr eingebracht wird, an der richtigen Stelle einsetzen müsse, welches dann von innen den Kanal wie einen „Stent" abdichte. Er benötige besonderes Fingerspitzengefühl, da er sein Gerät mit-tels Fernsteuerung sehr genau manipulieren müsse, um Kamera und Werkzeug rich-tig zu platzieren. Durch die Gefühlsstörungen der Finger sei ihm dies nicht mehr möglich. Er habe einen Mitarbeiter einstellen müssen, der ihn aber nur z. T. entlas-ten könne, da er selbst sich auf dieses Gebiet spezialisiert habe. Neurologisch fand sich eine gesicherte Polyneuropathie mit handschuhförmig abgrenzbaren Ge-fühlsstörungen für Berührungs- und Schmerzreize im Bereich der oberen Extremi-täten, im Bereich der unteren Extremitäten sockenförmig abgrenzbar. Ataxie in den Koordinationsprüfungen und im FNV. In der neurophysiologischen Zusatzdiagnostik Bestätigung einer Polyneuropathie. Bezogen auf den typischen Arbeitstag waren Fahrten mit dem LKW oder Begleitfahrzeug nicht wesentlich beeinträchtigt (0%), für den Bereich „Kamera im Schacht einführen und mit PC steuern" schwere Beeinträch-tigung (80%), manuelle Tätigkeiten wie Mörtel anrühren geringer beeinträchtigt (30%), das Fertigen von Schalen und Stollen im Kanal an schadhafte Stellen zu ge-hen, deutlich beeinträchtigt (60%), auch das Protokollieren und Schreiben am PC beeinträchtigt (50%).

5 Begutachtung chronischer Schmerzen

5.1 Einleitung

Chronische Schmerzen, vor allem bei Krankheiten des Stütz- und Bewegungsapparates sind außerordentlich häufig Gegenstand der Begutachtung, wenn Leistungen aus der gesetzlichen Rentenversicherung ebenso wie aus der privaten BU-Versicherung beantragt werden.

Sie werden ohnehin in den letzten Jahren extrem häufig auch in der ärztlichen Praxis unter ganz unterschiedlichen Umständen geltend gemacht. Immer mehr Patienten bezeichnen sich selbst als „chronische Schmerzpatienten".

Eine Leistungseinschränkung kann grundsätzlich entweder aus einer unmittelbaren Bewegungseinschränkung der Wirbelsäule bzw. der Gelenke oder aus den geltend gemachten Schmerzen resultieren. Sehr viel häufiger als eine unmittelbare Funktionseinschränkung werden nur Schmerzen geklagt und daraus eine Beeinträchtigung des beruflichen Leistungsvermögens abgeleitet.

Es ist ärztliches Allgemeingut, dass das Ausmaß der geklagten Schmerzen nicht mit der Art und Ausprägung der organischen, insbesondere der degenerativen Veränderungen des Stütz- und Bewegungsapparates korreliert. Viele Menschen, gerade in der Begutachtungssituation, klagen über heftige Beschwerden und zeigen nur geringe Verschleißerscheinungen an der Wirbelsäule oder den Gelenken und andere haben schwerste degenerative Veränderungen bis hin zu großen sequestrierten Bandscheibenvorfällen und sind beschwerdefrei.

5.2 Definition

Nach der Definition der Internationalen Gesellschaft zum Studium des Schmerzes (IASP) gilt:

„Schmerz ist ein unangenehmes Sinnes- und Gefühlserlebnis, das mit aktueller oder potentieller Gewebsschädigung verknüpft ist oder mit Begriffen einer solchen Schädigung beschrieben wird".

Damit wird sowohl eine sensorische als auch eine emotionale Komponente angesprochen. Für das subjektive Schmerzerleben ist es daher völlig belanglos, ob tatsächlich eine Gewebsschädigung vorliegt oder nicht.

Während der akute Schmerz eine lebenserhaltende Funktion hat und eine somatische Akutstörung signalisiert, fehlt diese Warnfunktion beim chronischen Schmerz und es kommt ihm letztlich keine sinnvolle biologische Aufgabe mehr zu. Beim chronischen Schmerz spielen psychologische und soziale Faktoren eine sehr große Rolle: Bei längerer Dauer verselbständigt sich der Schmerz zunehmend und koppelt sich vom ursprünglichen organischen Geschehen ab. Chronischer Schmerz kann allerdings auch ohne identifizierbaren somatischen Grund im Sinne des rein psychogenen Schmerzerlebens auftreten und persistieren.

Als chronischer Schmerz wird ein Schmerz definiert, der über die erwartete normale Heilungszeit hinausgeht. Dabei nimmt man als Faustregel an, dass der akute Schmerz selten länger als einen Monat und der chronische Schmerz meist länger als sechs Monate dauert.

5.3 Prävalenz

Chronische Schmerzen mit daraus abgeleiteten und geltend gemachten Leistungseinschränkungen sind ganz allgemein die häufigsten Symptome, die zur Begutachtung in allen Rechtsbereichen führen. Sie haben gerade in den letzten Jahren eine immense Zunahme erfahren.

Wirbelsäulenbeschwerden werden von rund 60% der erwachsenen Bevölkerung angegeben, wobei Frauen deutlich überrepräsentiert sind.

5.4 Ursachen und Krankheitsentstehung

Für die Begutachtung ist nur der chronische Schmerz relevant, der – losgelöst von der Grundkrankheit – nicht selten zu einem eigenständigen Dauerleiden, der Schmerzkrankheit, werden kann, die das Allgemeinbefinden des Betroffenen und sein gesamtes Lebensgefühl schwerwiegend beeinträchtigt. Dies richtig zu beurteilen und von zweckgerichteten Verhaltensweisen, die auf einen Vorteilsgewinn ausgerichtet sind, abzugrenzen ist die Aufgabe des Gutachters, die oft genug sehr schwierig sein kann. Dazu muss er zunächst einen organisch bedingten Schmerz oder Schmerzanteil ausschließen, bevor seelische Ursachen oder Teilkomponenten im Sinne der somatoformen Schmerzstörung evaluiert werden.

Bei der Aufrechterhaltung chronischer Schmerzzustände sind biologische, psychische und soziale Faktoren in individueller Gewichtung beteiligt. Gerade bei der Begutachtung wird dies meist sehr deutlich.

Jeder Schmerz wird auf der kognitiven, der affektiven und der vegetativen Ebene wahrgenommen. Er ist stets ein **subjektives Phänomen**, kann aber durch das Verhalten des Leidenden von der Umgebung registriert werden. Die damit verbundenen Unwägbarkeiten sind bekannt und betreffen nicht nur die Situation bei der Begutachtung, sondern alle Alltagsbereiche des Betroffenen. Schon das Kleinkind lernt schnell, dass ein schmerzbetontes Verhalten fast stets zu vermehrter Zuwendung durch die Bezugspersonen führt. Schmerzäußerungen lassen in der Regel bei den Personen der Umgebung Mitleid und Anteilnahme erwarten.

Eine **anhaltende somatoforme Schmerzstörung** (F 45.4) als seelische Störung liegt vor, wenn

- mindestens sechs Monate anhaltend über schwere und quälende Schmerzen geklagt wird,
- durchgeführte somatische Untersuchungen kein ausreichendes Ergebnis zeigten und
- schwerwiegende emotionale und psychosoziale Belastungsfaktoren als ursächlich angesehen werden müssen.

Für den Bereich der somatoformen Störungen gilt grundsätzlich, dass sich Behandlung und Begutachtung ausschließen sollten und dass der behandelnde Arzt nie gleichzeitig als Gutachter für seinen Patienten tätig sein sollte. Der Rollentausch zwischen Therapeut und Sachverständigen gelingt vielen Ärzten nicht.

Die spezielle Behandlungssituation des schmerztherapeutisch tätigen Arztes mit seinem besonderen Vertrauensverhältnis und der Erfordernis, den geklagten Schmerz zunächst bedingungslos zu akzeptieren, lässt sich mit der unbedingt vorauszusetzenden Neutralität und Objektivität des Gutachters nicht vereinbaren.

Eine besonders hohe Komorbidität mit psychiatrischen Erkrankungen ist bei chronischen Schmerzpatienten nachgewiesen worden. Depressionen und Persönlichkeitsstörungen kommen sehr häufig gleichzeitig vor, aber auch eine Fülle weiterer seelischer Störungen. Schon bei drei verschiedenen Schmerzlokalisationen bzw. weiteren Körperbeschwerden ist bei fast jedem zweiten Patienten in der Primärversorgung von einem psychisch relevanten Störungsbild auszugehen.

Schmerz lässt sich bisher nicht objektivieren, obgleich seit kurzem schmerzbedingte Veränderungen in bestimmten Hirnrealen mittels funktioneller bildgebender Verfahren nachgewiesen werden können. Der Umkehrschluss, dass bei Fehlen entsprechender Störungen kein Schmerz vorhanden sein kann, ist nach dem heutigen Stand der Wissenschaft nicht möglich.

Entscheidende Bedeutung kommt daher der alltagsbezogenen **Schmerzbeobachtung** im weitesten Sinn zu. Mit ihrer Hilfe kann sich der Gutachter ein Bild davon machen, ob überhaupt und in welcher Intensität Schmerzen vorliegen. Die subtile Überprüfung des Verhaltens sowohl in der Begutachtungssituation als auch unbeobachtet sowie unter Einbeziehung der Freizeitaktivitäten gibt Hinweise auf den erlebten Schmerz. Die Vorlage eines über einen längeren Zeitraum geführten Schmerztagebuches kann sehr hilfreich sein und als quasi objektiver Parameter gewertet werden. Die durchgeführte Therapie stellt ein wesentliches Kriterium für die Beurteilung der Schmerzintensität dar. Gerade sie lässt wertvolle Rückschlüsse auf den Leidensdruck des Betroffenen zu.

Die **Prognose** des chronischen Schmerzes verschlechtert sich

– bei mehr als drei operativen Eingriffen im Zusammenhang mit den Schmerzen

– bei depressiven und hypochondrischen Wesenszügen

– bei einer von Anfang an als subjektiv hoch eingeschätzten Schmerzintensität

– bei Angst vor Veränderung

– bei Resignation aufgrund vieler missglückter Behandlungsversuche

– bei starker externaler Attribution

– bei ausgeprägtem primären oder sekundären Krankheitsgewinn

– bei Fehlen eines Konzeptes zu Veränderungsbedingungen

– bei Fehlen alternativer Verhaltensmöglichkeiten

– bei jüngerem Lebensalter bei der Erstmanifestation

– bei einem Lebensalter über 50 Jahren.

Sie wird umso ungünstiger,

– je länger der Schmerz anhält und/oder

– je länger die dadurch bedingte Arbeitsunfähigkeit andauert

– je relevanter körperliche Begleiterkrankungen sind

– je schwieriger die psychosoziale Lebenssituation ist.

5.5 Klinisches Bild

Die Chronifizierungsprozesse, die aus dem akuten Schmerz eine chronische Schmerzkrankheit entstehen lassen, können am ehesten mit Hilfe des bio-psycho-sozialen Krankheitsmodells verstanden werden. Chronische inkurable Grundkrankheiten wie Tumore sollen in diesem Zusammenhang ausgeklammert werden, da sie kaum je losgelöst von der Grundkrankheit Gegenstand der Begutachtung sind.

Ob aus dem akuten Schmerz eine chronische Schmerzkrankheit wird, hängt von verschiedenen Faktoren ab. In der Schmerzpsychologie wird der Begriff des „operanten Konditionierens" benutzt. Klagt ein Patient über Schmerzen, so können dadurch entweder angenehme und wünschenswerte Dinge erreicht werden, wodurch es zu einer positiven Verstärkung (Belohnungslernen) kommt, oder unangenehme Situationen im Sinne einer negativen Verstärkung vermieden werden (Vermeidungslernen). Dadurch kann Schmerzverhalten auch nach Ausschaltung der Schmerzursache noch lange beibehalten werden. Rentenansprüche, Vermeidung unangenehmer Arbeitsbedingungen sowie sozialer Situationen, denen man sich nicht gewachsen fühlt, gehören zu den wirksamsten Verstärkern für das Beibehalten der Krankenrolle und des Schmerzverhaltens.

Vermeidung bedeutet, das Auftreten eines widrigen Ereignisses hinauszuzögern oder abzuwenden. Anfangs wird durch das Vermeiden bestimmter Bewegungen einer Zunahme der Schmerzen vorgebeugt. Später genügt oft die Vorstellung verstärkter Beschwerden, im Sinne des antizipierten Schmerzes, um ein entsprechendes Vermeidungsverhalten beizubehalten. Durch die Schonhaltung des betroffenen Körperteils kommt es zur Muskelatrophie und zu Gelenkkontrakturen, welche wiederum die unangenehmen Empfindungen bei Bewegungen verstärken.

Es kann sich ein Teufelskreis in der Entwicklung chronischer Schmerzen manifestieren. Besteht im Stadium des akuten Schmerzes eine dramatisierende oder „katastrophisierende" Haltung des Erkrankten, die mit Angst vor folgenschweren Auswirkungen der Schmerzursache, z.B. Angst vor einer gefährlichen Krankheit oder Folgeschäden, einhergeht, so führt dies zu einem Vermeidungsverhalten. Es kommt dadurch zur körperlichen Inaktivität mit allen daraus resultierenden somatischen Folgen. Die entstandene muskuläre Insuffizienz führt dann bereits bei leichter körperlicher Belastung zu erneuten Schmerzempfindungen, die mit Besorgnis wahrgenommen werden und den Betroffenen in seiner Vermeidungshaltung bestärken. Damit schließt sich der Teufelskreis.

Dieser Teufelskreis Schmerz – Angst – Vermeidungsverhalten – Inaktivität – verstärktes Vermeidungsverhalten – zunehmender Schmerz stellt einen wesentlichen Faktor der Chronifizierung von Schmerzen dar.

Der typische Ablauf dieser Entwicklung findet sich bei Wirbelsäulenbeschwerden unterschiedlicher Art. Als klassisches Beispiel kann die HWS-Distorsion mit der Ruhigstellung durch eine Halskrawatte gelten, aber auch die Lumboischialgie mit zu langer Schonzeit. Dies zeigt, dass der emotionalen Grundeinstellung des Betroffenen eine wesentliche Bedeutung für die Entstehung chronischer, schwer beeinflussbarer Schmerzen zukommt. Eine Haltung der „fear avoidance" (Furchtvermeidung) kann ebenso zur Chronifizierung führen wie ein „Durchhalten um jeden Preis" mit übertriebener Aktivität. Die Reaktion der Umgebung, sei es mit beruhigendem Verständnis und Ermunterung zu Alltagsaktivitäten oder mit ängstlicher Ausmalung möglicher Folgen, kann die Entwicklung in jede Richtung lenken.

Schmerzen der Haltungs- und Bewegungsorgane, vor allem Wirbelsäulensyndrome, und – seltener – peripher lokalisierte Schmerzsyndrome neigen besonders zu Chronifizierung. Die Beurteilung möglicher organischer Ursachen der chronischen Schmerzen steht auch bei der Begutachtung zunächst im Vordergrund. Dazu muss versucht werden, den Nozizeptorschmerz von neuropathischen Schmerzen und Neuralgien, Deafferenzierungsschmerzen bzw. der sympathischen Reflexdystrophie abzugrenzen. Dem modernen Konzept des „Schmerzgedächtnisses" kommt hier eine besondere Rolle zu.

Gerade beim chronischen Schmerz haben allerdings psychische Faktoren eine wesentliche Bedeutung.

Hilfreich ist daher bei der Begutachtung die Unterteilung des chronischen Schmerzes in den

- organisch bedingten chronischen Schmerz mit sekundären psychischen Veränderungen (somato-psychischer Schmerz),

- Schmerz, der zeitgleich mit emotionalen Problemen auftritt (psychosomatischer Schmerz), und

- psychogenen Schmerz, ggf. mit sekundären organischen Veränderungen, etwa Medikamentenabusus oder iatrogenen Schädigungen.

Durch chronische Schmerzen werden folgende Erlebens- und Verhaltensebenen beeinflusst:

- die kognitiv-emotionale Ebene mit Beeinträchtigung von Denken, Stimmung und Befindlichkeit,

- die behaviorale Ebene mit schmerzbezogenem Verhalten und Reduktion von alternativen Verhaltensweisen,

- die soziale Ebene mit Störung der sozialen Interaktion, wozu auch die Arbeitsunfähigkeit gehört sowie

- die organisch-physiologische Ebene mit unmittelbaren Funktionseinschränkungen und Mobilitätsverlust.

Diese Multidimensionalität zeichnet den chronischen Schmerz aus und erfordert eine ganzheitliche Betrachtungsweise, welche somatische, psychische und soziale Faktoren mit einschließt, nicht zuletzt auch sekundäre Faktoren wie Medikamentenabusus und wiederholte Inanspruchnahme von Einrichtungen des Gesundheitswesens. Gerade dadurch wird die Entwicklung vom akuten zum chronischen Schmerz wesentlich mitbedingt und gefördert.

Stadien der Chronifizierung von Schmerzsyndromen (nach Gerbershagen 1986, und Schmitt 1990):

- Stadium I: akuter, subakuter und remittierender Schmerz, wenig komplizierende Faktoren

- Stadium II: chronischer Schmerz, mehrere komplizierende Faktoren (z. B. Multilokalisation, Polypragmasie, Medikamentenabusus)

- Stadium III: lang andauernder chronischer Schmerz, viele komplizierende Faktoren (z. B. unklare Schmerzlokalisationen, langjährige Polytoxikomanie, schwere psycho-soziale Alteration)

In der Begutachtungssituation sollte diese Einteilung nur mit größter Zurückhaltung verwendet werden, da sie sehr viele subjektive Faktoren wie häufigen Arzt- und Medikamentenwechsel, unklare Schmerzlokalisationen u. a. einschließt, was für die Begutachtung wenig hilfreich ist.

Mit einzubeziehen ist das Konzept des primären oder inneren *Krankheitsgewinns* als unbewusste Konfliktlösung bzw. Stabilisierung und als Entlastung von unbewussten Schuldgefühlen. Wesentlich ist auch der sekundäre oder äußere Krankheitsgewinn, wobei soziale Verstärkung, etwa in der Partnerbeziehung oder im beruflichen Bereich, und die Zuwendung Dritter, insbesondere im Rentenverfahren, die Symptomerhaltung fördern. Diese Faktoren sind kaum zu überschätzen. Neuerdings wird auch auf einen sog. „tertiären Krankheitsgewinn" hingewiesen im Sinne des Nutzens, den Dritte, z.B. Familienangehörige, aus der Erkrankung des Patienten ziehen. Allgemein gilt die Erfahrung, dass die Schmerzkrankheit nicht selten bei der Lösung von Lebensproblemen hilft.

Dem sog. „*Postdiskotomie-Syndrom*", d.h. der fehlgeschlagenen Bandscheibenoperation kommt besondere Bedeutung zu. Es ist allerdings nicht stringent definiert und beschreibt eher einen Ist-Zustand ohne ätiologische Erklärung. Die Ursachen sind dementsprechend vielfältig und reichen von einer falschen Indikationsstellung zur Operation – was nicht selten ist – bis hin zu Narbenbildung, die eher zu häufig angenommen wird. Auch eine postoperative Instabilität kann zu anhaltenden Schmerzen nach einer Bandscheibenoperation führen. Ebenso aber auch eine vom Operateur nicht erkannte Depression als wesentliche Ursache der ursprünglichen Beschwerden und damit eine primär nicht eindeutige Operationsindikation. Insgesamt ist die Prognose hinsichtlich der beruflichen Leistungsfähigkeit ungünstig und Berufsunfähigkeit ist hier häufig anzunehmen. Die therapeutischen Möglichkeiten sind begrenzt. Konservativ lässt sich meist nur eine kurzfristige Besserung erzielen, operativ kann eine Versteifung erwogen werden, die nicht selten auf Grund der Belastung der Nachbarsegmente zu neuen Problemen führt.

5.6 Gutachtliche Beurteilung

5.6.1 Allgemeine Aspekte

Die Begutachtung von Schmerzen ist grundsätzlich eine ärztliche Aufgabe. Psychologen und psychologische Psychotherapeuten können zusätzliche Informationen geben. Die Beurteilung obliegt jedoch dem neutralen ärztlichen Sachverständigen, keinesfalls allerdings dem behandelnden Arzt oder Schmerztherapeuten.

Der chronische Schmerz ist stets multikausal bedingt und hat vielfältige primäre oder sekundäre seelische Komponenten. Daher ist ein neurologisch-psychiatrisches Gutachten bei der Beurteilung chronischer Schmerzen unverzichtbar. Ein gleichzeitiges organmedizinisches Gutachten, etwa durch reine Neurologen, Orthopäden oder Internisten ist meist erforderlich. Ein ausschließlich auf diesen Fachgebieten erstelltes Gutachten wird allerdings dem erforderlichen multikausalen Ansatz nicht gerecht.

Entsprechendes gilt für ein sog. „schmerztherapeutisches" Gutachten, soweit es nicht von einem nervenärztlichen Schmerztherapeuten erstellt wurde. Dieser Terminus ist ohnehin ein Widerspruch in sich selbst. Therapie und Begutachtung sind bekanntermaßen strikt zu trennen und den Rollentausch zwischen Behandler und Gutachter können gerade die Schmerztherapeuten am wenigsten vollziehen. Ein anästhesistisch-schmerztherapeutisches Gutachten kann nicht die erforderliche Sachkompetenz auf neurologischem und psychiatrischem Gebiet gewährleisten. Allerdings ist auch eine ausschließlich psychiatrisch-psychotherapeutische Expertise als zu einseitig für die stets organische und psychische Komponenten umfassende chronische Schmerzkrankheit anzusehen.

5.6.2 Kategorien von Schmerzen

Grundsätzlich kann man unter gutachtlichen Aspekten vier Kategorien von Schmerzen unterscheiden:

- *„üblicheSchmerzen"* als Begleitsymptom einer körperlichen Erkrankung. Sie sind in den Beurteilungsempfehlungen der gängigen Tabellenwerke bereits eingeschlossen

- *„außergewöhnliche Schmerzen"* bei oder nach körperlichen Erkrankungen wie Phantomschmerzen, Thalamusschmerzen oder das komplexe regionale Schmerzsyndrom (CRPS). Besteht diagnostische Sicherheit, so ist auch die gutachtliche Beurteilung meist kein Problem

- *„primär organische Schmerzen verschlimmert durch psychische Komorbidität"*, etwa bei Depressionen, Angststörungen, Persönlichkeitsstörungen oder Suchterkrankungen

- *„körperlich nicht oder nicht hinreichend begründbare Schmerzen"*, den somatoformen Schmerzstörungen entsprechend, lassen sich nicht objektivieren, nicht hinreichend organisch zuordnen und stellen die größte Herausforderung an den Gutachter dar.

5.6.3 Individuelle Begutachtung chronischer Schmerzen

Die gutachtliche Beurteilung chronischer Schmerzsyndrome kann nicht schematisch erfolgen. Sie muss stets auf den Einzelfall ausgerichtet sein und die gesamte Vorgeschichte berücksichtigen, die Arbeits- und Sozialanamnese, die spezielle Schmerzanamnese, besonders die tatsächlich durchgeführten ambulanten und stationären Therapiemaßnahmen, Rehabilitationsmaßnahmen, aber auch die sozialen Auswirkungen auf den Alltag, wobei sich eine „Indizienliste" nach Widder und Aschoff (1995) bewährt. Gerade die Einschränkungen in den Aktivitäten des täglichen Lebens einschließlich der Freizeitbeschäftigungen sollten detailliert erfragt werden.

Nicht selten findet sich eine bemerkenswerte Diskrepanz zwischen der angegebenen Schmerzintensität und tatsächlich ausgeübten Hobbys und sportlichen Aktivitäten. Die Fremdanamnese sollte nach Möglichkeit – immer mit Einverständnis des Probanden, aber nicht in seiner Anwesenheit – erhoben werden. Sie kann wertvolle Erkenntnisse über die Erlebnis- und Gestaltungsfähigkeit des Probanden im familiären Alltag bieten.

Anamnestisch kommt der Arbeitsbiografie mit der Frage nach besonderen psychischen oder physischen Belastungen am Arbeitsplatz besondere Bedeutung zu, aber – in Korrelation dazu – auch der Ermittlung der familiären Situation und deren Belastungen. Man wird in der Begutachtungssituation auch versuchen, die eigene Einschätzung des positiven und negativen Leistungsbildes durch den Probanden zu eruieren. Gelegentlich sind auch etwas provokante Fragen hilfreich, um den Untersuchten „aus der Reserve zu locken" und allzu stereotypen Antworten wie „nichts geht mehr" zu begegnen. Es lohnt sich auch, das subjektive Krankheitskonzept des Probanden zu eruieren, ohne in nutzlose Diskussionen darüber abzugleiten.

Tabelle 10 *„Indizienliste" zur Beurteilung des beruflichen Leistungsvermögens von Probanden mit somatoformen Störungen*
(nach Widder und Aschoff 1995)

Allgemeine Indizien

- unbeobachtetes Gangbild: Schnelligkeit und Ablauf der Bewegungen, Mitschwingen der Arme
- Spontanmotorik: spontane Kopfdrehungen und Greifbewegungen
- Fähigkeit zum Stillsitzen: entlastende Körperbewegungen, Aufstehen während der Exploration?
- An und Auskleiden: Flüssigkeit des Bewegungsablaufs, im Stehen oder Sitzen, Bückfähigkeit, Benutzung beider Hände
- Handverschwielung: Hinweise auf körperliche Aktivitäten

Indizien anhand des Tagesablaufs

- Schlaf: Einschlafen, Dauer, Häufigkeit des nächtlichen Aufstehens, Schlaf tagsüber?
- Aufstehen: wann, wer macht Frühstück?
- Körperpflege: Haare waschen ohne Hilfe, wie oft?
- Tätigkeiten im Haushalt: Größe der Wohnung, wer kocht, putzt, kauft ein, Treppensteigen erforderlich?
- Hobbies: Briefmarken sammeln, Gartenarbeit, Stricken, Kreuzworträtsel lösen usw.
- soziale Aktivitäten: Vereinsleben, Stammtisch, Skatabende, Chor usw.
- sexuelle Aktivitäten: wann zuletzt, wie oft?
- Sport: Rad fahren, Kegeln, Wandern usw.

Fortsetzung auf Seite 180

- Urlaub: wann zuletzt, wo, Beförderungsmittel, benötigte Fahrtpausen?

- Spaziergänge: wie lange, wohin, mit wem?

- Behandlungen: Häufigkeit von Besuchen bei Ärzten und Therapeuten, wie dorthin gekommen?

- Autofahren: selbst Auto fahrend, welche Strecken?

Indizien anhand der Schmerzschilderung

- Schilderung: adäquat, vage, distanziert, zönästhetisch?

- Lokalisation: umschrieben, segmental, diffus?

- Häufigkeit: dauernd, bereits beim Aufwachen, schmerzfreie/arme Zeiten?

- Intensität: stechend, drückend, dumpf, bohrend?

- Körperhaltungsabhängigkeit: im Sitzen, Stehen, Gehen, Liegen?

- Tätigkeitsabhängigkeit: bei der Arbeit, am Wochenende, im Urlaub?

- Schmerzmitteleinnahme: was, wie oft, wie lange, Besserung unter Medikation (bzw. Alkohol)?

Ergänzende Indizien zum Ausschluss einer hirnorganischen Störung

- Konzentrationsfähigkeit während der Exploration: Diktieren falscher anamnestischer Angaben im Beisein des Probanden

- Merkfähigkeit für Altbekanntes: Geburtsdatum, Straße und Hausnummer, Telefonnummer, Hochzeitstag, Vornamen der Eltern und Geschwister, Geburtsnamen der Mutter

- Merkfähigkeit für Wichtiges: Höhe derzeitiger Einkünfte, Einkünfte bei erwarteter Rentengewährung

- Merkfähigkeit für Routinedinge: was zum Frühstück gegessen

- „Simulationstests"

5.6.4 Spezielle Schmerzanamnese

Eine spezielle Schmerzanamnese sollte erfassen:

- Lokalisation, Häufigkeit und Art des Schmerzes in Abhängigkeit von verschiedenen Körperhaltungen, Tätigkeiten und Tageszeiten

- bisherige Behandlungsmaßnahmen mit Häufigkeit und Regelmäßigkeit von Arztbesuchen sowie die medikamentöse und physikalische Behandlung

- eigene Einschätzung des positiven und negativen Leistungsbildes sowie des Krankheitskonzeptes des Betroffenen.

Das Spektrum der zu bearbeitenden Fragestellungen bei der Schmerzbegutachtung reicht vom vordergründigen Entschädigungsbegehren bis zum tatsächlich „unbehandelbaren Schmerz" extremer Ausprägung. Somatisierungsstörungen und somatoforme Schmerzstörungen sind diagnostisch zu erfassen und von organischen Erkrankungen abzugrenzen, aber auch eine bewusstseinsnahe bis bewusste finale Ausrichtung.

Chronische Schmerzen, bei denen der materielle Ausgleich im Vordergrund steht und bei denen differenzierte therapeutische Maßnahmen weder vom behandelnden Arzt noch vom Betroffenen für erforderlich gehalten werden, rechtfertigen keine Entschädigung.

Es kann kein Zweifel daran bestehen, dass eine berentete Schmerzkrankheit – wie jede andere berentete Erkrankung – die Tendenz zur Symptomerstarrung fördert.

Am anderen Ende des Spektrums steht in der Begutachtung das „Syndrom des unbehandelbaren Schmerzes", bei dem tatsächlich die gesamten Möglichkeiten der Behandlung in vielfältiger Form ausgeschöpft wurden, ohne dass sich eine glaubhafte Besserung des Beschwerdebildes erzielen ließ. Sofern eine adäquate stationäre psychosomatische Behandlung erfolgte und der zu Begutachtende bereits lange aus dem Berufsleben ausgeschieden ist (im Sinne des „ in einer Vorwegnahme gelebten Rentnerdaseins"), so kann davon ausgegangen werden, dass gegenüber einer beruflichen Wiedereingliederung eine seelische Hemmung besteht, die nicht aus eigener Kraft willentlich überwunden werden kann. Damit muss letztlich eine relevante zeitliche Leistungsminderung im Erwerbsleben bejaht werden. Von Bedeutung ist dabei, ob und in welcher Form adäquate Behandlungsmaßnahmen durchgeführt und vom Betroffenen auch mit entsprechender Motivation akzeptiert wurden.

Entscheidend ist im Einzelfall die sorgfältige Anamneseerhebung, die eingehende somatische Abklärung und die Berücksichtigung bedeutsamer psychodynamischer Faktoren sowie bereits durchgeführter oder noch möglicher und aussichtsreich erscheinender therapeutischer Maßnahmen im Sinne von „Rehabilitation vor Rente". In Problemfällen kann gelegentlich ein spezielles psychosomatisches Gutachten hilfreich sein, das im Rahmen einer stationären Beobachtung in einer psychosomatisch-psychotherapeutischen Fachklinik erstellt wird, wobei die Klinik über Erfahrung in der Behandlung, aber auch in der Begutachtung von chronischen Schmerzkranken verfügen muss. Die alleinige Beurteilung durch einen Schmerztherapeuten – der nicht selten Anästhesist ist – oder durch eine reine Schmerzambulanz reicht sicher nicht aus und wird der psychischen Dimension ebenso wie differenzierten neurologischen und orthopädischen Fragestellungen nicht gerecht.

Die Annahme der Entwicklung einer „Schmerzpersönlichkeit" („pain prone personality") findet immer größere Aufmerksamkeit und hat auch gutachtliche Bedeutung. Menschen mit Problemen im Elternhaus in frühen Lebensjahren, die Eltern unverlässlich, kalt, misshandelnd, prügelnd, der Vater oder auch die Mutter Alkoholiker, ein depressiver Elternteil, nicht verfügbar, mit sich selbst beschäftigt, häufig selbst Schmerzpatient, auch mit sexuellem Missbrauch in der Kindheit entwickeln aus der fehlenden Geborgenheit heraus Störungen der eigenen Körperwahrnehmung und sind oft nicht in der Lage, Konflikte adäquat zu lösen. Sie lernen als Kind sehr früh, Schmerz mangels anderer Möglichkeiten als „Kommunikationsmittel" zur Durchsetzung ihrer Wünsche einzusetzen. Von entscheidender Bedeutung ist im weiteren Lauf des Lebens das Auftreten relevanter Konflikte oder Lebenskrisen, die bei gleichzeitigen, manchmal durchaus banalen Schmerzen körperlicher Art die Entwicklung einer eigentlichen Schmerzkrankheit anstoßen. Es sind die Patienten, bei denen man „auf den ersten Blick" keine rechte Erklärung für ihre Schmerzen findet und deren wahre Ursache sich erst im Rahmen einer weitergehenden detaillierten Anamneseerhebung unter biographischen Gesichtspunkten erschließt. Die Bedeutung dieser biografischen Anamnese kann daher für die Begutachtung chronischer Schmerzen nicht hoch genug eingeschätzt werden.

Fragen zur *aktiven Krankheitsbewältigung* (Compliance und Coping) sollten stets vom Gutachter gestellt werden. Hierzu gehören:

— Wurde eine regelmäßige ärztliche Behandlung durchgeführt?

— Wurden die verordneten Medikamente eingenommen und die sonstigen Therapiemaßnahmen vollzogen?

— Erfolgte eine eingehende Information über das Krankheitsbild?

— Wurden ambulante oder stationäre medizinische Rehabilitationsmaßnahmen durchgeführt?

— Wurden Heilmaßnahmen, auch Außenseitermethoden, auf eigene Kosten gesucht?

— Wurden Konsequenzen im beruflichen und familiären Bereich im Sinne einer Krankheitsbewältigung gezogen?

— Änderungen am Arbeitsplatz? In der Freizeit? Andere Hobbys?

Auch hier gilt es, die Besonderheiten jedes einzelnen Probanden zu beachten. Menschen in höherem Lebensalter können sich schlechter an gewisse Defekte anpassen und sind weniger in der Lage, eine aktive Copingstrategie aufzubauen als jüngere Erkrankte. Oft fehlen auch äußere Hilfen, um sich an die veränderten Lebensbedingungen zu adaptieren.

Nach dem „Avoidance-Endurance-Konzept" kann man verschiedene Typen der Schmerzverarbeitung unterscheiden. Der „Bewältiger" ist in der Lage, adäquat mit dem Schmerz umzugehen, der „Vermeider" ist von Ängsten vor Krankheit und Schmerz geprägt und bevorzugt ein Schonverhalten („fear avoidance") und der „Durchhalter" neigt dazu die Schmerzen lange Zeit zu ignorieren, auch zur Überaktivität, gerät dadurch in zunehmende Anspannung, um dann oft schlagartig depressiv zu dekompensieren. Sozialen Faktoren kommt bei allen Strategien wesentliche Bedeutung zu.

Wesentlich in der Begutachtung chronisch Schmerzkranker ist die Berücksichtigung der bisher durchgeführten Therapie, aber auch eines möglichen Medikamentenmissbrauchs, v. a. eines Analgetikaabusus.

In den letzten Jahren hat die *Bestimmung der Serumspiegel* von Analgetika und Antidepressiva im Rahmen der Begutachtung Bedeutung erlangt. Es gilt dies als Hinweis auf die Compliance des Patienten bezüglich der Behandlung, indirekt auch als Maß für den Leidensdruck, obwohl auch pharmakologische Faktoren dabei zu berücksichtigen sind. Als Baustein für die Gesamtbeurteilung sind diese Laborwerte jedoch durchaus wertvoll.

5.6.5 Verhältnis zwischen Gutachter und Proband

Von Seiten des Gutachters ist Einfühlungsvermögen erforderlich, um zu einer sachgerechten Beurteilung zu kommen, da sich die Begutachtungssituation grundsätzlich von der sonst gewohnten Arzt-Patient-Beziehung unterscheidet. Während sich der Patient zur Behandlung den Arzt seines Vertrauens aussucht und sich von ihm auch eine Parteinahme zu seinen Gunsten erwartet, sieht er sich als Versicherter bei der Begutachtung einem fremden Arzt gegenüber, den er sich nicht ausgesucht hat und dem er meist kritisch, manchmal sogar ablehnend gegenüber steht.

Bei der Beurteilung chronischer Schmerzen hat diese Beziehung besondere Bedeutung, zumal sich chronische Schmerzen nicht unmittelbar objektivieren lassen, häufig aber der Anlass sind, einen Rentenantrag zu stellen, wobei nicht ganz selten eine unbegründete Begehrenshaltung besteht. Zwischen den beiden Extremen, der oberflächlich final ausgerichteten Entschädigungshaltung und der tatsächlich inkurablen chronischen Schmerzkrankheit, ergeben sich die meisten Probleme in der Begutachtung Schmerzkranker. Die grundsätzliche Haltung der Schmerztherapeuten („wer Schmerzen klagt, hat auch Schmerzen") kann bei der Begutachtung nicht gelten.

Das Konzept der „depressiven Somatisierung" nach Rudolf und Henningsen hat beim chronischen Schmerzsyndrom besondere Bedeutung. In grundlegenden Bereichen des depressiven Erlebens sind die sog. frühen Beziehungsmuster, die sich um das Gehalten- und Getragenwerden, das Versorgt- und Geschütztsein ranken, in Mitleidenschaft gezogen.

Das entscheidende Merkmal der „anhaltenden somatoformen Schmerzstörung" (ICD-10: F 45.4) ist eine übermäßige Beschäftigung mit Schmerzen bei einem Fehlen von entsprechenden körperlichen Befunden und dem Nachweis schwerwiegender emotionaler Konflikte oder psychosozialer Probleme, die als ursächlich zu werten sind. Es ist es hier noch schwieriger als bei den klassischen Neurosen, eine Abgrenzung zu einem zweckgerichteten, bewusstseinsnahen Rentenbegehren zu treffen. Die Diagnosestellung ist weitgehend an die Selbstschilderung des Untersuchten gebunden.

Bei querulatorisch anmutendem Entschädigungsbegehren für vermeintlich oder auch objektiv erlittenes Unrecht ist herauszuarbeiten, inwieweit die biografische Bedeutung von Unrecht und Wiedergutmachung einerseits und akzentuierte Persönlichkeitszüge bis zu Persönlichkeitsstörungen andererseits und auch das Verhalten von Versicherungen u. a. während des Verfahrens nachvollziehbar das Entschädigungsbegehren unterhalten. Für die Begutachtung wird es darauf ankommen, inwieweit bereits eine dem Willen entzogene Fixierung und Chronifizierung eingetreten ist, die dann auch die Annahme einer Leistungsminderung rechtfertigen würde.

5.6.6 Auswirkungen auf die berufliche Leistungsfähigkeit

Hinsichtlich der Auswirkung auf die berufliche Leistungsfähigkeit existieren – ähnlich wie beim Neurosekonzept – oft erhebliche Meinungsunterschiede zwischen den Gutachtern. In der Regel ist die Erwerbsfähigkeit nicht unbedingt beeinträchtigt. Allerdings bestehen zweifellos schwerwiegende und chronifizierte Verläufe, bei denen man auch nach kritischer Prüfung bestätigen kann, dass der Proband nicht in der Lage ist, sich mit zumutbarer Willensanspannung in das Berufsleben einzugliedern. Im Einzelfall kann die Beurteilung jedoch ausgesprochen schwierig sein. Ein breiterer Konsens unter Einbeziehung der psychologischen Psychotherapeuten und der Schmerztherapeuten sowie die Festlegung überschaubarer Kriterien würde die Begutachtung dieser Rentenantragsteller erleichtern und zu einer dringend wünschenswerten Gleichbehandlung beitragen.

Grundsätzlich lassen sich in der sozialmedizinischen Beurteilung fünf Konstellationen unterscheiden (Widder et al. 2002):

– *Konsistente Befunde*: Angaben zur Beeinträchtigung im beruflichen und außerberuflichen Bereich sind stimmig, konsistent und vergleichbar

– *Inkonsistente Befunde*: Widersprüche zwischen vorgebrachten Beschwerden und tatsächlicher Beeinträchtigung lassen Zweifel an deren Ausmaß aufkommen

– *„Sekundärer Krankheitsgewinn"*: Oft schwierig zu beurteilen, wenn ein sozialer Rückzug zwar besteht, jedoch kein eigentlicher Leidensdruck, da der Proband „seine Schmerzen" dazu benutzt, Regressionswünsche seiner Umgebung gegenüber durchzusetzen und sich in einer neuen „Nische" seiner Lebenssituation für ihn befriedigend zu etablieren. Mit zunehmender Chronifizierung kann dies immer mehr der willentlichen Steuerung entzogen sein und dann gutachtlich zur Annahme einer Leistungsminderung führen.

– *Primär psychische Erkrankung*: Geklagte Schmerzen sind Ausdruck einer primär seelischen Krankheit, wie einer schweren Depression, einer Schizophrenie oder einer langjährigen Konversionssymptomatik. Hier ergeben sich gutachtlich eher selten Probleme, wenn das Krankheitsbild adäquat erfasst werden kann.

184

– *Fehlende Kooperation*: Falls mangels unzureichender Kooperation keine klare Beurteilung des Leistungsvermögens möglich ist, sollte dies klar dargelegt werden und der Gutachtensauftrag zurückgegeben werden. Die Beweislast liegt beim Antragsteller und wenn „sich eine Vortäuschung von Störungen nicht ausschließen lässt" ist nach der Rechtssprechung die Rente zu versagen.

Die Leitlinien „Ärztliche Begutachtung in der Psychosomatik und Psychotherapeutischen Medizin – Sozialrechtsfragen" (Henningsen et al. 2001) und die „Leitlinie für die Begutachtung von Schmerzen" der Deutschen Gesellschaft für Neurologie (AWMF online – letzte Aktualisierung 03/2007) liegen mittlerweile vor.

„Der Schmerz ist ein von der Gesellschaft akzeptiertes Krankheitssymptom und damit nicht zuletzt auch wegen seiner ungenügenden Objektivierbarkeit ein beliebtes rentenneurotisches Symptom geworden. Wer Schmerzen hat, hat Anspruch auf Therapie, auf Rücksicht, gegebenenfalls auch auf Entschädigung oder Rente." (Soyka)

Die Beurteilung der beruflichen Leistungsfähigkeit entspricht einer finale Betrachtungsweise. Hier kommt es darauf an, Funktionseinschränkungen und Leistungsvermögen des Probanden unabhängig von der Ursache adäquat zu ermitteln. Bei der Begutachtung für die BUV ist zudem auf den tatsächlich ausgeübten letzten Tätigkeitsbereich abzustellen.

Die Extrempositionen des „üblichen" Schmerzes nach leichteren Traumen und der schwersten, tatsächlich „inkurablen" Schmerzkrankheit stellen gutachtlich keine Probleme dar.

Erheblich sind dagegen die Schwierigkeiten bei der Bewertung nicht oder nur z. T. körperlich erklärbarer Schmerzen, etwa einer somatoformen Schmerzstörung. Dem Gutachter helfen tiefenpsychologische Deutungsversuche – so interessant sie im Einzelfall auch sein mögen – bei der aktuellen Leistungsbeurteilung nicht weiter, denn sie sagen nichts über den aktuellen Umfang der Beeinträchtigungen aus. Die Frage nach der „zumutbaren Willensanspannung" wird vom Auftraggeber in diesen Fällen fast immer gestellt, die Problematik wird immer wieder diskutiert.

Der in der ärztlichen Behandlung geltende „Vertrauensgrundsatz", wonach „wer Schmerzen klagt, auch Schmerzen hat", kann hier aus verständlichen Gründen nicht zur Anwendung kommen. In aller Regel sollte daher auch der behandelnde Schmerztherapeut nicht als Gutachter für seinen Patienten tätig werden. In der Begutachtungssituation gilt es, die vorgebrachten Beschwerden zwar nicht zu beweisen, jedoch im Sinne einer „Konsistenzprüfung" nachvollziehbar und glaubhaft zu machen. Die bereits mehrfach angeführten, bei allen somatoformen Störungen anwendbaren Kriterien wie Berücksichtigung der Freizeitaktivitäten und speziell der durchgeführten ärztlichen Behandlungsmaßnahmen, aber auch der Auswirkungen der Erkrankung auf Alltag und zwischenmenschliche Beziehungen sowie Hinweise auf eine evtl. Aggravation sind hier sorgfältig zu prüfen. Der Gutachter ist gezwungen „mosaiksteinartig" die Faktoren zusammenzutragen, die eine plausible Beurteilung des sonst nicht fassbaren „chronischen Schmerzes" ermöglichen. Sind die Angaben zur Beeinträchtigung im beruflichen und privaten Bereich kongruent, ergeben sich keine Probleme. Bei krassen Inkonsistenzen ist eine relevante Leistungsminderung abzulehnen.

Es bleibt auch zu berücksichtigen, dass das Verharren in der Krankheit oft mit einem wesentlich besseren sozialen Status verbunden ist, als die Arbeitslosigkeit, die sich bei tatsächlich geglücktem willentlichem Überwinden der Beschwerden in unserer Zeit in vielen Fällen als letzte Konsequenz einstellen würde.

Negativ auf die Krankheitsbewältigung wirken sich eine lange Arbeitsunfähigkeit, eine Arbeitslosigkeit, eine Berentung auf Zeit bzw. ein laufendes Rentenverfahren und eine geringe berufliche Qualifikation sowie eine unbefriedigende Situation am Arbeitsplatz aus. Die Entwicklung eines sekundären Krankheitsgewinns („nur wenn ich Schmerzen habe, hat mein Mann für mich Zeit, brauche ich nicht in die verhasste Firma, bekomme ich finanzielle Unterstützung etc.") trägt naturgemäß zur Chronifizierung der Schmerzen bei.

Schwierig ist die Beurteilung der Fälle, bei denen zunächst ein sekundärer Krankheitsgewinn im Vordergrund stand, später aber durch zunehmende Chronifizierung eine dem willentlichen Zugriff entzogene eigengesetzliche Störung von Krankheitswert entstanden ist. Bei mangelnder Kooperation des Probanden kann keine sachgerechte Beurteilung durch den Sachverständigen erfolgen, die Beweislast liegt dann beim Antragsteller.

Ein Gutachten zu dieser Fragestellung sollte daher Angaben

- zum Verhalten des Probanden während der Begutachtung,

- zu den Alltagsaktivitäten,

- zur speziellen Schmerzanamnese,

- zur bisherigen Therapie,

darüber hinaus möglichst zusätzlich

- fremdanamnestische Angaben und

- einen Hinweis auf die eigene subjektive Einschätzung des Probanden zu seiner beruflichen Leistungsfähigkeit

enthalten. Der klinische Befund allein reicht sicher nicht aus.

Die zurecht häufig ausgesprochene Empfehlung an den Gutachter, sich die Freizeitaktivitäten vom Probanden in Einzelheiten schildern zu lassen, ist allerdings mittlerweile nur noch eingeschränkt verwertbar. Die Untersuchten und vor allem die Rentenberater und Rechtsanwälte wissen um die Bedeutung, auf diese Frage die „richtige" Antwort zu geben, und beraten ihre Mandanten entsprechend.

In einem Merkblatt eines Rentenberaters und Rechtsbeistandes für „Invaliditäts-Rentenangelegenheiten", welches dieser seinen Mandanten vor der zu erwartenden ärztlichen Untersuchung aushändigt, heißt es wörtlich: „Je mehr Tätigkeiten Sie in Haushalt, Garten und Hobbybereich ausführen können, umso geringer wird die Chance auf eine Rentenzahlung. Drei und mehr Stunden Arbeit täglich in Haushalt und/oder Garten verhindern mindestens die Zahlung der vollen Erwerbsminderungsrente". Es wird dann weiter in Einzelheiten dargelegt, dass der Mandant keinesfalls Hobbys, sportliche Aktivitäten, längere Spaziergänge, langes Stricken oder sonstige Freizeitaktivitäten gegenüber dem Gutachter angeben solle, da dies die Rentengewährung verhindere.

5.6.7 Prüfung der Plausibilität

Die Beurteilung erfordert eine Plausibilitätsprüfung – gerade weil objektive Messmethoden zur Schmerzquantifizierung fehlen – mit der Fragestellung, inwieweit geklagte Beschwerden mit objektiven Befunden in Einklang zu bringen sind und inwieweit eine Diskrepanz zwischen der subjektiven Beschwerdeschilderung und der tatsächlichen Beeinträchtigung in der Untersuchungssituation besteht. Auch Diskrepanzen zwischen eigenen Angaben und fremdanamnestischen Informationen einschließlich Aktenlage sollten diskutiert werden, ebenso das Fehlen eigener Strategien zur Schmerzbewältigung.

Hinweis auf Inkonsistenzen ergeben die folgenden Befundkonstellationen (Widder et al. 2002):

– Geklagte Beschwerden lassen sich mit objektiven Befunden nicht in Einklang bringen

– Diskrepanz zwischen subjektiven Beschwerden und körperlicher Beeinträchtigung in der Untersuchungssituation

– Geringer Leidensdruck trotz intensiv geschilderter Beschwerden

– Vage und unpräzise Schilderung von Beschwerden und Krankheitsverlauf

– Appellativ-demonstrative Klagen, ohne dass beim Untersucher das Gefühl der Betroffenheit entsteht

– Diskrepanzen zwischen eigenen Angaben und Fremdanamnese inklusive Aktenlage

– Angabe dauernder Beschwerden, die sich durch „nichts" bessern lassen, weder durch Medikamente, Alkohol, unterschiedliche Körperhaltung oder Tageszeit

– Diskrepanz zwischen geschilderten Beeinträchtigungen und eruierten Aktivitäten des täglichen Lebens

– Keine Therapiemaßnahmen trotz intensiv geschilderter Beschwerden

– Fehlen eigener Strategien zur Schmerzbewältigung

– Keine sachliche Diskussion über mögliche Verweistätigkeiten zu führen.

Die sozialmedizinische Beurteilung hat somit zu berücksichtigen, inwieweit konsistente oder inkonsistente Befunde vorliegen und ob ein sekundärer Krankheitsgewinn besteht, der allerdings mit zunehmender Chronifizierung in eine dem willentlichen Zugriff entzogene Störung übergehen kann. Zu berücksichtigen ist auch, inwieweit die geklagten Schmerzen „Ausdrucksmittel" einer primär psychischen Erkrankung im Sinne einer Konversionssymptomatik sind. Ist aufgrund fehlender Kooperation des Probanden keine klare Beurteilung möglich, sollte man dies darlegen.

Bei der Begutachtung ist auch das Konvergenzverhalten zu beachten:

Stimmen verbale Darstellung und das am Probanden beobachtete Verhalten überein?

Liegt eine adäquate Reaktion auf den Schmerz vor?

Wurden entsprechende Behandlungsmaßnahmen veranlasst und auch durchgeführt?

Wie wirkt sich der Schmerz im Alltag aus?

Für die Begutachtung der Leistungsfähigkeit wird als Orientierungsrahmen die ICF (International Classification of Functioning, Disability and Health) der WHO 2001 empfohlen. Das der ICF zugrunde liegende bio-psycho-soziale Krankheitsmodell geht von einem Gesundheitsproblem aus, welches über einen Strukturschaden zu einer Funktionsstörung und dadurch zu einer Beeinträchtigung der Aktivitäten und dann der Teilhabe führt. Gesundheitsstörung bzw. Krankheit führt demnach zu

1. Funktions- und Strukturschaden

2. Beeinträchtigung der Aktivitäten

3. Beeinträchtigung der Partizipation (Teilhabe)

Umwelt- und personengebundene Faktoren, die sich als Kontextfaktoren sowohl positiv als auch negativ auf die funktionale Gesundheit auswirken können, müssen zusätzlich berücksichtigt werden.

Deutliche Diskrepanzen zwischen Partizipationsmöglichkeiten im privaten und im beruflichen Bereich erfordern eine sorgfältige Plausibilitätsprüfung.

Zu beurteilen sind danach strukturelle Schädigungen (Impairment) mit ihren funktionellen Auswirkungen, Aktivitätseinschränkungen des täglichen Lebens (Disabilities) sowie Störungen der Partizipation an den vielfältigen sozialen Lebensbereichen wie Arbeit, Freizeit und Familie (Handicaps).

5.6 8 Bedeutung psychometrischer Untersuchungen

Testpsychologische Verfahren und die Verwendung von Selbstbeurteilungsbögen, auch von Schmerzskalen können zwar die Eigenschilderung der Beschwerden von Schmerzkranken ergänzen, es kommt ihnen jedoch in der Begutachtungssituation wegen der bloßen Wiedergabe subjektiver Einschätzungen keine Bedeutung als objektives Kriterium zu. Sie bestechen im Gutachten zwar durch ihre quasi „objektiv" erscheinende Wirkung, tatsächlich beruhen sie auf den rein subjektiven Angaben des Probanden und haben keine höhere Wertigkeit als die eingehend erhobene Anamnese. Dazu kommt, dass die psychologischen Testverfahren im Hinblick auf einen völlig kooperativen Patienten entwickelt wurden und nicht für Gutachtensprobanden. Sie legen eine uneingeschränkte und durch Offenheit geprägte Mitarbeit der Testperson zugrunde. Daher sollte man sich der Verlockung des Probanden zu einer von ihm für die Gutachtensituation erwünschten Selbstdarstellung bewusst sein. Eine unkritische Übernahme der in solchen Selbstbeurteilungstests oder Schmerzskalen gemachten Beeinträchtigungen sollte daher nicht erfolgen. Für die Beurteilung der tatsächlich bestehenden Funktionseinschränkungen im Alltag sind der erhobene Befund während der Exploration und Untersuchung, die detaillierte Anamnese und die Verhaltensbeobachtung wesentlich.

Kasuistiken

B. R. 52-jähriger selbständiger Fuhrunternehmer wurde erstmals 1982 an einem Bandscheibenvorfall LW 5/SW 1 operiert. Danach bestund etwa drei Jahre Beschwerdefreiheit und er konnte seiner Tätigkeit nachgehen, wobei er schweres Heben vermied. In der Folgezeit allmählich zunehmende Kreuzschmerzen mit Ausstrahlung in das linke Bein. Nach akutem Hebetrauma 1989 Fußheberschwäche links, erneute Operation in gleicher Höhe, danach anhaltende Beschwerden beim längeren Stehen, Sitzen war noch möglich. Ab 1996 heftige Schmerzen unabhängig von Lage und Belastung, jedoch immer wieder Besserung auf konservative Behandlung und zeitweilige Arbeitsunfähigkeit, zunächst auch erfolgreiche stationäre Reha-Maßnahme. Ab 2002 anhaltende Schmerzen und erneute Fußheberschwäche, worauf ein erneute Bandscheibenoperation LW 4/5 li erfolgte, die zu einer kurzfristigen Besserung führte. Er war danach wieder einige Zeit in der Lage, Lkw zu fahren, jedoch ohne Be- und Entladen. 2004 anhaltend heftige lokale Kreuzschmerzen auch im Sitzen. Es wurde jetzt eine Spinalkanalstenose im Bereich der LWS festgestellt und erneut operativ behandelt, allerdings ohne Erfolg. Auch hoch dosierte Analgetika bis hin zu drei mal 60 mg Morphin erbrachten keine entscheidende Besserung. Im Tätigkeitsprofil ursprünglich fünf Stunden Lkw-Fahren, drei Stunden insgesamt Be- und Entladen von Lasten mit wechselnden Gewichten, meist

20 bis 30 kg, eine Stunde schriftliche Arbeiten mit Erstellung von Belegen etc. Für das reine Lkw-Fahren war eine BU von mehr als 50 % zu empfehlen gewesen, für das Be- und Entladen von 70 %, für die schriftlichen Arbeiten von 0 %.

R. O. 49-jährige, selbständige Steuerberaterin, leidet seit Jahren an Kreuzschmerzen, ein Bandscheibenvorfall LW 4/5 wurden schon 2002 festgestellt, jedoch ohne radikuläre Symptomatik. Im Rahmen der Ehescheidung massive Konflikte mit dem arbeitslosen Ehemann, für den sie Unterhalt zahlen müsste. Jetzt anhaltende und durch nichts besserungsfähige Schmerzen in der ganzen Wirbelsäule „egal was ich mache". Nach wie vor keine Nervenwurzelbeteiligung. Eindeutige somatoforme Überlagerung des Schmerzsyndroms ohne Erfordernis einer psychiatrischen Behandlung. Vielfältige andere Therapiemaßnahmen, zuletzt vom Hausarzt Opioidpflaster ohne Erfolg. In der Freizeit Nordic Walking und sogar zeitweise Joggen, beides wurde als günstig empfunden. Tätigkeitsprofil: sechs Stunden täglich Bürotätigkeit im Sitzen, bei durchaus wechselnder Körperhaltung, etwa drei Stunden Kundenkontakte, Besprechungen, Telefonate, auch kurzfristige Besuche bei Kunden. Für den gesamten Tätigkeitsbereich war eine BU von 30 % zu empfehlen gewesen.

6 Begutachtung psychischer Störungen

6.1 Depressionen

6.1.1 Einleitung

Depressionen werden außerordentlich häufig als Grund für eine beruflichen Beeinträchtigung geltend gemacht. Sie haben weltweit an Häufigkeit und Bedeutung zugenommen. Der Begriff „Depression" hat in Laienkreisen und auch bei Hausärzten eine wahre Inflation erfahren und es wird heute nicht selten schon jede Befindlichkeitsstörung und normalpsychologisch nachvollziehbare Traurigkeit und Bedrücktheit als Depression bezeichnet.

Die Begutachtung muss daher durch einen Facharzt für Psychiatrie erfolgen, der in der Lage ist, andere seelische Störungen differentialdiagnostisch abzugrenzen und den Schweregrad der Erkrankung zu evaluieren. Die bloße Übernahme der Diagnose vom Antragsteller oder seinem Hausarzt ist sicher nicht angebracht.

6.1.2 Definition

Depressionen gehören in den Bereich der affektiven Störungen (ICD-10 F 30 – F 39), die auch die manischen und die bipolaren affektiven Störungen einschließen. Diese sind jedoch im Vergleich zu den depressiven Störungen eher selten Gegenstand der Begutachtung.

Die alte – und durchaus treffende Bezeichnung – „Melancholie" wird heute selten gebraucht, der Begriff *„endogene Depression"* wurde noch vor einigen Jahren häufig benutzt, stand in der Tradition der triadischen Klassifikation und stellte primär auf postulierte neurobiologische Ursachen ab. Die Bezeichnung *„Major Depression"* stammt aus dem amerikanischen DSM IV und deckt sich klinisch damit weitgehend. In der ICD-10 wird ohne Vorwegnahme einer Ursache von *„depressiver Episode"* gesprochen.

6.1.3 Prävalenz

Nach einer Studie der WHO liegt die durchschnittliche Prävalenz der Depressionen bei 10,4 %. Die Lebenszeitprävalenz depressiver Erkrankungen wird mit 12 – 17 % angegeben. Frauen erkranken im Verhältnis 2:1 doppelt so häufig wie Männer. Auch stellen Depressionen die häufigste psychische Erkrankung im Alter dar. Die Prävalenz der Altersdepression liegt bei über 65-Jährigen um die 15 – 25 %.

Patienten mit chronischen körperlichen Erkrankungen leiden besonders häufig zusätzlich an Depressionen. Die Prävalenzen für gleichzeitige Depressionen liegen für Diabetes mellitus bei 10 %, für Myokardinfarkt bei 20 %, für Morbus Parkinson bei 30 – 50 %, für Epilepsie bei 20 – 30 %, für Schlaganfall bei 25 – 35 % und für Tumorerkrankungen bei 25 – 40 %. Für den Verlauf gilt, dass 65 % der Depressionen unipolar, d. h. nur mit depressiven Phasen verlaufen, 30 % bipolar, d. h. depressive und manischen Phasen wechseln sich ab und nur in 5 % kommt es zu rein unipolar manischen Phasen.

6.1.4 Ursachen und Krankheitsentstehung

Die Ursachen von Depressionen sind vielfältig und im Einzelfall oft nicht eindeutig festzulegen. Neurobiologische Aspekte mit biochemischen Veränderungen der Neurotransmitter, vor allem von Noradrenalin, Serotonin und Dopamin spielen heute eine immer größere Rolle, nachdem in diesem Bereich in den letzten Jahren enorme Fortschritte in der wissenschaftlichen Forschung erzielt werden konnten. Die Bedeutung genetischer Faktoren ist seit langer Zeit bekannt und konnte auch in den letzten Jahrzehnten im Sinne des „Vulnerabilitätsmodells" bestätigt werden.

Neuroendokrinologische Befunde zeigen Störungen in der Regulation des Hypothalamus-Hypophysen-Nebennierenrinden-Systems, aber auch des Schilddrüsenhormon- und des Wachstumshormonsystems. Chronobiologische Faktoren sind empirisch seit Jahrzehnten bekannt mit der typischen zirkadianen Rhythmusstörung und einer saisonalen Rhythmik mit Häufung im Frühjahr und Herbst.

Selbstverständlich sind auch reaktive Faktoren von wesentlicher Bedeutung, die sowohl aktuelle Belastungen („life events"), als auch traumatisierende Kindheitserlebnisse und natürlich auch langdauernde belastende Lebensereignisse umfassen.

Beck sprach von der „kognitiven Triade" mit negativer Wahrnehmung der eigenen Person, der Umwelt und der Zukunft. Nach dem Konzept der „gelernten Hilflosigkeit" (Seligman) führt die Konfrontation mit einem negativen Stimulus zu Rückzugsverhalten, depressiver Verstimmung und psychosomatischen Störungen.

Es wurde daher die frühere Unterscheidung in „endogene", d. h. primär erblich-neurobiochemisch determinierte und „reaktive" oder „neurotische", d. h. überwiegend durch seelische Reaktionen bedingte Depressionen aufgegeben.

In der heute gültigen Internationalen Klassifikation psychischer Störungen (ICD-10) wird folgerichtig auf eine ätiologische Aussage verzichtet und die Diagnosekriterien sind dort rein phänomenologisch orientiert mit der Möglichkeit einer operationalisierten Diagnosestellung.

6.1.5 Klinisches Bild

Im Gegensatz zu früher gebräuchlichen „Phasen" spricht man heute von depressiven „Episoden". Dabei ist keine Aussage zur Ätiologie vorgegeben.

Das Grundsymptom einer Depression ist die traurig-bedrückte Grundstimmung mit Interessenverlust, Freudlosigkeit und einer Verminderung des Antriebs. Der Mangel an Energie führt zu erhöhter Ermüdbarkeit und Aktivitätseinschränkung. Bereits nach geringen Anstrengungen tritt deutliche Müdigkeit auf. Andere häufige Symptome sind verminderte Konzentration und Aufmerksamkeit, vermindertes Selbstwertgefühl und Selbstvertrauen, Schuldgefühle („Der Zeiger der Schuld ist auf sich selbst gerichtet"), Gefühl der Wertlosigkeit, negative Zukunftsperspektiven, Suizidgedanken oder Suizidhandlungen, Schlafstörungen, besonders verbunden mit nächtlichem oder frühmorgendlichem Erwachen und Grübelzwängen mit vormittäglichem Stimmungstief, Appetitverlust und Gewichtsabnahme, sowie Libidoverlust. Psychomotorisch wirken die Betroffenen meist gehemmt. Es findet sich oft eine ausgeprägte Anhedonie, wobei die Betroffenen sich auch an positiven Ereignissen nicht freuen können, gefühlsmäßig erstarrt sind und nicht selten auch darüber klagen, nicht einmal weinen zu können.

Aus praktischen Gründen unterteilt man den Schweregrad in leicht, mittelgradig und schwer. Das Ausmaß noch möglicher sozialer und beruflicher Aktivitäten im Alltag ist bei der Beurteilung des Schweregrades einer Episode oft hilfreich.

Klassifikation der depressiven Episoden nach ICD-10 (F 32):

Grundsätzlich sollte die depressive Episode mindestens zwei Wochen dauern, in der Anamnese keine manischen Symptome, ursächlich kein Missbrauch psychotroper Substanzen und keine organisch-psychische Störung.

Somatisches Syndrom: Interessenverlust, Freudlosigkeit, mangelnde Fähigkeit, auf Ereignisse emotional zu reagieren, die normalerweise eine Reaktion hervorrufen, Früherwachen, Morgentief, psychomotorische Hemmung (oder Agitiertheit), deutlicher Appetitverlust, Gewichtsverlust und Libidoverlust.

– F 32.0 leichte depressive Episode

> depressive Stimmung, Verlust von Interesse oder Freude und erhöhte Ermüdbarkeit sind essentiell, zusätzlich eines oder mehrere der folgenden Symptome wie Verlust des Selbstwertgefühls, Schuldgefühle, Suizidgedanken, Unentschlossenheit, subjektiv vermindertes Denk- und Konzentrationsvermögen, psychomotorische Hemmung Schlafstörungen, Appetitverlust. Der Betroffene hat Schwierigkeiten, seine normale Berufstätigkeit fortzusetzen, gibt aber die alltäglichen Aktivitäten nicht vollständig auf. Ein somatisches Syndrom kann, muss aber nicht vorhanden sein.

– F 32.1 mittelgradige depressive Episode

> mindestens zwei der für die leichte depressive Episode und mindestens drei der o. g. anderen Symptome müssen vorhanden sein. Der Betroffene kann nur unter erheblichen Schwierigkeiten berufliche oder häusliche Aktivitäten fortsetzen. Somatische Symptome können, aber müssen nicht vorhanden sei.

– F 32.2   schwere depressive Episode ohne psychotische Symptome

>meist erhebliche Verzweiflung oder Agitiertheit oder schwere Hemmung, das Vollbild des o. g. Symptomspektrums liegt vor, stets auch somatische Symptome und ein hohes Suizidrisiko. Es gilt als unwahrscheinlich, dass ein Betroffener berufliche Aktivitäten fortsetzt, allenfalls sehr begrenzt.

– F 32.3   schwere depressive Episode mit psychotischen Symptomen

>hier liegen zusätzlich Wahnideen, Halluzinationen oder ein depressiver Stupor mit ausgeprägter psychomotorischer Hemmung vor. Versündigungs- und Verarmungsideen oder das Gefühl einer bevorstehenden Katastrophe sind charakteristisch.

Das Konzept der rezidivierenden depressiven Störung geht von wiederholten depressiven Episoden aus, sofern manische Episoden in der Vorgeschichte ausgeschlossen werden können.

Auch hier unterscheidet man analog gegenwärtig leichte (F 33.0), mittelgradige (F 33.1), schwere Episoden ohne psychotische Symptome (F 33.2) und mit psychotischen Symptomen (F 33.3). Eine Remissionsphase wird mit „gegenwärtig remittiert" (F 33.4) verschlüsselt.

– Dysthymia (F 34.1)

Darunter wird eine chronische depressive Verstimmung verstanden, die nicht die Kriterien einer leichten oder gar mittelgradigen rezidivierenden depressiven Störung erfüllt. Die Verteilung zwischen einzelnen Episoden leichter Depression und dazwischen liegenden Perioden vergleichsweiser Normalität ist sehr unterschiedlich. Die Betroffenen sind in der Regel fähig, mit den wesentlichen Anforderungen des täglichen Lebens fertig zu werden. Die Dysthymia hat sehr viel mit den Konzepten der depressiven Neurose und der neurotischen Depression gemeinsam.

Grundsätzlich gilt, dass nicht nur die subjektive Angabe „ich bin depressiv" zur Annahme einer Leistungsminderung führen kann, sondern die Diagnose und der angenommene Schweregrad – ähnlich wie bei anderen seelischen Störungen – durch das Verhalten bei der Untersuchung, die durchgeführte Therapie, das Freizeitverhalten und nach Möglichkeit auch durch die Fremdanamnese belegt werden muss.

6.1.6 Therapie der Depressionen

Auch bei der Begutachtung sollte ein Augenmerk auf die durchgeführte Therapie gerichtet werden, denn sie kann durchaus als Indiz für den Leidensdruck des Betroffenen und damit für den Schweregrad der Störung gelten.

Die Therapie einer Depression muss im Rahmen eines Gesamtbehandlungsplans erfolgen, der neben der medikamentösen Behandlung auch psycho- und soziotherapeutische Maßnahmen umfasst.

Die Basis ist die Anwendung von Antidepressiva als Akut- und Erhaltungstherapie sowie gegebenenfalls als Rezidivprophylaxe. Der Behandlungserfolg setzt bei Antidepressiva erst im Verlauf von zwei bis vier Wochen ein. Es besteht kein Risiko einer Abhängigkeitsentwicklung.

Leichte Depressionen können allein durch Psychotherapie behandelt werden, bei mittelschweren und ganz besonders bei schweren depressiven Episoden ist die Anwendung von Antidepressiva unumgänglich, wobei unterstützende Psychotherapie in Abhängigkeit vom klinischen Befund sinnvoll ist. Ein schwer depressiver, gehemmter und kaum gesprächsbereiter Patient wird von einer Gesprächstherapie wenig profitieren. Eine leichte Depression nach oder bei belastenden Lebenssituationen kann dagegen erfolgreich durch Psychotherapie gebessert werden.

An Medikamenten stehen verschiedene Stoffgruppen zu Verfügung:

- Die klassischen trizyklischen Antidepressiva: z. B. Amitriptylin, Doxepin u. v. a.
- Die tetrazyklischen Antidepressiva: z. B. Maprotilin, Mianserin u. a.
- Die neuartigen Antidepressiva mit unterschiedlicher chemischer Struktur: z. B. SSRI (Selektive Serotonin-Rückaufnahme-Inhibitoren) wie Citalopram, Fluoxetin, Paroxetin u. v. a., aber auch Substanzen, die die Rückaufnahme anderer Neurotransmitter hemmen (z. B. Viloxazin, Reboxetin u. a.) sowie Substanzen mit anderem Wirkmechanismus, wie Moclobemid, Trazodon, Mirtazapin u. a.

Eine Überlegenheit der einen über die anderen Substanzen besteht nicht. Es muss im Einzelfall ausprobiert werden, auf welche Substanz der Patient anspricht und welche er am besten verträgt. Einzelheiten dazu würden den Rahmen dieses Buches sprengen und sollten in der entsprechenden Fachliteratur nachgelesen werden.

Für die **Begutachtung** entscheidend ist, ob überhaupt, in welcher Intensität und wie fachgerecht eine entsprechende Therapie durchgeführt wurde. Ist dies nicht der Fall, sollte BU erst angenommen werden, wenn eine adäquate Therapie über einen längeren Zeitraum ohne Erfolg durchgeführt wurde.

Hilfreich kann die Bestimmung des *Serumspiegels* der angegebenen Medikamente sein. Nicht ganz selten schildert der Proband die Einnahme diverser Arzneimittel in angeblich ausreichender Dosierung ohne Erfolg und bei Bestimmung der Substratmenge im Blut – die heute von den meisten Labors problemlos bestimmt werden kann – findet sich dann ein weit unter dem therapeutischen Bereich liegender Serumspiegel, was für eine mangelnde Compliance oder unzutreffende Angaben des Probanden sprechen kann (Roeser, Hausotter 2006).

Eine immer wieder gestellte Frage lautet, ob BU besteht, wenn keinerlei Behandlung durchgeführt wird. Grundsätzlich ist dies natürlich zu bejahen, man kann niemanden zu einer Behandlung zwingen und wenn die Depression schwer ist, dann wird man von einem aufgehobenen Leistungsvermögen ausgehen müssen. Andererseits hat der Versicherte eine Mitwirkungspflicht an seiner Gesundung und eine Behandlung seiner Depression ist in jeder Hinsicht zumutbar und müsste in seinem ureigenen Interesse liegen. Gelegentlich hört man als Gutachter „ich vertrage alle Medikamente nicht". Dem ist zu entgegnen, dass sich dies so gut wie nie nachvollziehen lässt, denn es existiert eine Fülle von wirksamen Substanzen aus ganz verschiedenen Stoffklassen und es ist kaum denkbar, dass alle, chemisch ganz unterschiedliche Antidepressiva oder sonstige Pharmaka nicht vertragen würden.

6.1.7 Gutachtliche Beurteilung

Die Begutachtung von Depressionen muss sich auf eine subtile Anamnese stützen, wobei der Krankheitsverlauf, die durchgeführte Behandlung, die tatsächlich noch möglichen Alltagsaktivitäten, auch in der Freizeit zu eruieren sind. Von Bedeutung ist aber auch die Verhaltensbeobachtung während der Exploration. Fremdanamnestische Angaben – soweit der Proband zustimmt – sind oft hilfreich, um das Ausmaß der Beeinträchtigung abzuschätzen.

Obligat sollte die minutiöse Schilderung des Tagesablaufs sein, die – wenn sie schlüssig ist – ein Indiz für die tatsächliche Beeinträchtigung im Alltag darstellen kann. Dies gilt selbstverständlich auch für alle anderen seelischen Störungen.

Es kann hier nur eine individuelle Bewertung des jeweiligen Einzelfalls unter Berücksichtigung des zuletzt ausgeübten Berufs erfolgen. Eine schematische Beurteilung ist nicht möglich. Der Erfahrung des psychiatrischen Gutachters kommt hier besondere Bedeutung zu. Die nicht selten angewandten „Testverfahren", meist Selbsteinschätzungsskalen sind in der Begutachtungssituation wenig hilfreich. Sie sind meist so konstruiert, dass ein einigermaßen intelligenter Laie durchaus in der Begutachtungssituation erkennt, was von ihm für die Diagnose und den Schweregrad einer Depression erwartet wird. Derartige Testuntersuchungen sind für die Behandlung und den Behandlungsverlauf entwickelt worden, wobei eine optimale Motivation des Untersuchten gefordert wird, nicht jedoch für die Begutachtung mit ganz anderen Voraussetzungen.

Die Diagnose „Depression" alleine reicht sicher nicht aus, um BU zu begründen. Es kommt vielmehr darauf an, die Auswirkungen auf alle Lebensbereiche, sowohl im beruflichen, als auch im privaten Bereich zu eruieren. Besondere Bedeutung kommt der durchgeführten Behandlung zu, zeigt sie doch sehr deutlich den bestehenden Leidensdruck des Betroffenen. Eine hausärztliche Behandlung mit pflanzlichen Mitteln wird man anders werten als den häufigen Aufenthalt in psychiatrischen Kliniken oder eine intensive ambulante Behandlung durch Psychiater und Psychotherapeut.

 Grundsätzlich kann davon ausgegangen werden, dass eine leichte depressive Episode die Annahme einer zeitlichen Leistungsminderung nicht rechtfertigt, bei einer mittelgradigen Episode wird man den Einzelfall sorgfältig abwägen und bei einer schweren depressiven Symptomatik ist ein aufgehobenes Leistungsvermögen anzunehmen.

Kasuistiken

F.G. 53-jähriger Bäckermeister, primär sehr dynamisch und tatkräftig, leistungsorientiert mit mehreren Filialen, zusätzlich im Stadtrat und in einigen Vereinen ist in einen selbst verschuldeten banalen Verkehrsunfall mit Blechschaden ohne Personenverletzung verwickelt. Danach kommt es – entgegen seiner sonstigen Art – zu anhaltenden Schuldgefühlen, Selbstanklagen, bedrückter Stimmung, Gleichgültigkeit im beruflichen und privaten Bereich, zu Schlafstörungen mit nächtlichem Erwachen gegen 3.00 Uhr und Grübelzwängen, er bleibt morgens im Bett liegen, kümmert sich nicht mehr um sein Geschäft, „es ist ohnehin alles sinnlos", hat an nichts mehr Interesse, kann sich an nichts mehr freuen, auch nicht an seinen Enkelkindern. Der Hausarzt diagnostiziert einen „psychophysischen Erschöpfungszustand", behandelt mit einem Johanniskrautpräparat und rät zu einem Urlaub. Am Urlaubsort wird alles schlechter und er fährt vorzeitig nach Hause, hat erstmals Suizidgedanken. Es wird ein Internist aufgesucht, der erstmals einen Diabetes mellitus feststellt und die Beschwerden darauf bezieht. Auf Behandlung keine Besserung. Erst nach drei Monaten wird ein Nervenarzt konsultiert, der von einer schweren depressiven Episode ausgeht. Im MRT des Schädels deutliche Mikroangiopathie. Psychodynamisch Vater-Sohn-Konflikt mit dem ältesten Sohn, der bereits aktiv und erfolgreich in der Firma mitarbeitet und von dem er sich an die Wand gedrängt und in seiner Autorität beeinträchtigt fühlt, zudem die Ehefrau den Sohn besonders hervorhebt und bewundert. Es erfolgt medikamentöse Behandlung durch diverse Antidepressiva, die sich als schwierig erweist, da die meisten Medikamente nicht vertragen werden und der Patient die Behandlung als solche als für ihn kränkend empfindet „ich habe bisher alles alleine geschafft". Eine Psychotherapie lehnte er ab. Nach lang dauernder Arbeitsunfähigkeit erfolgte der Antrag auf Anerkennung von BU. Im Berufsbild von acht Stunden täglicher Arbeit fünf Stunden praktische Tätigkeit in der Backstube, der Rest Büroarbeit, Kontakte mit Großkunden und Mithilfe im Verkauf. Bei der Schwere der Symptomatik musste eine 70%-ige BU für alle Bereiche empfohlen werden, bei gleichzeitigem Rat zu einer intensivierten, evt. stationären Behandlung.

K.B. 36-jähriger Metzgermeister und Immobilienmakler schilderte sich als überdurchschnittlich aktiv, habe zwei Firmen gleichzeitig betrieben und sei darin erfolgreich gewesen. Seit Jahren bekannter Bluthochdruck, 2003 erstmals Schwindel, Bewusstseinsverlust, flüchtige Halbseitenschwäche rechts und Sehstörungen. Im MRT trotz des geringen Lebensalters ausgeprägte Zeichen einer vaskulären Enzephalopathie. In der Folgezeit antriebslos, Gedächtnisstörungen, depressiv, gleichgültig, die Ehefrau darüber „fassungslos", völlige Wesensänderung. Laufende nervenärztliche Behandlung mit Antidepressiva und Antidementiva ohne Besserung. Bei der Untersuchung diskrete Halbseitenstörung rechts, leichte Wortfindungsstörungen, ausgeprägt depressiv und adynam.

Diagnose: schwere depressive Episode ohne psychotische Symptome bei organisch-psychischer Störung im Rahmen einer vaskulären Enzephalopathie bei langjährigem Bluthochdruck. Im Berufsbild von zehn Stunden täglicher Tätigkeit sechs Stunden Kundenkontakte, Verkaufsverhandlungen, Behördenkontakte, der Rest Bürotätigkeit. Es war von 100 % BU für alle Bereiche auszugehen gewesen.

6.2   Posttraumatische Belastungsstörung (F 43.1)

6.2.1 Einleitung

Eine posttraumatische Belastungsstörung (PTBS) wird immer häufiger geltend gemacht, nicht nur nach Unfällen, sondern auch nach eher leichten psychischen Traumata und wird damit immer häufiger Gegenstand der Begutachtung.

Seelische Störungen, die im Rahmen des Vietnamkrieges an traumatisierten US-Soldaten beobachtet wurden, gaben Anlass dazu, die Symptome zu einem „neuen" Krankheitsbild, der „posttraumatischen Belastungsstörung (PTBS)" zusammenzufassen, welches von Anfang an erhebliche Bedeutung für die Begutachtung erlangte.

PTBS wurde 1980 als Krankheitsentität eingeführt und im damaligen DSM III („Diagnostic and Statistical Manual of Mental Disorders") der American Psychiatric Association definiert, aber erst 1992 in die „International Classification of Diseases, Injuries and Causes of Death" (ICD) aufgenommen. Seither gilt PTBS auch in Laienkreisen als fester Begriff, wird immer häufiger diagnostiziert und auch bei der Begutachtung besonders nach Unfällen in zunehmendem Maße geltend gemacht.

Es existieren allerdings Unterschiede in den Konzepten des jetzt gültigen DSM-IV-TR und der ICD-10. Es stellt sich dann natürlich die Frage, nach welchem Klassifikationssystem eigentlich PTBS diagnostiziert werden sollte.

Bekanntlich besteht in Deutschland als Mitglied der WHO die Verpflichtung, Krankheiten in der ärztlichen Praxis und in der Klinik nach der ICD-10 zu verschlüsseln. Dies gilt verbindlich und ausnahmslos für alle Krankheitsbilder.

Häufig findet man jedoch gerade in Gutachten explizit die Anwendung des DSM-IV-TR bei der PTBS mit der Begründung, dass die dort mitgeteilten Diagnosekriterien präziser seien. Vollends unübersichtlich wird die Situation dadurch, dass für die ICD-10 Forschungskriterien existieren, die gegenüber den klinisch diagnostischen Leitlinien für die PTBS eine Aufschlüsselung in Kriterien nach A bis E – ähnlich wie im DSM-IV-TR – vorgeben.

Der für die Diagnose entscheidende Aspekt liegt darin, dass das sog. A-Kriterium, d. h. die Traumaqualität in der ICD-10 ausdrücklich auf ein belastendes Ereignis oder eine Situation außergewöhnlicher Bedrohung oder katastrophenartigen Ausmaßes abstellt, die bei fast jedem eine tiefe Verzweiflung hervorrufen würde. Dies ist auch in den Forschungskriterien der ICD-10 enthalten. Beispielhaft werden Naturereignisse oder von Menschen verursachte Katastrophen, Kampfhandlungen, ein schwerer Unfall oder Zeuge des gewaltsamen Todes anderer oder selbst Opfer von Folterung, Terrorismus, Vergewaltigung oder anderer Verbrechen geworden zu sein, angeführt.

Im DSM-IV-TR werden demgegenüber geringere Anforderungen an den Schweregrad des Traumas gestellt. Danach genügt es, wenn die betroffene Person erlebte, beobachtete oder mit einem oder mehreren Ereignissen konfrontiert war, die den tatsächlichen oder drohenden Tod, eine ernsthafte Verletzung oder nur eine Gefahr der körperlichen Unversehrtheit der eigenen Person oder anderer Personen beinhalteten. Es genügt also, wenn die betroffene Person ein Ereignis beobachtete, „damit konfrontiert" war, welches die bloße Gefahr der körperlichen Unversehrtheit anderer Personen beinhaltete, also letztlich allein die Kenntnis von einem Unfall. Das in der ICD-10 relativ stringente A-Kriterium fällt im DSM-IV-TR praktisch weg. Außerdem unterscheiden sich ICD-10 und DSM-IV-TR darin, dass Letzteres ein sog. A-2-Kriterium enthält, welches die Reaktion der Person mit intensiver Furcht, Hilflosigkeit oder Entsetzen fordert. Diese erhebliche psychische Initialreaktion ergibt sich bei der späteren Diagnostik im Grunde nur aus der eigenen Schilderung der betroffenen Person, allenfalls noch aus den Angaben der Umgebung – falls vorhanden. Das B-Kriterium wird in beiden Klassifikationssystemen ähnlich definiert mit Intrusionen, Nachhallerinnerungen, Träumen und flash backs, wobei in der ICD-10 eher allgemein auf „sich wiederholende Träume" verwiesen wird, im DSM-IV-TR auf „wiederkehrende belastende Träume von dem Ereignis". Auf die körperlichen Reaktionen bei der Konfrontation mit Hinweisreizen wird im DSM-IV-TR – im Gegensatz zur ICD-10 – explizit aufmerksam gemacht. Das Vermeidungsverhalten im C-Kriterium wird ähnlich definiert, wobei im DSM-IV-TR noch auf das bewusste Vermeiden von Gedanken, Gefühlen oder Gesprächen, die mit dem Trauma in Verbindung stehen, hingewiesen wird. In der ICD-10 ist dies mehr allgemein gehalten mit „Furcht vor und Vermeidung von Stichworten, die den Leidenden an das ursprüngliche Trauma erinnern können". Andere Kriterien wie Interessenverlust, Entfremdungsgefühl, eingeschränkte affektive Bandbreite werden ähnlich definiert. Das D-Kriterium mit Hyperarousal bzw. dem Zustand vegetativer Übererregbarkeit wird vergleichbar formuliert, wobei in der ICD-10 als Kriterium zusätzlich eigens die „Teilweise oder vollständige Unfähigkeit, sich an einige wichtige Aspekte der Belastung zu erinnern" angeführt wird. Das Zeitkriterium E wird unterschiedlich gefasst. In der ICD-10 wird gefordert, dass die Kriterien innerhalb von sechs Monaten nach dem belastenden Ereignis auftreten müssen, im DSM-IV-TR, dass das Störungsbild länger als einen Monat dauert.

Im DSM-IV-TR ist noch ein weiteres F-Kriterium enthalten, worin gefordert wird, dass das Störungsbild in klinisch bedeutsamer Weise Leiden oder Beeinträchtigungen in sozialen, beruflichen oder anderen wichtigen Funktionsbereichen verursacht.

Zu erwähnen ist, dass die PTBS im DSM-IV-TR unter dem Überbegriff „Angststörungen" mit 309.81 verschlüsselt wird, in der ICD-10 unter „neurotischen Störungen" F 43.1.

Praktische Konsequenzen

In der Praxis ergibt sich auf Grund dieser unterschiedlichen Bewertungen, gerade des A-Kriteriums, nicht selten das Problem, ob eine psychische Reaktion auf einen Unfall oder auf ein belastendes Lebensereignis als PTBS zu werten ist oder nicht. Besonders bei der Begutachtung kommt es nicht selten zu deutlichen Differenzen. Wendet man die ICD-10 an, so ist ein schweres Trauma als Auslöser zu fordern, verwendet man das DSM-IV-TR, so können sehr viel gering gradigere traumatische Ereignisse bereits als auslösend für eine PTBS gewertet werden, etwa allein die Konfrontation im weitesten Sinne mit einem Ereignis, welches eine Gefahr der körperlichen Unversehrtheit der eigenen Person oder auch von anderen Personen beinhaltet. Laut DSM-IV-TR kann das Trauma bereits in der bloßen Kenntnis von einem geschehenen Unglück bestehen.

Diese unterschiedliche Wertung eines heute sehr häufig geltend gemachten Leidens ist ausgesprochen ungünstig. Nach der bisherigen Praxis bleibt es dem jeweiligen Untersucher selbst überlassen, ob er die wesentlich strengeren Traumakriterien der ICD-10 oder die sehr viel „weicheren" Anforderungen des DSM-IV-TR anwendet und damit die Diagnose einer PTBS – aus meiner Sicht recht willkürlich – stellt oder auch nicht.

Die bloße Konfrontation mit einem Ereignis, welches die körperliche Unversehrtheit anderer Personen beinhaltet, genügt also nach DSM-IV-TR bereits für die Diagnosestellung, wenn die übrigen Kriterien erfüllt sind, nach ICD-10 kann dies auch nach den Forschungskriterien eben nicht begründet werden.

Auf die Simulationsnähe und die vielen Laien geläufigen Symptome der PTBS – gerade in Bezug auf eine Begutachtung – wird im Schrifttum immer wieder hingewiesen. Diese Situation unterschiedlicher Diagnosekriterien und damit einer diskrepanten diagnostischen Einschätzung wirkt sich nicht nur auf die Behandlung mit den daraus folgenden Konsequenzen – auch für die Kostenübernahme einer Therapie – aus, sondern auch und besonders in der Begutachtung auf die Anerkennung oder auch Nichtanerkennung einer PTBS als Folge eines belastenden Ereignisses.

In der heute üblichen Praxis besteht kein Konsens, welches Klassifikationssystem eigentlich angewandt werden sollte.

Nachdem in Deutschland für alle Erkrankungen die diagnostischen Kriterien der ICD-10 gelten und die entsprechende Verschlüsselung verbindlich ist, sollte aus meiner Sicht bei der PTBS keine Ausnahme gemacht werden und es müssten dann – um eine Gleichbehandlung aller Betroffenen zu gewährleisten – die diagnostischen Vorgaben der ICD-10, am zweckmäßigsten nach den Forschungskriterien angewandt werden.

6.2.2 Definition und klinisches Bild

Die posttraumatische Belastungsstörung (PTBS) oder „posttraumatic stress disorder" (PTSD) entsteht als eine verzögerte oder protrahierte Reaktion auf ein belastendes Ereignis oder eine Situation außergewöhnlicher Bedrohung oder katastrophenartigen Ausmaßes, die bei fast jedem eine tiefe Verstörung hervorrufen würde. Hierzu gehören eine durch Naturereignisse oder von Menschen verursachte Katastrophe, eine Kampfhandlung, ein schwerer Unfall oder die Tatsache, Zeuge des gewaltsamen Todes anderer oder selbst Opfer von Folterung, Terrorismus, Vergewaltigung oder anderer Verbrechen zu sein.

Prämorbide Persönlichkeitsfaktoren wie bestimmte Persönlichkeitszüge (z. B. zwanghafte oder asthenische) oder neurotische Erkrankungen in der Vorgeschichte können die Schwelle für die Entwicklung dieses Syndroms senken und verstärkend auf seinen Verlauf wirken. Sie sind aber weder nötig noch ausreichend, um das Auftreten der Störung zu erklären.

Neben der Schwere des Traumas kommt der initialen Reaktion mit intensiver Furcht, Hilflosigkeit oder Entsetzen besondere Bedeutung zu (A-Kriterien nach DSM-IV).

Typische Merkmale sind das wiederholte Erleben des Traumas in sich aufdrängenden Erinnerungen (intrusive Nachhallerinnerungen, flash backs), konkrete und themenbezogene Angstsymptomatik, Träume oder Alpträume vor dem Hintergrund eines andauernden Gefühls von Betäubtsein mit emotionaler Stumpfheit, Gleichgültigkeit gegenüber anderen Menschen, Teilnahmslosigkeit gegenüber der Umgebung, Anhedonie sowie Vermeidung von Aktivitäten und Situationen, die Erinnerungen an das Trauma wachrufen könnten.

Üblicherweise findet sich Furcht vor und Vermeidung von Stichworten, die den Leidenden an das ursprüngliche Trauma erinnern könnten. Selten kommt es zu dramatischen akuten Ausbrüchen von Angst, Panik oder Aggression, ausgelöst durch eine plötzliche Erinnerung oder Wiederholung des Traumas oder der ursprünglich darauf erfolgten Reaktion. Gewöhnlich tritt ein Zustand vegetativer Übererregbarkeit mit Vigilanzsteigerung und eine übermäßige Schreckhaftigkeit und Schlaflosigkeit auf. Das Wiedererleben des Ereignisses, Vermeidungsverhalten und anhaltende Symptome erhöhter Erregtheit gelten als entscheidende Symptomkriterien.

Die posttraumatische Belastungsstörung wird durch drei Symptomgruppen charakterisiert

- Intrusionen (wiederholte, sich aufdrängende Erinnerungen)
- Hyperarousal (allgemeine erhöhtes Erregbarkeitsniveau mit Schlafstörungen, Reizbarkeit, innerer Unruhe u. a.)
- Vermeidung (von Reizen, die mit dem Trauma in Verbindung stehen)

Ganz allgemein werden posttraumatische psychische Prozesse durch *Ereignisfaktoren*, also die Schwere des Traumas, durch *Risikofaktoren* wie frühere belastende Erlebnisse mit erhöhter Vulnerabilität und andererseits durch *Schutzfaktoren* i. S. der sozialen Unterstützung wie social support und Coping-Strategien negativ und positiv geprägt.

Eine PTBS wird *häufig übersehen* bei lange zurück liegender Traumatisierung etwa im Kindesalter, bei Komorbidität mit Depression, Angst, Somatisierung, Sucht und Dissoziation, bei im Vordergrund stehender anhaltender somatoformer Schmerzstörung und bei Persönlichkeitsstörungen, da hier jeweils andere Symptome dominieren und das Erscheinungsbild der PTBS überdecken können. In diesen Fällen ist eine gezielte tiefer gehende Exploration unumgänglich.

Es gibt aber auch durchaus *Kritik am Konzept* der PTBS. Der renommierte Psychiater Dörner sieht die PTBS sehr kritisch als interessengesteuerte Modediagnose mit einer inflationären Ausweitung und einer Aufblähung von psychologischen Indikationen. Es würden Millionen von Hilfsbedürftigen geradezu gezüchtet, die förmlich lernten zu akzeptieren, dass alle zukünftigen Schwierigkeiten monokausal auf dieses Trauma zurückzuführen seien. Die Chance des heilsamen Vergessens oder der Relativierung werde ihnen dadurch genommen.

In der Begutachtungssituation stehen ergänzend zur eingehenden Anamnese zusätzliche *testpsychologische Untersuchungen* zur Verfügung. An – allerdings mit erheblichem Zeitaufwand verbundenen – strukturierten Interviews CAPS (Clinician Administered PTSD Scale) und SCID-PTSD (Structured Clinical Interview for DSM). Wenig zeitaufwändig sind ergänzende Selbstbeurteilungsskalen wie IES (Impact of Event Scale), PDS (Posttraumatic Diagnostic Scale) oder PTSS-10 (Post Traumatic Stress Scale-10). Auch diese Testuntersuchungen werden in der Begutachtungssituation durchaus kritisch gesehen. Diese Selbstbeurteilungsskalen sind meist so formuliert, dass ein einigermaßen intelligenter Proband – gerade bei der Begutachtung, wenn es um eine Rente geht – sehr genau bemerkt, welche Antwort für ihn positiv zur Erlangung seines Ziels ist.

Bei der Begutachtung kann daher auch eine schon von den Vorbehandlern gestellte Diagnose „PTBS" nicht kritiklos übernommen werden. Es bedarf vielmehr der sorgfältigen differentialdiagnostischen Abgrenzung gegenüber anderen reaktiven seelischen Störungen.

Nach Frommberger (2004) gelten noch schwebende Entschädigungs- und Renten-verfahren als ein die PTBS-Symptomatik unterhaltender Faktor, was jedoch sicher nur für einen Teil der Betroffenen zutrifft.

Es besteht eine hohe Komorbidität mit Angst und Depressionen, somatoformen und dissoziativen Störungen, Suchterkrankungen, auch Suizidgedanken sind nicht sel-ten. Die Störungen verursachen wesentliche Beeinträchtigungen sozialer, beruflicher und anderer Funktionen.

Die Symptomatik folgt dem Trauma mit einer Latenz, die Wochen bis Monate dau-ern kann, jedoch selten mehr als sechs Monate nach dem Trauma beträgt. Der Ver-lauf ist wechselhaft. In der Mehrzahl der Fälle kann jedoch eine Heilung erwartet werden. Bei wenigen Betroffenen nimmt die Störung über viele Jahre einen chro-nischen Verlauf und geht dann in eine andauernde Persönlichkeitsänderung über.

Als diagnostische Leitlinie gilt, dass dieses Krankheitsbild dann diagnostiziert wer-den kann, wenn es innerhalb von sechs Monaten nach einem traumatisierenden Er-eignis von außergewöhnlicher Schwere aufgetreten ist. Eine wahrscheinliche Diag-nose kann auch dann gestellt werden, wenn der Abstand mehr als sechs Monate beträgt – vorausgesetzt, die klinischen Merkmale sind typisch und es ist keine ande-re Diagnose wie Angst, Zwangsstörung oder depressive Episode zu stellen.

Zusätzlich zu dem Trauma muss eine wiederholte unausweichliche Erinnerung oder Wiederinszenierung des Ereignisses im Gedächtnis, in Tagträumen oder Träumen auftreten. Ein deutlicher emotionaler Rückzug, Gefühlsabstumpfung, Vermeidung von Reizen, die die Wiedererinnerung des Traumas hervorrufen können, sind häu-fig zu beobachten, aber für die Diagnose nicht wesentlich. Die vegetativen Stö-rungen, die Beeinträchtigung der Stimmung und das abnorme Verhalten tragen sämtlich zur Diagnose bei, sind aber nicht von erstrangiger Bedeutung.

Dazugehörige Begriffe sind traumatische Neurose und Randneurose.

Diagnosekriterien der posttraumatischen Belastungsstörung nach den ICD-10 For-schungskriterien (F 43.1)

A. Die Betroffenen waren einem kurz oder lang anhaltenden Ereignis oder Gesche-hen von außergewöhnlicher Bedrohung oder von katastrophalem Ausmaß aus-gesetzt, welches nahezu bei jedem eine tief greifende Verzweiflung auslösen würde

B. Anhaltende Erinnerungen oder Wiedererleben der Belastung durch sich aufdrän-gende Nachhallerinnerungen (flash backs), lebendige szenenhafte Erinnerungen, sich wiederholende Träume oder durch innere Bedrängnis in Situationen, die der Belastung ähneln oder mit ihr in Zusammenhang stehen

C. Umstände, die der Belastung ähneln oder mit ihr in Zusammenhang stehen, werden tatsächlich oder möglichst vermieden. Dieses Verhalten bestand nicht vor dem Ereignis.

D. Entweder 1. oder 2.:
1. teilweise oder vollständige Unfähigkeit, sich an einige wichtige Aspekte der Belastung zu erinnern,
2. anhaltende Symptome einer erhöhten psychischen Sensitivität und Erregung mit zwei der folgenden Merkmale: Ein- und Durchschlafstörungen, Reizbarkeit oder Wutausbrüche, Konzentrationsschwierigkeiten, Hypervigilanz (hyperarousal), erhöhte Schreckhaftigkeit

E. Die Symptome treten innerhalb von sechs Monaten nach dem Belastungsereignis oder nach Ende einer Belastungsperiode auf.

Diagnosekriterien der posttraumatischen Belastungsstörung nach DSM-IV-TR (309.81)

A. Die Person wurde mit einem traumatischen Ereignis konfrontiert, bei dem die beiden folgenden Kriterien vorhanden waren:
1. Die Person erlebte, beobachtete oder war mit einem oder mehreren Ereignissen konfrontiert, die tatsächlichen oder drohenden Tod oder ernsthafte Verletzung oder eine Gefahr der körperlichen Unversehrtheit der eigenen Person oder anderer Personen beinhalteten.
2. Die Reaktion der Person umfasste intensive Furcht, Hilflosigkeit oder Entsetzen.

B. Das traumatische Ereignis wird beharrlich auf mindestens eine der folgenden Weisen wiedererlebt:
1. wiederkehrende und eindringliche belastende Erinnerungen an das Ereignis, die Bilder, Gedanken oder Wahrnehmungen umfassen können,
2. wiederkehrende belastende Träume von dem Ereignis,
3. Handeln oder Fühlen, als ob das traumatische Ereignis wiederkehrt (beinhaltet das Gefühl, das Ereignis wiederzuerleben, Illusionen, Halluzinationen und dissoziative Flashback-Episoden, einschließlich solcher, die beim Aufwachen oder bei Intoxikationen auftreten),
4. intensive psychische Belastung bei der Konfrontation mit internalen oder externalen Hinweisreizen, die einen Aspekt des traumatischen Ereignisses symbolisieren oder an Aspekte desselben erinnern,
5. körperliche Reaktionen bei der Konfrontation mit internalen oder externalen Hinweisreizen, die eine Aspekt des traumatischen Ereignisses symbolisieren oder an Aspekte desselben erinnern.

C. Anhaltende Vermeidung von Reizen, die mit dem Trauma verbunden sind, oder eine Abflachung der allgemeinen Reagibilität (vor dem Trauma nicht vorhanden). Mindestens drei der folgenden Symptome liegen vor:

1. bewusstes Vermeiden von Gedanken, Gefühlen oder Gespräche, die mit dem Trauma in Verbindung stehen,

2. bewusstes Vermeiden von Aktivitäten, Orten oder Menschen, die Erinnerungen an das Trauma wachrufen,

3. Unfähigkeit, einen wichtigen Aspekt des Traumas zu erinnern,

4. deutlich vermindertes Interesse oder verminderte Teilnahme an wichtigen Aktivitäten,

5. Gefühl der Losgelöstheit oder Entfremdung von anderen,

6. eingeschränkte Bandbreite des Affekts (z. B. Unfähigkeit, zärtliche Gefühle zu empfinden),

7. Gefühl einer eingeschränkten Zukunft (z. B. erwartet nicht, Karriere, Ehe, Kinder oder normal langes Leben zu haben).

D. Anhaltende Symptome erhöhten Arousals (vor dem Trauma nicht vorhanden). Mindestens zwei der folgenden Symptome liegen vor:

1. Schwierigkeiten ein- oder durchzuschlafen,

2. Reizbarkeit oder Wutausbrüche,

3. Konzentrationsschwierigkeiten,

4. übermäßige Wachsamkeit (Hypervigilanz),

5. übertriebene Schreckreaktion.

E. Das Störungsbild (Symptome unter Kriterium B, C und D) dauert länger als einen Monat an.

F. Das Störungsbild verursacht in klinisch bedeutsamer Weise Leiden oder Beeinträchtigungen in sozialen, beruflichen oder anderen wichtigen Funktionsbereichen.

– Akut = wenn die Symptome weniger als drei Monate andauern,
– chronisch = wenn die Symptome mehr als drei Monate andauern,
– mit verzögertem Beginn = wenn der Beginn der Symptome mindestens sechs Monate nach dem Belastungsfaktor liegt.

6.2.3 Gutachtliche Beurteilung

Die korrekt gestellte Diagnose PTBS eröffnet die grundsätzliche Möglichkeit langjähriger – womöglich lebenslanger – seelischer Erkrankung als Unfallfolge.

Die Tendenz, nach Bagatellunfällen und mittelschweren Unfallereignissen eine PTBS geltend zu machen widerspricht der Intention der WHO. Es sollte in der Medizin und auch in der Öffentlichkeit stärker zwischen tatsächlich schweren Traumen und

Bagatellereignissen unterschieden werden. Die inflationsartige Ausweitung dieses Begriffs auf alle mögliche, auch gering traumatisierende Ereignisse, denen das ursprüngliche Kriterium der selbst erlebten realen Todesgefahr fehlt, birgt Nachteile für diejenigen, die wirklich schwersten seelischen Belastungen ausgesetzt waren. Hat ein solches Trauma nicht vorgelegen, so kann diese Diagnose nicht gestellt werden und einer Tendenz zur kritiklosen Anwendung schon auf einfache Heckauffahrunfälle, wie sie immer mehr zu beobachten ist, sollte entgegengetreten werden (Foerster).

Eine schwere PTBS kann durchaus zu BU führen, allerdings muss dies im Einzelfall gut begründet werden. Der Anamnese, einer sorgfältigen psychiatrischen Exploration, der Bewertung durchgeführter Therapiemaßnahmen und der Beurteilung der Auswirkung auf alle Lebensbereiche kommt dabei besondere Bedeutung zu.

6.3 Somatoforme bzw. psychosomatische Störungen

6.3.1 Einleitung

Unklare körperliche Befindlichkeitsstörungen und Schmerzen stellen einen der Hauptgründe für die Inanspruchnahme medizinischer Leistungen und für die Geltendmachung einer Leistungsminderung dar. Sie sind daher eine besondere Herausforderung für die Praxis der Leistungsregulierung im Rahmen der privaten Berufsunfähigkeitsversicherung. Allgemein gilt, je mehr unklare Körperbeschwerden vorliegen, desto unwahrscheinlicher ist eine organische Ursache und desto wahrscheinlicher eine psychische Genese. Ein fachspezifischer Scheuklappenblick übersieht oft die Gesamtheit einer psychosomatischen Störung mit der Folge, dass immer neue Fachärzte unterschiedlicher Richtungen aufgesucht werden.

Die Arzt-Patienten-Beziehung ist ausgesprochen schwierig. Der Patient ist enttäuscht „man findet nichts, aber ich habe meine Beschwerden". Er ist frustriert über erfolglose Vorbehandlungen und wertet sie ab, mit Angst vor der Stigmatisierung als „Simulant" und hat Riesenerwartungen an jeden neuen Behandler, zu dem er oft hunderte von Kilometern fährt „Sie sind der einzige, der mir helfen kann" – die nächste Enttäuschung ist programmiert! Besonders problematisch ist dann das zunehmend iatrogen organisch fixierte Krankheitskonzept, vor allem dann, wenn – von Nicht-Psychiatern – Minimalbefunde zur Ursache aller Beschwerden hochstilisiert werden.

6.3.2 Definition

Die diagnostische Klassifikation und Terminologie psychosomatischer Erkrankungen hat sich im Laufe der Jahre mehrfach geändert. Für Befindlichkeitsstörungen ohne fassbares Korrelat hatten sich ursprünglich die Begriffe „funktionell" oder „psychovegetativ" eingebürgert, später nach der ICD-10 „somatoforme Störung". „Somatoform" kann am einfachsten übersetzt werden mit: „Sieht aus wie körperlich, ist es aber nicht". „*Psychosomatisch*" weist auf die enge Verknüpfung seelischer und körperlicher Vorgänge in der Krankheitsentstehung hin, wobei lebensgeschichtlich bedeutenden Erlebnissen besondere Relevanz zukommt. „*Psychogene Störungen*" sind in der Psyche selbst begründet und „*psychovegetativ*" weist auf die häufigen vegetativen Reaktionen bei seelischen Störungen hin. Unter „Neurose" versteht man nach Sigmund Freud eine psychisch bedingte Gesundheitsstörung, deren Symptome unmittelbare Folge und symbolischer Ausdruck eines krankmachenden seelischen Konfliktes sind, der unbewusst bleibt und der in der Kindheitsentwicklung verwurzelt ist. Die jeweilige Symptomatik entsteht aus einem Kompromiss zwischen Triebwünschen und einer ihre Realisierung verhindernden Abwehr. In der Konversion erfolgt die Unschädlichmachung einer unerträglichen Vorstellung durch Umsetzung in ein körperliches Symptom mit Symbolcharakter.

Es gilt, dass somatoforme Störungen nicht absichtlich oder bewusst erzeugt werden, d. h. nicht der willentlichen Kontrolle unterliegen.

6.3.3 Prävalenz

Nach Schätzungen sollen 20 – 40% der Patienten einer Allgemeinpraxis unter somatoformen Störungen leiden.

Bei Fachärzten liegt die Prävalenz je nach Fachrichtung zwischen 5 und 50%. Das Hauptproblem besteht allerdings darin, dass stets eine körperliche Erkrankung sicher ausgeschlossen bzw. erfasst werden muss, bevor man eine seelische Störung als wesentlich annehmen darf. Häufig liegt beides vor und nicht wenige körperliche Erkrankungen beginnen unspezifisch mit wenig fassbaren Symptomen, die zunächst die Diagnose noch nicht zulassen und erst im weiteren Verlauf eindeutig diagnostiziert werden können (beispielhaft Multiple Sklerose oder die Parkinsonsche Erkrankung).

Ein anderes Problem, welches vor allem für den Gutachter von Bedeutung ist, liegt darin, dass viele Ärzte und Betroffene das Vorliegen einer seelischen Störung nicht wahr haben wollen und stattdessen organische Minimalbefunde als Diagnose heranziehen. Typisches Beispiel sind degenerative Veränderungen der Wirbelsäule, an denen die meisten über 30-Jährigen leiden, tatsächlich liegt den Beschwerden im Einzelfall oft eine somatoforme Schmerzstörung zugrunde.

Zahlen zur Prävalenz sind daher in diesem Bereich außerordentlich zurückhaltend zu bewerten.

6.3.4 Ursachen und Krankheitsentstehung

Allgemein akzeptiert wird heute ein multimodales „Vulnerabilitäts-Stress-Modell", wobei genetische Faktoren, kritische Lebensereignisse, Kindheitserlebnisse und Persönlichkeitseigentümlichkeiten über äußere Stressoren zu einem „Teufelskreis" von Angst, Vermeidungsverhalten, physiologischen Veränderungen und vermehrter Aufmerksamkeit und Wahrnehmung körperlicher Empfindungen führen und damit die Aufrechterhaltung der somatoformen Störungen bedingen. Biochemische und neurophysiologische Veränderungen haben ebenso Bedeutung wie die psychosozialen Komponenten mit traumatischen Lebenserfahrungen, Ablehnung durch die Eltern, körperliche und sexuelle Misshandlungen, Dauerstreit in der Ehe der Eltern, früher Verlust eines Elternteils u. a. Einer depressiven Grundeinstellung und einer Alexithymie, d. h. einer eingeschränkten Wahrnehmung der eigenen Gefühle und Befindlichkeiten kommt ebenfalls Bedeutung zu.

Relevant sind auch ein übermäßiger Somatisierungsstil in der Primärfamilie, einschlägige eigene Krankheiten (z. B. Sanatoriumsaufenthalte als Kind früher wegen Tbc, heute wegen Asthma oder Neurodermitis) oder naher Angehöriger mit prägender Wirkung und nicht zuletzt auch der Einfluss behandelnder Ärzte mit überfürsorglichem Behandlungsstil.

Der Gutachter wird versuchen, sich ein Bild vom subjektiven Krankheitsverständnis, vom Selbsterleben der Krankheit, von der Krankheitseinsicht, der Introspektionsfähigkeit, dem Psychogeneseverständnis, der Veränderungsmotivation, von krankheitsfixierenden Einstellungen, einem sekundären Krankheitsgewinn, einer Regressionsneigung und letztlich auch den persönlichen Ressourcen zu machen.

Therapie

Nicht selten ergibt sich bei der Begutachtung, dass im Grunde keine oder keine adäquate Therapie der seelischen Störung durchgeführt wurde. Natürlich wird man den Probanden und auch den Auftraggeber auf die Erfordernis einer notwendigen Behandlung hinweisen, jedoch gibt es keine Möglichkeit, den Versicherten dazu zu zwingen. Bei einer Psychotherapie ist die erforderliche Mitwirkung des Patienten für den Erfolg ausschlaggebend und bei fehlender Bereitschaft wäre ein Zwang letztlich kontraproduktiv. Für eine medikamentöse Behandlung gelten die gleichen Überlegungen. Hier steht man auch als behandelnder Arzt oft vor dem Problem, dass der Patient die Einnahme ablehnt, wenn er glaubt „Nebenwirkungen" zu bemerken, die in den meisten Fällen ohnehin nicht zu objektivieren sind.

Eine grob fahrlässige Verletzung der Schadenminderungsobliegenheit wurde durch die Rechtsprechung verneint, wenn die Erfolgsaussicht wegen des notwendigen, aber nicht vorhandenen Verständnisses des Versicherten für eine Psychotherapie fehlt (OLG Karlsruhe vom 3. 4. 2003, Az. 12 U 57/01; OLG-Report 2003, 353).

6.3.5 Klinisches Bild

Allgemeine diagnostische Hinweise auf eine somatoforme Störung:

- Sensibilitätsstörungen „nach dem Kleiderschema"
- Beschwerdeschilderung diffus und bunt, bildhaft
- Appellatives Interaktionsverhalten
- Häufiger Arztwechsel in der Vorgeschichte
- Unklare und wechselnde frühere Erkrankungen
- Gestörte biografische Entwicklung
- Aktuell belastende Lebenssituationen, beruflich oder familiär
- Diskrepanz zwischen subjektiven Beschwerden und objektivem Befund
- Fehlen eines hinreichend erklärenden organischen Befundes

Auch wenn sich eine enge Beziehung zu unangenehmen Lebensereignissen oder Konflikten aufzeigen lässt, widersetzt sich der Betroffene gewöhnlich den Versuchen, auch nur die Möglichkeit einer psychischen Ursache zu diskutieren. Gleichzeitig findet sich aber nicht selten ein Aufmerksamkeit suchendes histrionisches Verhalten, gerade wenn es nicht gelungen ist, Ärzte von einer organischen Genese zu überzeugen.

In der ICD-10 umfasst die Systematik psychosomatischer Störungen im weitesten Sinne, also seelische Erkrankungen mit körperlichen Symptomen die folgenden Untergruppen:

F 44 dissoziative Störungen (Konversionsstörungen)

F 45 somatoforme Störungen

F 48 andere neurotische Störungen

6.3.5.1 Dissoziative Störungen (F 44)

F 44.4 dissoziative Bewegungsstörungen

F 44.5 dissoziative Krampfanfälle

F 44.6.dissoziative Sensibilitätsstörungen

F 44.4: dissoziative Bewegungsstörungen

Sie werden auch „pseudoneurologische Störungen" genannt, da fast jede Form organ-neurologischer Erkrankungen dadurch imitiert werden kann. Es kann zu vollständigem oder teilweisem Verlust der Bewegungsfähigkeit oder der Sprache kommen, zu Lähmungen, Koordinations- und Gangstörungen (Abasie, Astasie), Tremor u. a.

F 44.5: dissoziative Krampfanfälle

Sie können epileptischen Anfällen sehr stark ähneln, wobei Zungenbiss, Verletzungen beim Sturz oder Urininkontinenz eher selten sind. Meist besteht kein Bewusstseinsverlust, statt dessen ein trance- oder stuporähnlicher Zustand. Allerdings sind sie oft anamnestisch von epileptischen Anfällen schwer zu differenzieren.

F 44.6: dissoziative Sensibilitätsstörungen

Die Grenzen der sensibel gestörten Hautareale entsprechen laienhaften Vorstellungen, meist scharf begrenzt, oft Kleidungsstücken entsprechend mit unterschiedlichen, neurologisch nicht erklärbaren Verlusten von Gefühlsqualitäten. Möglich sind auch psychogene Sehstörungen als „Tunnelsehen" oder Verschwommensehen bei erhaltener Raumorientierung, auch dissoziative Taubheit oder Anosmie.

Leistungsfähigkeit bei dissoziativen Störungen

Die Einschränkungen der Leistungsfähigkeit bei dissoziativen Störungen können sehr unterschiedlich sein. Bei kurzer Dauer ist die Prognose oft nicht ungünstig, bei langer Dauer sind die Störungen oft fixiert und chronifiziert. Zur Beurteilung ist von Bedeutung, welche Therapie durchgeführt wurde. Stationär? Ambulante Psychotherapie? Reha-Maßnahmen? Wichtig sind auch hier die Auswirkungen auf den Alltag.

6.3.5.2 Somatoforme Störungen (F 45)

Probleme in der Begutachtung ergeben sich dadurch, dass körperliche Beschwerden geklagt werden oder somatische Funktionsstörungen demonstriert werden, die sich nicht objektivieren lassen und für die sich keine körperliche Ursache finden lässt. Die Symptome folgen häufig den laienhaften Vorstellungen der Probanden.

Das entscheidende diagnostische „Instrument" ist die biografische Anamnese.

In der ICD-10 sind somatoforme Störungen unter F 45 erfasst. Es gibt jedoch eine ganze Reihe von organisch nicht begründbaren Befindlichkeitsstörungen, die in der ICD-10 an ganz anderer Stelle klassifiziert werden, letztlich aber den somatoformen Störungen unmittelbar zuzuordnen sind. Sie werden hier mit abgehandelt.

- F 45.0 Somatisierungsstörung

- F 45.1 undifferenzierte Somatisierungsstörung

- F 45.2 hypochondrische Störung

- F 45.3 somatoforme autonome Funktionsstörung

- F 45.4 anhaltende somatoforme Schmerzstörung

- F 45.8 andere somatoforme Störungen

- F 48.0 Neurasthenie

- F 68.0 Entwicklung körperlicher Symptome aus psychischen Gründen

- M 79.0 Fibromyalgie

F 45.0: Somatisierungsstörung

Charakteristisch sind multiple, wiederholt auftretende und häufig wechselnde körperliche Symptome, die mindestens zwei Jahre bestanden haben. Es liegt eine lange und komplizierte Patientenkarriere mit vielen negativen Untersuchungen und ergebnislosen Operationen vor. Die Symptome können sich auf jeden Körperteil beziehen. Depressionen, Ängste und Medikamentenabhängigkeit kommen häufig vor. Der Verlauf ist chronisch fluktuierend und oft mit einer lang dauernden Beeinträchtigung des sozialen, interpersonalen und familiären Verhaltens verbunden. Frauen sind häufiger als Männer betroffen mit Beginn im frühen Erwachsenenalter. Typisch ist die hartnäckige Weigerung, den Rat und die Versicherung mehrerer Ärzte anzunehmen, dass keine körperliche Erklärung zu finden ist.

F 45.1: undifferenzierte Somatisierungsstörung

Sie gilt als die verdünnte Form der Somatisierungsstörung mit weniger strengen Kriterien und über mindestens sechs Monate bestehenden zahlreichen, hartnäckigen und unterschiedlichen körperlichen Beschwerden. Hinweise auf eine psychologische Verursachung können vorliegen, sind aber nicht obligat.

F 45.2: hypochondrische Störung

Im Wahrnehmen und Denken der Patienten steht die ängstliche Beschäftigung mit dem eigenen Körper und seiner bedrohten Gesundheit im Vordergrund oder die Überzeugung, an einer schweren, bisher unentdeckten Krankheit zu leiden, weniger jedoch körperliche Beschwerden im eigentlichen Sinne, wie Schmerzen. Der

Betroffene kann meist ganz genau die Krankheit benennen, vor der er Angst hat, etwa Krebs oder AIDS u. a. Normale körperliche Empfindungen werden oft als abnorm und belastend interpretiert. Angst und Depressionen sind häufig damit verknüpft. Der Verlauf ist im Allgemeinen chronisch und wechselhaft.

F 45.3: somatoforme autonome Funktionsstörung

Die Symptome werden so geschildert, als beruhten sie auf der körperlichen Erkrankung eines weitgehend vegetativ innervierten Organs, etwa des kardiovaskulären, gastrointestinalen oder respiratorischen Systems, z. B. als „Herzneurose", Hyperventilationssyndrom, „Magenneurose", Dyspepsie, „nervöser Durchfall", Colon irritabile, Dysurie mit psychogenem Anstieg der Miktionshäufigkeit und anderen organisch anmutenden funktionelle Störungen.

F 45.4: anhaltende somatoforme Schmerzstörung

Andauernde schwere und quälende Schmerzen, die durch einen physiologischen Prozess oder eine körperliche Störung nicht vollständig erklärt werden können in Verbindung mit emotionalen Konflikten oder psychosozialen Problemen, die schwer genug sein sollten, um als entscheidende ursächliche Einflüsse zu gelten. Die Folge ist gewöhnlich eine beträchtliche persönliche oder medizinische Betreuung oder Zuwendung. Es handelt sich um eine außerordentlich häufige Störung, die sehr oft einer „chronischen Schmerzkrankheit" zugrunde liegt.

F 45.8: andere somatoforme Störungen

Nicht auf körperliche Ursachen zurückzuführende Störungen, die mit belastenden Ereignissen oder Problemen in enger Verbindung stehen, wie Globusgefühl, „Globus hystericus", psychogener Schiefhals, psychogenes Jucken, Zähneknirschen u. a.

F 48.0: Neurasthenie

Die Betroffenen klagen anhaltend über stark vermehrte Müdigkeit nach geistiger Anstrengung oder über körperliche Schwäche und rasche Erschöpfung schon nach geringer körperlicher Belastung. Muskelschmerzen, Schwindel, Spannungskopfschmerzen, Schlafstörungen und weitere unspezifische Symptome können hinzutreten.

Die Diagnosekriterien für das „Chronic-Fatigue-Syndrom" (CFS) sind identisch. Dem Ausschluss einer körperlichen Erkrankung, z. B. einer Schilddrüsenfunktionsstörung oder eines Malignoms, aber auch einer primär psychischen Erkrankung wie einer Depression kommt hier besondere Bedeutung zu.

F 68.0: Entwicklung körperlicher Symptome aus psychischen Gründen

Körperliche Symptome vereinbar mit und ursprünglich verursacht durch eine körperliche Störung werden wegen des psychischen Zustandes der Betroffenen aggraviert oder halten länger an. Es entwickelt sich ein aufmerksamkeitssuchendes (histrionisches) Verhalten mit zusätzlichen und gewöhnlich unspezifischen Beschwerden nicht körperlichen Ursprungs. Unzufriedenheit mit dem Ergebnis der Untersuchungen und Behandlungen oder Enttäuschung über mangelnde persönliche Zuwendung können motivierende Faktoren sein. Bei einigen Personen scheint in der Möglichkeit, eine finanzielle Entschädigung zu erhalten, eine Ursache zu liegen, das Symptom verschwindet aber nicht notwendigerweise, wenn ein Rechtsstreit erfolgreich beendet ist. Als dazugehöriger Begriff gilt „Rentenneurose".

M 79.0: Fibromyalgie

Die Fibromyalgie gehört in den Bereich der anhaltenden somatoformen Schmerzstörung.

Diagnostische Kriterien des American College of Rheumatology (ACR) 1990 (Wolfe, F. et al.) für die Fibromyalgie:

– ausgebreitet persistierende Schmerzen („wide spread pain"), d. h. Schmerzen der ganzen rechten und/oder linken bzw. oberen und/oder unteren Körperhälfte unter Einschluss der Wirbelsäule

– Angabe von Druckschmerz an mindestens 11 von 18 definierten „tender points"

– vielfältige diffuse „vegetative" funktionelle Organbeschwerden

– mindestens dreimonatige Dauer der Beschwerden

Es bestehen somit ausschließlich subjektive Diagnosekriterien, eine objektivierbare Funktionsstörung lässt sich nicht nachweisen.

Der Autor der ACR-Kriterien Frederick Wolfe hat 2003 ausdrücklich diese von ihm selbst 1990 aufgestellten Kriterien zurückgezogen und als „mistake" gewertet! Sie sind daher für die Begutachtung ohne Relevanz. Entscheidend sind für die Leistungsbeurteilung das Vorliegen und das Ausmaß einer seelischen Störung, die im Einzelfall sehr wohl gravierend sein und zur Leistungsminderung führen kann. Der pseudoorganische Begriff „Fibromyalgie" ist durchaus entbehrlich. Er scheint eine körperliche Erkrankung nahe zulegen, die tatsächlich nicht nachweisbar ist. Die vielfältigen somatischen Behandlungsmaßnahmen sind dementsprechend in den meisten Fällen frustran, fördern aber die Chronifizierung des Schmerzsyndroms und verhindern eine adäquate Therapie mit seelischen Mitteln.

„Das primäre Fibromyalgie-Syndrom ist damit die wohl einzige bekannte „Krankheit" bei der die Diagnose ausschließlich dadurch gestellt wird, dass mit dem Fin ger auf verschiedene Stellen am Körper gedrückt wird und diese dann als subjektiv schmerzhaft angegeben werden." (Widder/Gaidzik 2007)

6.3.6 Gutachtliche Beurteilung

6.3.6.1 Grundlagen der Begutachtung

Wie in anderen Bereichen der Leistungsbeurteilung auch, wird man sich in der privaten Berufsunfähigkeitsversicherung grundsätzlich an Beeinträchtigungen auf den verschiedenen Ebenen der Schäden von Funktion und Struktur, der Aktivität und der Partizipation orientieren.

Deutliche Diskrepanzen zwischen Partizipationsmöglichkeiten im privaten und im beruflichen Umfeld lassen Zweifel an der Plausibilität der vorgebrachten Beschwerden aufkommen.

Nach einem Urteil des Bundessozialgerichts 1964 umfasst eine krankheitswertige „Neurose" seelische Störungen, die der Versicherte – auch bei zumutbarer Willensanspannung – aus eigener Kraft nicht überwinden kann und welche die Arbeits- und Erwerbsfähigkeit in einer vom Betroffenen selbst nicht zu überwindenden Weise hemmen.

Entscheidend für die Beurteilung ist zunächst die Zuordnung als relevante seelische Störung überhaupt, dann die Feststellung des Schweregrades und schließlich die prognostische Aussage zur Überwindbarkeit mit zumutbarer Willensanspannung. Nicht zuletzt ist auch die Abgrenzung zu Aggravation und Simulation erforderlich.

Grundsätzlich kann ganz allgemein nur ein Teil der BU-Ursachen auf medizinisch objektivierbare Krankheiten zurückgeführt werden. Ein wesentlicher Teil der Antragsteller leidet an einer Kombination von körperlichen und psychischen Symptomen, manchmal wechselnder Natur mit unterschiedlichem Leidensdruck und dem Wunsch nach Entlastung am Arbeitsplatz bei gleichzeitigem finanziellem Ausgleich. Der Anteil der durch psychische oder psychosomatische Erkrankungen begründeten BU-Anträge wird auf zirka 50% geschätzt.

Tabelle 11 *Kategorisierungsmöglichkeiten somatoformer Störungen*
(Svitak, Rauh 2004)

	Funktionelle Einschränkungen	Keine Einschränkungen
	I	II
Organisches Korrelat	Berufsunfähigkeit? Aggravation?	Krankheit ohne ausreichenden Einfluss auf Funktionsfähigkeit im letzten Beruf?
	III	IV
Fehlendes organisches Korrelat	Somatoforme Störung? Psychische Störung? Soziale Problematik? Simulation?	Gesund

Der Grad der BU wird grundsätzlich dadurch bestimmt, dass die festgestellten funktionellen Einschränkungen auf die zuletzt ausgeübte Tätigkeit bezogen werden.

In der Begutachtung somatoformer Störungen kommt der Prüfung unter bio-psycho-sozialen Aspekten entscheidende Bedeutung zu.

Allgemeine Kriterien zur Leistungsbeurteilung nach Foerster haben sich in der gutachtlichen Praxis gut bewährt und können für alle somatoforme Störungen Anwendung finden:

– Handelt es sich um einen mehrjährigen Verlauf?

– Ist der Verlauf durch eine kontinuierliche Chronizität charakterisiert oder sind zwischenzeitliche Remissionen – ggf. nach therapeutischen Maßnahmen – zu beobachten?

– Bestand bzw. besteht eine regelmäßige ambulante Therapie?

– Haben stationäre Behandlungsversuche, auch mit unterschiedlichen therapeutischen Ansatzpunkten stattgefunden?

– Sind Rehabilitationsmaßnahmen gescheitert?

– Komorbidität mit anderen seelischen Erkrankungen?

– Ausgeprägter sekundärer Krankheitsgewinn?

Sind diese Fragen bezüglich des Verlaufs zu bejahen und liegt außerdem eine im rechtlichen Sinne „erhebliche Störung" vor, so dürfte mit der Wiederherstellung der vollen Erwerbsfähigkeit kaum zu rechnen sein, falls dies im Verlauf der Erkrankung zum Problem geworden ist (Foerster 1992).

Die biografische Anamnese ist in der Diagnostik unentbehrlich. Sie liefert dem Gutachter wesentliche Informationen darüber, wie plausibel das geltend gemacht krankheitsbedingte „Nicht-mehr-Können" vor dem Hintergrund der bisherigen Bewältigung von Krankheiten und Lebensschwierigkeiten bzw. persönlicher Vulnerabilitäten und Ressourcen ist.

Eng damit verknüpft ist die Frage nach der *zumutbaren Willensanspannung,* die der Rechtsprechung des Bundessozialgerichts 1964 entstammt, aber auch für die Beurteilung nach der privaten Berufsunfähigkeitsversicherung relevant ist. Ob der Antragsteller bzw. Kläger in der Lage ist, mit zumutbarer Willensanspannung seine Fehlhaltung zu überwinden und sich wieder in das Berufsleben einzufügen, lässt sich nur schwer konkret beantworten. Der „Wille" ist ein philosophisches Konstrukt und weder nachweisbar noch messbar. Man wird diese Frage daher auf eine medizinische Ebene transponieren und mit dem Schweregrad und der Prognose der psychischen Störung beantworten. Dabei spielen Komorbiditäten, Chronifizierungsgrad, Art und Erfolg der therapeutischen Maßnahmen und auch der sekundäre Krankheitsgewinn eine wesentliche Rolle.

6.3.6.2 Finale Betrachtungsweise

Hier kommt es darauf an, unabhängig von der Ursache, Funktionseinschränkungen und das Leistungsvermögen des Probanden adäquat zu ermitteln. Schwierigkeiten ergeben sich bei der Bewertung nicht oder nur zum Teil körperlich erklärbarer Schmerzen. Dem Gutachter helfen tiefenpsychologische Deutungsversuche bei der aktuellen Leistungsbeurteilung nicht weiter, so interessant sie im Einzelfall auch sein mögen, denn sie sagen nichts über den aktuellen Umfang der Beeinträchtigungen aus. Der in der ärztlichen Behandlung geltende „Vertrauensgrundsatz", wonach, „wer Schmerzen klagt, auch Schmerzen hat", kann hier aus verständlichen Gründen nicht zur Anwendung kommen. In der Begutachtungssituation gilt es, die vorgebrachten Beschwerden zwar nicht zu beweisen, jedoch im Sinne einer „Konsistenzprüfung" nachvollziehbar und glaubhaft zu machen. Die schon vielfach angeführten Kriterien, wie Berücksichtigung der Freizeitaktivitäten, besonders der durchgeführten ärztlichen Behandlungsmaßnahmen, aber auch die Auswirkungen auf den Alltag, die zwischenmenschlichen Beziehungen und Hinweise auf eine eventuelle Aggravation sind hier sorgfältig zu prüfen.

Sind die Angaben zur Beeinträchtigung im beruflichen und privaten Bereich kongruent, ergeben sich keine Probleme. Bei krassen Inkonsistenzen ist eine relevante Leistungsminderung abzulehnen. Schwierig ist die Beurteilung der Fälle, bei denen zunächst ein sekundärer Krankheitsgewinn im Vordergrund stand, später aber durch zunehmende Chronifizierung eine dem willentlichen Zugriff entzogene eigengesetzliche Störung von Krankheitswert entstanden ist. Bei mangelnder Kooperation des Probanden kann keine sachgerechte Beurteilung durch den Sachverständigen erfolgen, die Beweislast liegt dann beim Antragsteller.

Ein Gutachten zu dieser Fragestellung sollte daher Angaben zum Verhalten des Probanden während der Begutachtung, zu den Alltagsaktivitäten, zur speziellen Schmerzanamnese, zur bisherigen Therapie, möglichst fremdanamnestische Angaben und einen Hinweis auf die eigene subjektive Einschätzung des Probanden zu seiner beruflichen Leistungsfähigkeit enthalten. Der klinische Befund allein reicht sicher nicht aus.

Zu der heute sehr häufigen und an sich sinnvollen Empfehlung, sich die Freizeitaktivitäten vom Probanden in Einzelheiten schildern zu lassen, sind allerdings mittlerweile gewisse Einwände zu machen. Die Untersuchten und vor allem die Rentenberater und Rechtsanwälte wissen um die Bedeutung dieser Fragen und beraten ihre Mandanten einschlägig.

6.3.6.3 Handlungsmöglichkeiten des BUZ-Leistungsregulierers

Der BUZ-Leistungsregulierer hat durchaus einige Handlungsmöglichkeiten, die er auch ausschöpfen sollte. Zweckmäßig sind gezielte Fragen an den Kunden bezüglich Behandlung, Lebensführung, Freizeitaktivitäten und Lebensperspektiven; günstig ist auch ein persönlicher Kontakt mit dem Kunden, in Einzelfällen ist auch eine Außenregulierung zu erwägen. Die Auswertung von Reha-Berichten ist hilfreich, wobei sich die Frage stellt, ob die psychischen Dimensionen des Krankheitsbildes auch erfasst wurden. Welche Klinik? Orthopädie? Neurologie? Psychosomatik? Wie schlüssig ist die sozialmedizinische Beurteilung? Gezielte Fragen an die behandelnden Ärzte sind sinnvoll, weniger nach der Prozenteinschätzung, vielmehr nach den Alltagsaktivitäten, Sport, Urlaub, soziale und familiäre Situation, sozialer Rückzug und zur Therapiemotivation.

Hinweise für die BUZ-Leistungsregulierer auf psychosomatische Aspekte in den ärztlichen Unterlagen

Häufig diffuse, wenig aussagekräftige Diagnosen wie „Ganzkörperschmerz", „allgemeines Schmerzsyndrom", „Schmerzkrankheit", „psychophysischer Erschöpfungszustand", ständiger Arztwechsel, viele verschiedene medizinische Fachgebiete, Inanspruchnahme paramedizinischer Maßnahmen, immer wieder „nichts hilft" trotz vielfältiger und unterschiedlicher Therapiemaßnahmen. Man sollte „zwischen den Zeilen lesen", da vielfach eine Scheu der Ärzte und der Patienten besteht, seelische Faktoren direkt anzusprechen.

6.3.6.4 Welcher Gutachter sollte ausgewählt werden?

Stets ein Facharzt mit psychiatrischer und neurologischer Kompetenz. Ein Anästhesist, auch als „Schmerztherapeut" ist für die Begutachtung chronischer Schmerzen nicht ausreichend, ebenso wenig ein Psychologe. Bei offensichtlich psychischer Problematik ist auch ein Organmediziner wie ein Orthopäde oder Rheumatologe allein nicht sinnvoll. Ein vorausgehendes genaues Aktenstudium ist für den Leistungsregulierer ebenso wichtig wie für den Gutachter.

6.3.6.5 Wie ist die Qualität eines Gutachtens zu beurteilen?

Zu bewerten sind Kenntnis und Wiedergabe der Vorbefunde in den Akten, Vermeidung von Voreingenommenheit und Unsachlichkeit durch den Gutachter, eingehende Anamnese, gerade auch unter biografischen Aspekten, detaillierte Schilderung der Aktivitäten des täglichen Lebens, Beschreibung nicht konsistenter Anteile, Beobachtung des Probanden während der Untersuchung, präzise Wiedergabe der fachspezifischen Organbefunde und des psychopathologischen Befundes, möglichst auch der Fremdanamnese.

In der Epikrise kritische Diskussion der Vorbefunde, der „Anknüpfungstatsachen" und der selbst erhobenen Befunde, der „Befundtatsachen" mit Begründung der gestellten Diagnosen und deren Auswirkung auf das Leistungsvermögen mit Prüfung der Plausibilität der geklagten Beschwerden.

Auf die psychosozialen Anforderungen des Arbeitsplatzes muss detailliert und kritisch eingegangen werden, aber auch die psychosoziale Situation im privaten Bereich sollte erhellt worden sein.

6.3.6.6 Schlussfolgerungen

Organisch nicht erklärbare Beschwerden können durchaus BU bedingen. Es bedarf aber einer mosaiksteinartigen Suche nach einzelnen Aspekten, die in ihrer Gesamtheit eine Einschätzung des Leistungsvermögens möglich machen. Der Nachweis kann ausreichen, dass der Gutachter auf Grund seines Erfahrungswissens die Beschwerdeschilderung als plausibel bezeichnet und sich daraus Glaubhaftigkeit ergibt (OLG Hamm).

Es gilt auch, dass der Versicherte gehalten ist, seine Leistungsfähigkeit durch eine zumutbare Behandlung durch Medikamente wiederherzustellen bzw. zu erhalten (OLG Saarbrücken). Maßgeblich für die Beurteilung der Berufsfähigkeit kann aber nur sein, wozu (auch zu welchen Willensanstrengungen) der Betroffene tatsächlich in der Lage ist (OLG Köln).

Kasuistiken

A. H. 35-jähriger Mann, Verwaltungsbeamter, nach „Nervenzusammenbruch" mehr als ein Jahr dienstunfähig, mittlerweile vorzeitig pensioniert. Aus der biographischen

Anamnese erwähnenswert, dass er sich seit der Kindheit vom Vater unterdrückt gefühlt habe. Dieser habe alles in seinem Leben bestimmt, auch welche Berufslaufbahn er einschlagen musste. Der Vater habe als Personalchef bei einer großen städtischen Verwaltung seinem Sohn – gegen dessen Willen – eine Ausbildung in seinem eigenen Verwaltungsbereich zugewiesen, die er auch absolvierte. Dann durch die Beziehungen des Vaters in der Nachbargemeinde Tätigkeit beim Sozialamt, später auf Druck des Vaters Studium der Verwaltungswissenschaften. Dies alles ohne eigene Überzeugung, jedoch in dem Bestreben, vom stets kalten und lieblosen Vater Anerkennung zu erhalten. In diesen Jahren zunehmend Depressionen, dann quälende Zwangsgedanken, wodurch er bei allen Alltagsverrichtungen sehr langsam geworden sei, „die Gedanken kreisen ständig". Der Versuch, sich mit Tranquilizern und Alkohol zu betäuben, misslang, dann erster Suizidversuch, anschließend stationär in einer psychotherapeutischen Klinik. Wiederum bekam er vom Vater danach eine neue Stelle vermittelt, diesmal in einer kleinen Gemeinde als stellvertretender Bürgermeister. Auch hier durch seine langsame Arbeitsweise mit ständigen Zwangsgedanken und Antriebsminderung seinen Angaben nicht gerecht werdend. Deshalb Versuch, durch Fleiß und Arbeit von mehr als 60 Wochenstunden seine Aufgaben zu bewältigen, was wiederum misslang, zweiter Suizidversuch, erneut stationär, von dort als dienstunfähig entlassen.

Zum Vater ambivalentes Verhalten, „Hassliebe". Der Vater wird als kalt und leistungsorientiert beschrieben, habe nie Zuwendung zeigen können, andererseits sei er aber für ihn da gewesen, wenn es Probleme gegeben habe. Der mittlerweile erwachsene Sohn konnte sich bis zuletzt nicht vom Vater lösen bzw. gegen ihn durchsetzen. Bei der Begutachtung zeigte sich das Bild einer schweren depressiven Störung und einer ausgeprägten Zwangsstörung mit überwiegenden Zwangsgedanken bei asthenisch-dependenter Persönlichkeitsstörung. Körperlich ergab sich ein unauffälliger Befund. Es wurde bereits intensiv psychiatrisch und psychotherapeutisch behandelt, dies ohne anhaltende Besserung. Es war von BU auszugehen gewesen. Der gesamte Verwaltungsbereich wurde mit dem innerlich abgelehnten Vater identifiziert, wodurch sich die schwere psychische Symptomatik aufbaute. Der zuletzt ausgeübte Tätigkeitsbereich umfasste Bürotätigkeit mit Publikumsverkehr. Für diese Tätigkeit war eine mehr als 50 %-ige BU zu empfehlen gewesen.

E. T. 35-jähriger Mann, nach dem Abitur Studium der Betriebswirtschaft, sehr erfolgreich abgeschlossen. Danach bei verschiedenen Großfirmen tätig gewesen. In der Folgezeit ab 2001 eigene Firma im Bereich Informationstechnologie. Rasch sehr erfolgreich mit Expansion ins Ausland. Er sei ständig unterwegs gewesen, habe sehr viel neue Produkte entwickelt, sich zuletzt aber überfordert gefühlt. Während einer Autofahrt vom Flughafen nach einer USA-Reise heftigste Panikattacke, Schweißausbrüche, habe stehen bleiben müssen und nicht mehr weiterfahren können. Dies habe sich später vielfach wiederholt. Dann seien Depressionen aufgetreten, ambulante und stationäre psychiatrische Behandlungen ohne Erfolg. Er habe eine zunehmende Angst vor seiner eigenen Tätigkeit entwickelt, sei in Panik geraten, wenn er daran gedacht habe, wieder in seiner Firma arbeiten zu müssen. Habe diese mittlerweile aufgegeben und sei in ein „tiefes Loch gefallen". Ständige psychiatrische und psychotherapeutische Behandlung.

Auch während der Zeit der Arbeitsunfähigkeit zu Hause depressiv, sitze nur herum, habe an nichts Interesse, Schuldgefühle, „von ganz oben nach ganz unten gefallen" zu sein. Psychologischer Hintergrund: Das Hauptproblem sei die stets abwertende Haltung durch den Vater gewesen, um dessen Anerkennung er sein ganzes Leben lang gebuhlt habe und weshalb er sich außerordentlich beruflich engagiert habe, um dem Vater zu zeigen, dass er es zu etwas gebracht habe. Zum Zeitpunkt der Untersuchung schwer depressiv, dabei auch Angststörung und Panikattacken. Es war jetzt von einem global aufgehobenen beruflichen Leistungsvermögen auszugehen mit der Empfehlung einer BU von mehr als 50%. In Anbetracht der noch laufenden intensiven Therapie und des noch jugendlichen Alters war eine Nachprüfung in einem Jahr zu empfehlen gewesen.

U. W. 43-jähriger Mann. Mehrere Vorberichte aus psychiatrischen Krankenhäusern beschreiben eine bipolare affektive Psychose, DD schizoaffektive Psychose, ansonsten Lumboischialgie links. Ein Jahr vor der Begutachtung sei er akut psychotisch erkrankt. Als Kraftfahrer Verhaltensauffälligkeiten auf einem Autobahnparkplatz. Er habe selbst die Polizei geholt, die ihn in ein psychiatrisches Krankenhaus brachte. Dort rasche Besserung auf Behandlung. Während der stationären Behandlung erfolgte die Überprüfung der Fahrtüchtigkeit für die Verwaltungsbehörde und dabei wurde zunächst von Fahrtüchtigkeit als Pkw-Fahrer und zuletzt kurz vor der Entlassung auch als Lkw-Fahrer ausgegangen. Die Firma hatte ihn allerdings zwischenzeitlich ausgestellt. Zum Zeitpunkt der Untersuchung psychisch völlig unauffällig ohne Nachweis einer tiefergehenden depressiven Symptomatik oder einer Psychose. Das Krankheitsbild einer bipolaren affektiven Psychose war mittlerweile vollständig remittiert.

Es war davon auszugehen gewesen, dass Herr W. als Berufskraftfahrer nicht voraussichtlich dauernd (über sechs Monate) ganz oder teilweise berufsunfähig ist. Das berufliche Leistungsvermögen war nicht eingeschränkt. Die berufliche Leistungsminderung war mit 0% einzuschätzen gewesen. Zwei einschlägige kompetente Fachgutachten und ein Bescheid der Verkehrsbehörde lagen vor.

R. B. 26-jährige Frau, 2001 erstmals Nackenschmerzen, wobei eine arteriovenöse Malformation festgestellt und operativ behandelt wurde. Eine anfänglich deutliche Kleinhirnsymptomatik mit Koordinations- und Gleichgewichtsstörungen bildete sich in der Folgezeit fast vollständig zurück. Anfangs auch hirnorganisches Psychosyndrom sowie Sprachstörungen mit deutlicher Rückbildungstendenz. Es folgten mehrere Reha-Maßnahmen. Zuletzt wurde eine berufliche Wiedereingliederung empfohlen, die auch durchgeführt wurde. Sie äußerte sich selbst schriftlich, und dies in Übereinstimmung mit dem Hausarzt, dass sie zuletzt 6 Stunden täglich als Sekretärin gearbeitet habe. Im Antrag für die BUZ vertrat sie dagegen die Meinung, sie könne nur 3,8 Stunden täglich arbeiten. Neurologisch dezente Dysmetrie in den

Koordinationsprüfungen, ansonsten unauffälliger Befund. Psychisch keine kognitiven Leistungseinschränkungen. Auch bei der Untersuchung keine vorzeitige Ermüdbarkeit. Bei testpsychologischen Untersuchungen, die bekanntermaßen eine entsprechende Motivation der Probandin voraussetzen wurde bei einzelnen Tests eine Beeinträchtigung der Arbeitsgeschwindigkeit festgestellt, im MMPI Hinweise auf Simulationsneigung, ansonsten hohe Werte für Hypochondrie und Hysterie. Subjektiv bei der Untersuchung vorzeitige Ermüdbarkeit mit Beeinträchtigung der Arbeitsgeschwindigkeit. Objektiv hat sich dies nicht hinreichend belegen lassen. Der Befund rechtfertigte nicht die Annahme einer mindestens 50%-igen BU als Sekretärin. Dies wurde auch dadurch belegt, dass die Antragsstellerin nachgewiesenermaßen 6 Stunden als Sekretärin arbeiten konnte, dies entgegen der eigenen Annahme einer Leistungsfähigkeit von nur 3,8 Stunden.

K.J. 25-jähriger Schreinermeister, lebte mit seiner 21-jährigen Schwester bei den Eltern und arbeitete im väterlichen Betrieb mit. Der außerordentlich tüchtige Vater sah den Sohn als nicht genügend vital und durchsetzungsfähig an, im Gegensatz zur Tochter, die in der Art dem Vater entsprach. Der Sohn suchte stets die Anerkennung durch den Vater, die ihm jedoch verwehrt blieb, auch die mit sehr gutem Ergebnis bestandene Meisterprüfung fand beim Vater nicht die gewünschte Anerkennung. Die Eltern suchten für ihn eine Frau aus, die Tochter einer befreundeten, angesehenen Handwerkerfamilie, die dem Sohn jedoch „zu umtriebig" war. Der Vater kommentierte dies mit „nicht einmal das kann er". Daraufhin kam es erstmals zu Anfällen von Bewusstlosigkeit, die der Hausarzt als „Epilepsie" wertete. Neurologischer Befund und EEG waren jedoch unauffällig. Die Anfälle häuften sich und wurden immer länger. Vom Hausarzt verschriebenes Carbamazepin war wirkungslos und wurde schlecht vertragen. Während einer länger dauernden Bewusstlosigkeit wurde Herr J. mit dem Roten Kreuz, von der Familie begleitet, in die Praxis des Neurologen gebracht. Dort lag er „bewusstlos" auf der Liege, reagierte nicht auf Zuruf oder Schmerzreize, kniff jedoch die Augen zu, und zeigte ab und zu leichte Fingerbewegungen. Der übrige neurologische Befund und das EEG in diesem Zustand waren unauffällig. Die Störung hielt mittlerweile schon drei Stunden an. Er wurde dann sicherheitshalber in das örtliche Krankenhaus verbracht. Dort – ohne Anwesenheit der Familie – öffnete er die Augen und äußerte, dass er Hunger habe. In einem späteren Gespräch offenbarte er die problematische familiäre Konstellation mit dem übermächtigen Vater. Die Familie hingegen war schwer davon zu überzeugen, dass keine Epilepsie vorliege.

Der Antrag auf BU erfolgte unter dem Aspekt, er könnte als Schreiner bewusstlos werden, in eine Maschine fallen und sich schwer verletzen. Dem war nicht zu folgen gewesen. Die Herausnahme aus dem väterlichen Betrieb und die Tätigkeit im zuletzt ausgeübten Beruf als Schreinermeister in einer anderen Firma wurden als zumutbar erachtet und zugleich als entscheidenden therapeutischen Schritt gewertet. Die Anerkennung einer BU war nicht zu empfehlen gewesen.

S.W. 44-jähriger selbständiger Facharzt für Orthopädie, beruflich sehr engagiert, zusammen mit der Ehefrau als Arzthelferin seit neun Jahren Aufbau und Betrieb seiner Praxis. Seit zwei Jahren zunehmende Depression, zuletzt das Vollbild einer schweren depressiven Episode nach ICD-10. Auslösend war der über mehrere Monate bestehende Verdacht auf ein malignes Melanom, der schließlich ausgeräumt werden konnte. Sein Vater – ebenfalls Arzt – war mit 39 Jahren an einem Hirntumor verstorben, was Herr W. als Kind als schwerwiegend traumatisierend erlebte „damals ist alles zusammengebrochen", auch mit erheblichen finanziellen Problemen in der Kindheit verbunden. Dies wurde alles jetzt wieder emotional sehr eindrucksvoll wieder erlebt. Die depressive Episode nahm auch nach der an sich günstigen Enddiagnose eines nicht-malignen Hauttumors einen eigengesetzlichen Verlauf und ließ sich trotz sehr intensiver ambulanter und stationärer Therapie (hoch dosierte Antidepressiva und zweimal wöchentlich Psychotherapie) nicht beeinflussen. Es dominierten eine Antriebshemmung, Interessenverlust, ein ausgeprägtes vormittägliches Stimmungstief, Durchschlafstörungen, Lebensüberdruss und Konzentrationsstörungen. Er schilderte seinen Tagesablauf: Da er nachts nicht schlafen könne, komme er morgens nicht aus dem Bett, bleibe oft den ganzen Vormittag liegen „ziehe die Decke über den Kopf, habe Angst vor dem Tag", zum Anziehen und Frühstücken brauche er viel Zeit, stehe oft unschlüssig herum, das Mittagessen nehme er lustlos ein, erst nach dem Nachmittagskaffee gehe es ihm besser, dann lese er die Morgenzeitung, eigentlich interessiere ihn nichts mehr, weder Politik noch Sport, am späten Nachmittag „zwingt mich meine Frau etwas zum Spazierengehen", er meide alle Bekannten. Abends sitze er ohne Interesse vor dem Fernseher, gehe gegen 22 oder 23 Uhr schlafen, brauche einige Zeit zum Einschlafen und sei ab 2 oder 3 Uhr wach und müsse dann zwanghaft und quälend grübeln. Herr W. wurde mittlerweile arbeitsunfähig krankgeschrieben, hatte seine Praxis nach langem Überlegen schweren Herzens aufgegeben und bereits einem Nachfolger übergeben. Leistungsprofil: sieben Stunden Praxistätigkeit in der Sprechstunde, zwei Stunden Bürotätigkeit. Für erstere war eine 70% Leistungseinschränkung anzunehmen, für letztere 30%. Die Prognose war nach dem bisherigen Verlauf als ungünstig zu beurteilen.

A. M. 52-jähriger Arzt für Allgemeinmedizin, hatte mehrere BU-Versicherungen abgeschlossen und machte eine mehr als 50%-ige BU geltend. Er arbeitete weiter mit mehr als 1000 Krankenscheinen im Quartal, zusätzlich Privatpatienten, Sprechstundenzeiten von 8 bis 13 Uhr, dann Hausbesuchstätigkeit, als Landarzt naturgemäß auch Notfallversorgung. Er verwies auf eine „schwere Depression", die Behandlung bestand in der eigenen Einnahme von Citalopram 20 mg 1-0-0 (Antidepressivum) und einem Telefongespräch alle vier Wochen mit einem Psychiater. Der Gutachter der Versicherung schloss eine BU aus.

Der vom Landgericht ernannte psychiatrische Sachverständige – ein Klinikdirektor – sah dagegen eine mehr als 50%-ige BU für alle Tätigkeitsbereiche eines Allgemeinarztes. Er argumentierte, dass die Zahl der Patienten für einen Allgemeinarzt durchaus gering sei, die Behandlung auch nicht zu beanstanden sei „die Hausärzte behandeln sich immer selbst", trotz der fortgesetzten beruflichen Tätigkeit sei BU anzunehmen! In der mündlichen Verhandlung schloss sich das Landgericht seiner

Argumentation an und ließ die Einwände des Rechtsanwalts der Versicherung und seines fachärztlichen Beraters ebenso wenig gelten wie das durchaus fundierte Vorgutachten.

6.4   Aggravation und Simulation

Zunächst ist zu berücksichtigen, dass „Überlistungen" des Probanden mit dem Nachweis, dass geltend gemachte Störungen organisch nicht objektivierbar sind, nichts über den Krankheitswert aussagen.

Es sollte primär Motivation und Symptombildung getrennt beurteilt werden. Bleiben Motivation und Symptombildung unbewusst, so ist eine somatoforme Störung anzunehmen. Bei bewusster Motivation und Symptombildung liegt Aggravation oder Simulation vor, Motivation unbewusst und Symptombildung bewusst legen eine artifizielle Störung oder ein „Gerechtigkeitsbegehren" nahe.

Simulation als das bewusste Vortäuschen subjektiv nicht erlebter körperlicher Beschwerden wird nur selten begründet nachgewiesen, am ehesten im Kontext mit evidentem, daraus resultierendem Gewinn, wie Vermeidung von Strafverfolgung und Wehrdienst oder zur Erlangung illegaler Drogen. Hier werden die Beschwerden präsentiert, jedoch nicht erlebt.

Aggravation als akzentuierte, dramatisierte, bewusst überhöhende Darstellung vorhandener Beschwerden aus psychischen Gründen ist bei sozialmedizinischen Begutachtungen in vielen Fällen Teil des subjektiv aufrichtigen Versuches des Betroffenen, den Untersucher vom Vorliegen körperlicher Beschwerden und deren Intensität und Relevanz zu überzeugen. Man wird sie im Gutachten in sachlicher Form erwähnen.

Es gilt allerdings auch, dass je schwieriger eine Krankheit durch objektivierbare Befunde nachweisbar ist, umso mehr die Gefahr besteht, dass Symptome aggraviert oder gar simuliert werden.

Simulation und Aggravation können im Einzelfall auf unbewusste intrapsychische Konflikte oder auf psychische Strukturdefekte zurückgehen und insoweit psychodynamisch erklärbar sein. In der Regel lassen sich daraus aber kein Krankheitswert und kein Leistungsanspruch aus einer Versorgungseinrichtung ableiten.

Als Hinweis auf Aggravation kann gelten: nicht präzisierbare Angaben zum Krankheitsverlauf, Diskrepanz zwischen Beschwerdeschilderung und durchgeführter Therapie, die Alltagsbewältigung problemlos gelingt, Abweichung von fremdanamnestischen Angaben.

Bedeutung für die Begutachtung hat die *Entwicklung körperlicher Symptome aus psychischen Gründen (F 68.0)*. Es werden körperliche Beschwerden, ursprünglich verursacht durch eine körperliche Störung wegen des psychischen Zustandes des Betroffenen aggraviert oder sie halten länger an, wobei sich ein aufmerksamkeitssuchendes (histrionisches) Verhalten mit zusätzlichen Beschwerden nicht körperlichen Ursprungs entwickelt. Die Möglichkeit einer finanziellen Entschädigung kann eine Rolle spielen, aber auch Enttäuschung über mangelnde Zuwendung im Rahmen der Behandlung oder der Versicherung. Als zugehörig gilt nach der ICD-10 der obsolete Begriff „Rentenneurose". Im Einzelfall ist zu klären, inwieweit einerseits bewusste Aggravation, andererseits nicht doch eine unbewusste krankheitswertige Entwicklung zugrunde liegt.

6.5 Ausgeprägtes somatisches Krankheitskonzept

Die kognitive Grundeinstellung der Menschen mit diesem Krankheitskonzept sieht Gesundheit als die Abwesenheit jeglicher körperlicher Missempfindungen. Tatsächlich ist eine Vielzahl davon Ausdruck eines gesunden Funktionierens des Körpers und nur in seltenen Ausnahmefällen einer Erkrankung. Diese Personen neigen dazu, eigene Körperfunktionen in erhöhtem Maße zu beobachten, mehr an alltäglichen Körperempfindungen wahrzunehmen, als sonst vom Durchschnittsmenschen bewusst erlebt wird und katastrophisierend zu bewerten. Schonverhalten, Vermeidungsstrategien und die häufige Inanspruchnahme medizinischer Dienste sind die Folgen.

Es handelt sich nicht um eine Krankheit, sondern um eine Lebenseinstellung, die prägend für die Entwicklung somatoformer Störungen sein kann, die wiederum im Rahmen einer zunehmenden Chronifizierung durchaus Krankheitswert erlangen können.

6.6 Umweltbezogene Körperbeschwerden

6.6.1 Einleitung

Die Begutachtung von umweltbezogenen Körperbeschwerden gehört in den Themenkreis der somatoformen Störungen und kann gelegentlich ganz besondere Probleme aufwerfen.

Foerster (2001) betrachtet die Beschwerden der Umweltbetroffenen einschließlich des Krankheitsmodells als Symptome einer psychoneurotischen Störung, die als zeitspezifisches, kulturell determiniertes Reaktionsmuster interpretiert wird, wobei das Krankheitsmodell als Chiffre für eine schwere innere Bedrohung fungiert.

6.6.2 Definition

Die Umweltmedizin ist zweifellos ein „moderner" Zweig der Medizin und versteht sich selbst als interdisziplinäres und ganzheitlich orientiertes Fach, wobei allerdings eine Diskrepanz zwischen den hoch gesteckten Erwartungen der subjektiv Betroffenen und der Öffentlichkeit und einer nur schmalen Basis gesicherter wissenschaftlicher Erkenntnisse besteht. Die Realität zeigt, dass Umweltmedizin auf zwei Ebenen betrieben wird. Die Bedeutung der hygienisch-präventivmedizinischen Aufgaben mit dem Ziel der Reinhaltung von Luft, Wasser, Nahrungskette u. a. kann nicht hoch genug eingeschätzt werden und hat eminente Bedeutung. Hier liegen auch wissenschaftlich gesicherte Erkenntnisse vor.

Im individualmedizinischen Bereich vieler, in eigener Praxis tätiger Umweltmediziner in Stadt und Land fehlen gesicherte wissenschaftliche Erkenntnisse und Diagnostik wie Therapie erfolgen häufig mit alternativmedizinischen Methoden. Diese Art von Umweltmedizin ist keinesfalls ganzheitlich orientiert, sondern im Gegenteil sehr einseitig einem somatischen Krankheitskonzept verpflichtet, wobei strikt jegliche seelische Einflüsse auf das Beschwerdebild der Patienten ausgeklammert werden. Es kommt zu Formulierungen – auch im Vorfeld einer Begutachtung – derartige Krankheitsbilder seien „kein Fall für den Psychiater". Das heute als Basis medizinischen Denkens allgemein akzeptierte bio-psycho-soziale Krankheitsmodell wird hier eindeutig ignoriert. Der Betroffene wird in seiner Opferrolle auf Grund chemischer Einwirkungen weiter bestärkt und fixiert. Die vor diesem Hintergrund durchgeführte diagnostische und therapeutische Polypragmasie bleibt in aller Regel erfolglos und leistet einer weiteren Chronifizierung Vorschub.

Berufspolitisch bleibt anzumerken, dass dieser Entwicklung seitens der Ärztekammern Rechnung getragen wurde und die Umweltmedizin in das Fach Hygiene integriert wurde. Die mehrere Jahre lang durch Kurse erwerbbare Zusatzbezeichnung „Umweltmedizin" wurde mittlerweile wieder abgeschafft.

Es kann kein Zweifel daran bestehen, dass viele Patienten mit umweltassoziierten Körperbeschwerden die diagnostischen Kriterien für eine somatoforme Störung, aber auch für eine ganze Reihe anderer seelischer Störungen erfüllen. Die Beschwerdelisten dieser Krankheitsbilder decken sich mit denen nach ICD-10 definierten seelischen Störungen.

6.6.3 Prävalenz

Verlässliche Zahlen zu umweltassoziierten Befindlichkeitsstörungen existieren nicht. Angaben durchaus unterschiedlicher Art werden von Interessenverbänden gemacht, die von einem meist sehr einseitigen Krankengut ausgehen und die sich keineswegs auf die Gesamtheit der Bevölkerung übertragen lassen.

6.6.4 Ursachen und Krankheitsentstehung

Langjährig erfahrene Umweltmediziner aus der Universitäts-Klinik Aachen nahmen dazu in ihrem „Lehrbuch der Umweltmedizin" dezidiert Stellung:

– „Im Laufe der Zeit wurde deutlich, dass nur bei weniger als 10% der Patienten mit umweltmedizinischen Fragestellungen plausible Zusammenhänge zwischen Umweltfaktoren und Beschwerden der Patienten ermittelt werden können, während sich bei dem größeren Anteil dieser Patienten körperliche, psychosoziale, psychosomatische bzw. psychiatrische Ursachen ihrer geklagten Beschwerden diagnostizieren lassen" und

– „Nach wir vor kann nur ein verschwindend geringer Teil der Umweltfaktoren generell oder zuverlässig gemessen werden"

– „Darüber hinaus fehlen für die meisten Umweltfaktoren zuverlässige Daten über mögliche Wirkungen im menschlichen Organismus" (Dott, Merk, Neuser, Osieka 2002)

Dieser Stellungnahme von anerkannten Spezialisten der Umweltmedizin kann nichts hinzugefügt werden.

6.6.5 Klinisches Bild

6.6.5.1 Gemeinsamkeiten im Beschwerdebild

Charakteristisch für die umweltassoziierten Krankheitsbilder ist ein vielfältiges, zugleich aber immer wieder in ähnlicher Form vorgebrachtes Beschwerdebild. Vorzeitige Erschöpfbarkeit und chronische Müdigkeit werden obligat bei all diesen Erkrankungen geklagt. Gedächtnis- und Konzentrationsstörungen, Kopfschmerzen, Schwindel, Schlafstörungen, Verschwommensehen, Muskel- und Gelenkschmerzen, allgemeine Schwäche, sensible Missempfindungen, Angstgefühle, Darmstörungen, („Colon irritabile"), Atembeschwerden, Globusgefühl und vieles andere mehr werden fast stets angeführt. Es gibt im Grunde kein Symptom, welches nicht ebenfalls in diesem Kontext geschildert wird. Man spricht auch von einem „Symptompool". Die einzelnen Krankheitsbilder stellen eigentlich nur Varianten mit einer unterschiedlichen Gewichtung dieser Kernsymptome dar.

Gemeinsam ist den Leiden, dass stets eine sehr intensive Ausschlussdiagnostik betrieben werden muss, um differentialdiagnostisch organische Erkrankungen nicht zu übersehen, da die umweltassoziierten Störungen nicht positiv nachweisbar sind und der Ausschluss körperlicher Krankheiten auf Grund der Unspezifität der vorgebrachten Beschwerden stets im Vordergrund stehen muss. Dieser Mangel an Objektivierbarkeit findet sich bei allen genannten Erkrankungen.

6.6.5.2 Intoxikationen durch organische Lösungsmittel unter Alltagsbedingungen

Sie werden in diesem Rahmen häufig als Ursache von Befindlichkeitsstörungen geltend gemacht. Die Wirkung hoher Schadstoffkonzentrationen ist aus der Arbeitsmedizin gut bekannt und wissenschaftlich eingehend erforscht worden. Die Arbeitsmediziner und die Toxikologen haben damit seit langer Zeit Erfahrung. In der Neurologie manifestiert sich dies vor allem als toxische Enzephalopathie und Polyneuropathie. Es wird ein gesicherter Zusammenhang mit einer Exposition in ausreichend hoher Dosis und einem entsprechenden Zeitraum unter Ausschluss anderer Ursachen, ebenso wie der tierexperimentelle Nachweis gefordert.

Das Paradigma der Umweltmedizin besteht demgegenüber darin, dass schon kleinste Schadstoffmengen, die weit unterhalb der in der Arbeitsmedizin als relevant erachteten Mengen liegen, zu Krankheitserscheinungen führen sollen, wobei weder ein Konsens hinsichtlich der Grenzwerte noch der Toleranzbereiche besteht, abgesehen von den Problemen der Laborqualität bei Bestimmung sehr niedriger Schadstoffmengen in biologischen Materialien und der Umgebung (Biomonitoring). Es existiert eine Fülle von Labordaten – auf den ersten Blick sehr eindrucksvoll – jedoch ohne überzeugende und allgemein akzeptierte Kausalität. Angeschuldigt wird eine unübersehbare Zahl von organischen Lösungsmitteln, wie sie als Pestizide, Fungizide, Desinfektionsmittel, Holzschutzmittel und vor allem in der Kunststoffindustrie u. a. in breitem Umfang Verwendung finden. Sie sind in vielen Materialien der alltäglichen Umwelt enthalten. Die damit in Verbindung gebrachten Befindlichkeitsstörungen entsprechen dem erwähnten Symptompool.

Die Toxikologen weisen immer wieder darauf hin, dass nicht allein das Vorhandensein einer Chemikalie zu einer Schädigung führt, sondern dass es entscheidend von der Dosis und der Zeitdauer der Exposition abhängt, ob es zu einer akuten oder chronischen Intoxikation kommt. Im Gegensatz zu den Umweltmedizinern vertreten die Toxikologen den Standpunkt, dass keine erkennbare Wirkung zu erwarten ist, wenn eine Person gegenüber mehreren Substanzen exponiert ist, deren Einzelkonzentrationen jeweils weit unterhalb der Wirkschwelle liegen. Eine Kombinationswirkung vieler kleiner Substratmengen wird im Gegensatz zu den Umweltmedizinern abgelehnt.

Der Nozeboeffekt als Gegenstück zur Plazebowirkung ist hier zu erwähnen. Habermann versteht darunter die „glaubensbedingte Wahrnehmung einer der Gesundheit abträglichen Wirkung" und geht von psychosozialen Konstrukten aus, die sich an Chemikalien festgemacht haben. Im Sinne einer „mass psychogenic illness" nehmen Individuen, die meist in Kontakt miteinander stehen, glaubensbedingt gemeinsam einen der Gesundheit abträglichen Effekt an.

6.6.5.3 Multiple Chemical Sensitivity (MCS)

Die „vielfache Chemikalienunverträglichkeit", vorübergehend auch „Idiopathic Environmental Intolerance (IEI)" genannt, wird wie folgt beschrieben: „Eine erworbene Störung, die charakterisiert ist durch multiple rezidivierende Symptome, vorzugsweise in mehreren Organsystemen, die als Antwort auf nachweisbare Expositionen gegenüber vielen chemisch nicht miteinander verwandten Stoffen bei Dosen auftreten, die weit unter denen liegen, die in der allgemeine Bevölkerung für schädigend gehalten werden. Kein einziger allgemein akzeptierter Test von physiologischen Funktionen kann nachgewiesen werden, der mit diesen Symptomen korreliert" (Runow).

Grundvorstellung ist die Annahme, dass MCS-Betroffene schon auf Spuren zahlloser Umweltgifte mit rein subjektiven Beschwerden reagieren, ohne dass ein entsprechender Nachweis eines Organschadens gelingt. Die klassischen Gesetze der Toxikologie werden nach Altenkirch von dem MCS-Phänomen außer Kraft gesetzt. Das Vorliegen toxischer Substratkonzentrationen schließt eine MCS aus. Es wird die Hypothese vertreten, dass einzelne Menschen Störungen im Immunsystem aufweisen, die eine Empfindlichkeit gegenüber niedrig dosierten Substanzen in der Umwelt verstärken, die ansonsten für die Durchschnittsbevölkerung unschädlich sind – bewiesen ist dies keineswegs! Häufig wird hier auch Bioresonanz oder Elektroakupunktur zur „Diagnosestellung" und gleichzeitig zur „Therapie" angewendet.

Auch hier werden von den Betroffenen die eingangs erwähnten diffusen und vielfältigen Befindlichkeitsstörungen geltend gemacht.

6.6.5.4 Sick Building Syndrom (SBS)

Die Betroffenen klagen ebenfalls über unspezifische Befindlichkeitsstörungen, hier vor allem über Schleimhautreizungen, ausschließlich beim beruflichen Aufenthalt in Innenräumen von Gebäuden, wobei die Beschwerden sich beim Verlassen der Räume bessern oder verschwinden, besonders in der Freizeit oder im Urlaub. Angeschuldigt werden wiederum vielfältige physikalische und chemische Faktoren, die mit den Baumaterialien zusammenhängen sollen, außerdem biologische Einflüsse von Bakterien oder Pilzen, vor allem in Klimaanlagen. Es handelt sich stets um frisch sanierte Großraumbüros. Eigenartigerweise werden entsprechende Beschwerden so gut wie nie von Arbeitern in Fabriken oder Handwerksbetrieben vorgebracht, wobei in diesen Räumen sehr viel mehr an möglicherweise schädigenden Agenzien vorhanden sind, als in modernen Büroräumen. Es bleibt ein kaum zu entwirrendes Konglomerat von möglichen Einzelfaktoren, wobei sich bisher keiner als gesichert kausal für die geklagten Beschwerden erwiesen hat. Als charakteristisch wird auch angesehen, dass bei chemisch toxikologischen Schadstoffmessungen sowohl in der Raumluft als auch in biologischen Materialien meist keine Werte gefunden werden, die eine gesundheitliche Schädigung belegen könnten. Nach neuesten Erkenntnissen spielt hier nicht so sehr das Raumklima und die Klimaanlage, sondern das Betriebsklima die entscheidende Rolle.

6.6.5.5 Chronic Fatigue Syndrom (CFS)

Die Klagen über chronische Müdigkeit sind uralt. Sie wurden auch in früheren Jahrhunderten immer wieder unter verschiedenen Bezeichnungen beschrieben. Am prägnantesten hat dies 1869 Beard als „Neurasthenie" zusammengefasst. In seiner Monografie findet sich bereits der gesamte, oben beschriebene Symptompool an Beschwerden. Über Jahrzehnte hinweg war dies eine Modediagnose, die zu Beginn der Industrialisierung die „gestressten Manager" – ohne dass es diese Bezeichnungen damals gab – veranlasste, die dafür neu gegründeten Sanatorien aufzusuchen. Mit der Zeit wurde die Bezeichnung unmodern. Die rasche Erschöpfbarkeit und chronische Müdigkeit mancher Menschen verblieb jedoch.

Es tauchten neue Bezeichnungen auf wie atypische Poliomyelitis oder myalgische Enzephalomyelitis – für die Betroffenen sicher Angst erregende Bezeichnungen. 1994 wurde von den Centers for Disease Control in Atlanta als neutrale Bezeichnung für das chronische Erschöpfungssyndrom „Chronic Fatigue Syndrom" geschaffen. Gefordert wird eine persistierende Müdigkeit oder rasche Erschöpfbarkeit für mindestens sechs Monate, die nicht durch andere Erkrankungen erklärt werden kann, neu aufgetreten ist und die Leistungsfähigkeit deutlich reduziert. Mindestens vier der folgenden Nebenkriterien wie Halsschmerzen, Lymphknotenschwellungen, Muskelschmerzen, Arthralgien, Kopfschmerzen, Konzentrations- und Gedächtnisschwierigkeiten, keine Erholung durch Schlaf und verlängerte Müdigkeit nach früher tolerierten Beanspruchungen sollten vorhanden sein.

Bekannt ist die ausgesprochen hohe Komorbidität mit psychischen Erkrankungen im engeren Sinne wie mit Depressionen (bis zu 80%), mit Angststörungen (bis zu 50%), mit Schlafstörungen und Abhängigkeitserkrankungen.

6.6.6 Gutachtliche Beurteilung

Die beschriebenen umweltassoziierten Leiden sind dadurch charakterisiert, dass ein eindeutiges objektivierbares organisches Korrelat nicht nachweisbar ist, vor allem nicht in der Begutachtungssituation. Die Vielzahl veranlasster Laborbefunde trägt mehr zur Verwirrung als zur Klärung des individuellen Krankheitsbildes bei. Die Tatsache, dass eine entsprechende Diagnose gestellt wurde, sagt überhaupt nichts aus. Viele Versicherte sind der Meinung, allein mit der vom Hausarzt oder von entsprechenden „Experten" gestellten Diagnose eines Chronic Fatigue Syndroms, Sick-Building-Syndroms oder einer Lösungsmittelintoxikation sei bereits ein aufgehobenes Leistungsvermögen nachgewiesen.

Es besteht meist schon von Anfang an ein kommunikatives Problem mit dem Patienten oder Probanden. Der Betroffene hat im Allgemeinen bereits eine fest gefügte Krankheitsvorstellung, geprägt durch Selbsthilfegruppen oder umweltmedizinisch orientierte Ärzte. Es bestehen unterschiedliche Auffassungen von Diagnostik, Ätiologie und Therapie und natürlich auch der sozialmedizinischen Relevanz des Krankheitsbildes. Die Vorstellungen von Krankheit und Behandlung divergieren meist erheblich.

Entscheidend für die Beurteilung des beruflichen Leistungsvermögens ist grundsätzlich, welche objektivierbaren Funktionsstörungen tatsächlich bestehen und solche finden sich in aller Regel nicht.

Die Begutachtung ist sehr häufig schon im Vorfeld durch einseitige Stellungnahmen des Probanden, des Rechtsvertreters oder einer Selbsthilfegruppe erschwert. Begutachtungen beim Psychiater oder Nervenarzt werden oft abgelehnt mit der Begründung: „Hier ist ein Umweltmediziner erforderlich". Fassbare Befunde und Vorstellungen der Antragssteller klaffen meist weit auseinander. Heftig geführte Kontroversen zwischen Umweltmedizinern und der übrigen wissenschaftlichen Medizin werden nicht selten vor Sozialgerichten ausgefochten. Das ausgeprägte somatische Krankheitskonzept der Betroffenen erschwert oft die Begutachtung erheblich.

Man sollte sich als Gutachter keinesfalls in diese Kontroversen hineinziehen lassen. Im Gutachten sind objektive Funktionseinschränkungen darzulegen. Diagnostische Diskussionen mit dem Betroffenen und den Selbsthilfegruppen sind unbedingt zu vermeiden, sie sind nutzlos und verhärten die Fronten nur weiter.

Sehr häufig liegen eindeutige Fehldiagnosen neurologischer und vor allem psychiatrischer Krankheitsbilder vor. Selbst manifeste Psychosen werden nicht selten von Umweltmedizinern mit umweltassoziierten Faktoren in Zusammenhang gebracht.

Nachdem in aller Regel ein objektivierbares organisches Korrelat für die vorgebrachten Befindlichkeitsstörungen fehlt, ist es gerechtfertigt, sie nach den Kriterien für die funktionellen oder somatoformen Störungen zu beurteilen.

In diesem Zusammenhang taucht immer wieder der Begriff „Schulmedizin" auf. Es darf daran erinnert werden, dass die wissenschaftliche Medizin keinesfalls durch starre „Schulen" charakterisiert ist, sondern im Gegenteil einem ständigen, ja atemberaubenden Wandel durch immer neue Forschungsergebnisse unterliegt, wobei sich auch durch neue Erkenntnisse die Vorstellungen von Diagnose und Therapie stetig ändern. Ganz anders sind die Außenseitermethoden strukturiert. Sie sind starren, oft jahrzehnte- oder jahrhundertealten, unveränderlichen „Schulen" unterworfen, an denen wie an einem Dogma nicht gerührt werden darf (siehe Homöopathie, Anthroposophie u. v. a.). Dies ist die eigentliche „Schulmedizin" und nicht die wissenschaftliche Medizin mit ihrer ständigen kritischen Betrachtung herkömmlicher Verfahren und deren laufenden Änderung!

Arbeitsunfähigkeit wird vor allem von den behandelnden umweltmedizinisch orientierten Ärzten großzügig attestiert. Von den Patienten und ihren Ärzten, die diese Vorstellungen vertreten, werden oft unkonventionelle diagnostische oder therapeutische Maßnahmen von den Krankenkassen gefordert, die nicht wissenschaftlich anerkannt sind und deren Validität nicht ausreichend geprüft ist. Die Vorstellung, körperlich krank zu sein wird bedauerlicherweise dadurch nur weiter unterstützt.

Für die *Beurteilung der beruflichen Leistungsfähigkeit* sind auch hier die Empfehlungen von Foerster (1992) sehr hilfreich. Zu beurteilen ist der Schweregrad der Störung im Hinblick auf Alltagsverrichtungen, erfolgte stationäre oder ambulante Behandlungsmaßnahmen, durchgeführte Rehabilitationsmaßnahmen, eingetretene Chronifizierung, Ausmaß einer krankheitswertigen seelischen Fehlentwicklung, psychiatrische Komorbidität und sekundärer Krankheitsgewinn. Handelt es sich um eine im rechtlichen Sinn „erhebliche Störung" und sind die angeführten Kriterien erfüllt, so ist mit der Wiederherstellung der vollen Erwerbsfähigkeit kaum mehr zu rechnen. Dabei sind die durchgeführten Therapiemaßnahmen besonders zu berücksichtigen, geben sie doch einen Hinweis auf den bestehenden Leidensdruck. Da es sich ja um weitgehend subjektive Beschwerden handelt, wird man sich als Gutachter vor allem mit der Auswirkung auf das Familien- und Sozialleben befassen. Die Beurteilung des beruflichen Umfeldes dieser meist schon längere Zeit krank geschriebenen Probanden hilft oft nicht weiter. Sehr wertvoll ist dagegen, sich minutiös den Tagesablauf schildern zu lassen, um sich ein plastisches Bild von der tatsächlich vorhandenen Leistungsminderung zu verschaffen, wobei auch die Fremdanamnese durch Familienangehörige oft hilfreich ist.

In der Beurteilung für die private Berufsunfähigkeitszusatzversicherung muss speziell und ganz konkret auf die zuletzt ausgeübte Tätigkeit abgestellt werden.

Allgemein gilt: Umweltbezogene Körperbeschwerden wie vermutete umweltassoziierte Intoxikationen durch organische Lösungsmittel, die Multiple Chemical Sensitivity, das Sick Building Syndrom, das Chronic Fatigue Syndrom u. a. haben große Aufmerksamkeit in den Medien gefunden und vielfache Ängste in der Bevölkerung ausgelöst. Sie sind auch in erheblichem Umfang Gegenstand ärztlicher Begutachtung geworden. Dem vielfachen Postulat einer organischen Genese stehen aber nur sehr wenige allgemein anerkannte und nachprüfbare Untersuchungsergebnisse gegenüber, die zudem noch widersprüchliche Aussagen beinhalten. Für keines dieser angeführten Krankheitsbilder lässt sich eine sichere und allgemein akzeptierte, naturwissenschaftlich fassbare und konsensfähige Ursache finden. Es dominieren daher Spekulationen und Hypothesen ganz unterschiedlicher Art mit daraus resultierender Verunsicherung der Betroffenen. In der weit überwiegenden Mehrzahl der Fälle liegen seelische Störungen zugrunde, die durchaus eine schwerwiegende berufliche Leistungsminderung bedingen können. Durch die frühzeitige Fixierung auf eine pseudo-organische Ursache wurden adäquate therapeutische Maßnahmen, vor allem eine Psychotherapie im Frühstadium der Erkrankung meist versäumt und zum Zeitpunkt der Begutachtung ist die Chronifizierung häufig schon irreversibel.

Kasuistiken

W. S. 50-jähriger selbständiger Physiotherapeut, macht eine quälende Müdigkeit und ständige Erschöpfung geltend, Kurzatmigkeit, sei nach kleinsten Belastungen sofort schlapp, bemerke Muskel- und Gelenkschmerzen, Bauchkrämpfe, Durchfall, könne sich nicht konzentrieren u. a. Beruflich ursprünglich sehr engagiert, große Praxis. Die einzige Tochter habe an angeborener Mukoviszidose gelitten. Sie sei von den Ärzten sehr früh aufgegeben worden, er habe jedoch mit allen Mitteln um ihr Überleben gekämpft, sei mit ihr in die USA geflogen u. a., schließlich sei sie doch im Alter von 15 Jahren an dieser Krankheit verstorben. Danach sei für ihn die Welt zusammengebrochen, er habe kein Ziel mehr gehabt. Dann sei die Ehefrau ungewollt schwanger geworden und man habe „wahnsinnige Angst" gehabt, auch dieses Kind könnte unter der Krankheit leiden und habe schon an Schwangerschaftsabbruch gedacht, dies aber als „Mord" wieder verworfen. In dieser Zeit seien dann seine Erschöpfungszustände aufgetreten. Er habe sich dagegen gewehrt, eine psychische Störung anzunehmen und habe Ärzte konsultiert, die ihn darin bestärkten, organisch krank zu sein, etwa durch Amalgamfüllungen, die er sich sofort ohne Erfolg entfernen ließ, dann diverse „Ausleitungsverfahren", Paramedizin, Bioresonanz, „Immuntherapie", viele kostspielige Therapiemaßnahmen ohne jede Wirkung, dies über Jahre hinweg. Er habe sich nicht eingestehen wollen seelisch krank zu sein. Die diversen Ärzte und Heilpraktiker hätten seine Vorstellungen unterstützt und viel Geld dafür verlangt. Eine sachgerechte psychiatrische Behandlung fand nie statt. Schließlich völliger sozialer Rückzug, Aufgabe der Praxis, habe nur noch im abgedunkelten Zimmer auf der Couch gelegen, kaum noch gesprochen. Er beantragte BUZ-Rente. Bei der Begutachtung schweres, chronifiziertes depressives Syndrom gehemmter Prägung, letztlich nicht mehr adäquat therapeutisch beeinflussbar, zumal der Versicherte jetzt zwar den Gedanken an eine seelische Störung zuließ, trotzdem – geprägt von seinen paramedizinisch-somatisch orientierten Behandlern – auf einem „Chronic-Fatigue-Syndrom" beharrte. Es war von einem aufgehobenen Leistungsvermögen auszugehen gewesen mit der Empfehlung einer mehr als 50%-igen BU.

U. M. 46-jähriger Lehrer an einer Hauptschule, bemerkte seit einigen Jahren ein zeitweiliges Taubheitsgefühl der rechten Körperhälfte. Umfassende neurologische Untersuchungen, MRT des Schädels und der HWS, Labordiagnostik und neurophysiologische Untersuchungen jeweils ohne pathologischen Befund. Ein umweltmedizinisch orientierter Hautarzt (!) diagnostizierte „Hirndurchblutungsstörungen", es folgten vielfache polypragmatische Therapiemaßnahmen, wobei Herr M. – nach eigener Aussage – immer mehr Angst bekam und in sich hineinhorchte. Ein Radiologe diagnostizierte eine „Instabilität in den Kopfgelenken", ein HNO-Arzt „Hirnfunktionsschäden im Bereich des Hirnstamms", ein Augenarzt „Belastungsskotome" und ein Internist und Umweltmediziner „Zerviko-zephales Syndrom, chronisches Müdigkeitssyndrom, chronische Hypoglykämien als Folge einer posttraumatischen HWS-Schädigung 1987"!

Bemerkenswert, dass diese Ärzte in ganz Deutschland verstreut praktizieren und regelmäßig gegenseitige Zuweisungen vornehmen. Herr M. war bereits längerfristig dienstunfähig, als er auch BUZ-Rente beantragte. Es ergab sich bei der Untersuchung ein völlig unauffälliger körperlicher Befund. Jedoch psychisch deutlich depressiv herabgestimmt, erschöpft und von seinen sehr schwierigen Schülern der Hauptschule überfordert, was bis zu persönlichen Angriffen durch die Schüler ohne Rückhalt durch die Schulleitung führte. Eine adäquate psychiatrische Behandlung erfolgte nicht, Herr M. akzeptierte dies auch nicht, da er durch die behandelnden Ärzte auf ein organisches Krankheitskonzept festgelegt war, welches sich allerdings als erfolglos erwies. Infolge der bereits eingetretenen Chronifizierung musste eine BU von mehr als 50 % für den zuletzt ausgeübten Tätigkeitsbereich empfohlen werden. Die Frühberentung stand unabhängig davon unmittelbar bevor.

M. B. 41-jähriger Mann klagte über eine Fülle von Befindlichkeitsstörungen wie ständige Kopf- und Zahnschmerzen, Brennen im Mund, Tinnitus, Erschöpfung, Konzentrationsstörungen, Globusgefühl, Schlafstörungen u. a., die durch kleinste Mengen von Parfüm, Benzin, Kunststoffen, auch durch die elektromagnetischen Felder von PC, Handy oder Mikrowellen ausgelöst würden. Nur in der frischen Luft gehe es ihm besser. Schlafen könne er nur in einem leeren Zimmer ohne Teppichboden, Kunststoffe, Tapeten oder Polstermöbel mit offenem Fenster, auch im Winter. Die Familie müsse dies akzeptieren, man besitze weder Teppiche, noch irgendwelche Kunststoffgegenstände. Im Urlaub mit der Familie habe er einmal in seinem alten Auto übernachten müssen, da in der Ferienwohnung entsprechendes Mobiliar stand. Sein ganzes Leben drehe sich um seine Krankheit. Er sei bei vielen Ärzten gewesen, eine ausgedehnte neurologische Untersuchung bis hin zu MRT und PET habe keinen pathologischen Befund ergeben. Von Umweltmedizinern sei „MCS" festgestellt worden. Geholfen habe man ihm jedoch nicht. Die Entfernung von Amalgamfüllungen habe nichts gebracht. Er habe sich auf Empfehlung der Umweltmediziner alle Zähne ziehen lassen – jetzt vertrage er das Prothesenmaterial nicht. Bezüglich der biografischen Anamnese gab sich der Proband sehr verschlossen, es klangen belastende Lebensereignisse an, die er nicht näher thematisieren wollte. Eine Psychotherapie lehnte er ab, er sei ja umweltgeschädigt. Beruflich ursprünglich Kfz-Mechaniker, wegen der Beschwerden Umschulung zum Informatiker „noch schlimmer wegen der Elektrosensibilität". Seit einigen Jahren arbeitsunfähig krank geschrieben, zuletzt „Hartz IV". Organisch unauffälliger Befund, psychisch völlig auf seine Beschwerden fixiert, die sein ganzes Denken beherrschten und auch alle seine Freizeitaktivitäten blockierten. Zu keinem Zeitpunkt Hinweise auf Aggravation oder Simulation. Es war von einer schweren chronifizierten Somatisierungsstörung (F 45.0) auszugehen gewesen, der eindeutiger Krankheitswert zukam und daraus resultierend von einem aufgehobenen Leistungsvermögen, mit der Empfehlung einer mehr als 50%-igen BU.

6.7 Chronische Alkoholabhängigkeit

6.7.1 Einleitung

Der Alkoholismus ist zweifellos von erheblicher sozialmedizinischer Relevanz. Die Bedeutung für die Begutachtung ist vielfältig und manifestiert sich nicht nur in den unmittelbaren körperlichen und seelischen Folgeerscheinungen, sondern auch versteckt in den Symptomen vieler ganz verschiedener Erkrankungen, die nicht auf den ersten Blick mit Alkohol in Zusammenhang gebracht werden, wie vorzeitige Versagenszustände, chronische Schmerzen, Leistungsknick, Depressionen, Polyneuropathien u. a. Da Alkohol in besonderem Maße auf das zentrale und periphere Nervensystem wirkt, spielen Alkoholfolgekrankheiten in der Begutachtung neurologisch-psychiatrischer Erkrankungen eine wesentliche Rolle, aber auch in vielen anderen Bereichen der Medizin.

6.7.2 Definitionen

Alkoholgenuss beschreibt das Auslösen geschmacklicher und stimmungsbezogener Befriedigung durch den Konsum alkoholischer Getränke.

Alkoholmissbrauch bedeutet Alkoholkonsum bei unpassender Gelegenheit, bis hin zum Rausch, häufig in größeren Mengen und zur Beseitigung gestörter psychischer Befindlichkeit.

Alkoholrausch als vorübergehende kurz dauernde Bewusstseinsstörung zeigt sich in verändertem Verhalten und Erleben in ganz verschiedenen Varianten, die individuell und situativ sehr unterschiedlich geprägt sein können.

Gewohnheitsbildung enthält den Wunsch, die Einnahme der Substanz fortzusetzen, fehlende Tendenz zur Dosissteigerung und Auftreten psychischer Abhängigkeit ohne physische Folgeschäden.

Gewöhnung bedeutet die Abschwächung der Reaktion auf einen Reiz nach fortgesetzter Reizwiederholung als spezifische Reaktion des Organismus mit Toleranzerwerb.

Sucht und Abhängigkeit ist nach der WHO als Zustand periodischer oder chronischer Vergiftung definiert, hervorgerufen durch wiederholte Zufuhr einer bestimmten Substanz mit unbezwingbarem Verlangen zur Einnahme und Beschaffung der Substanz, Tendenz zur Dosissteigerung, physischer und psychischer Abhängigkeit und Folgeschäden für die Gesundheit des Konsumenten.

Psychische Abhängigkeit bedeutet das unwiderstehliche Verlangen nach weiterer Einnahme der Substanz.

Physische Abhängigkeit ist geprägt durch das Auftreten von körperlichen Entzugserscheinungen nach Unterbrechung oder abrupter Verminderung der Substanzzufuhr.

6.7.3 Prävalenz

Es wird angenommen, dass in Deutschland mindestens 2 – 3 % der Gesamtbevölkerung als alkoholabhängig zu bezeichnen sind. Die Statistik besagt, dass nur 10% der Bevölkerung zwischen 15 und 74 Jahren die Hälfte aller alkoholischen Getränke konsumieren.

6.7.4 Ursachen und Krankheitsentstehung

Ebenso vielfältig wie die Manifestation des chronischen Alkoholkonsums sind die diskutierten Faktoren, die zur Alkoholabhängigkeit führen. Eine spezielle „Suchtpersönlichkeit" existiert nicht, gewisse prädisponierende Persönlichkeitszüge spielen jedoch eine Rolle, aber auch genetische Aspekte und eine Fülle von anderen Faktoren, von der Sozialisation in der Primärfamilie und in bestimmten Gruppen „Peer Groups", vor allem in der Jugend bis hin zur Vereinsamung im Erwachsenenalter, mit Scheidung, Tod des Partners, Arbeitslosigkeit und vielen anderen belastenden Lebenssituationen. Nicht zu unterschätzen ist auch psychosozialer Stress im weitesten Sinne.

Man hat versucht, „*Grenzwerte*" für den Alkoholkonsum zu definieren. Als ein solcher Grenzwert für gesundheitlich unbedenklichen Alkoholkonsum wird nach den gegenwärtigen Empfehlungen der WHO ein täglicher Konsum von 40 g für Männer und von 20 g für Frauen angegeben. Differenzierter ist die Annahme eines „Harmlosigkeitsgrenzwertes" für Männer von 24 g und für Frauen von täglich maximal 16 g und die Annahme eines „Gefährdungsgrenzwertes" von täglich mindestens 60 g bei Männern und 40 g bei Frauen.

Die Lebenserwartung von Alkoholikern gilt als eindeutig reduziert, wobei die häufigsten Todesursachen für alkoholabhängige Männer Leberzirrhose, ischämische Herzerkrankungen und Tumoren des oberen Verdauungstraktes und der Lunge sowie Suizide darstellen, für Frauen Leberzirrhose und Suizide.

6.7.5 Klinisches Bild

Die Diagnose stützt sich auf die Anamnese – wobei man sich im Klaren sein muss, dass gerade beim Erstkontakt, meist nur unzutreffende Angaben gemacht werden. Fremdanamnestische Angaben sind zur Diagnosestellung sehr hilfreich. Dem klinischen Befund und der Labordiagnostik mit Bestimmung der biologischen Marker wie Gamma-GT, MCV und des „Carbohydrate-Deficient Transferrin (CDT)" kommt wesentliche Bedeutung zu. Hilfreich können Testuntersuchungen wie der Münchener Alkoholismus-Test (MALT) und andere Tests als Ergänzung sein, sofern der Betroffene die Items zutreffend beantwortet und zur Testdiagnostik hinreichend motiviert ist.

Diagnostische Leitlinien für Abhängigkeit nach ICD-10

– Starker Wunsch, psychotrope Substanzen zu konsumieren

– Verminderte Kontrollfähigkeit

– Körperliches Entzugssyndrom nach Beendigung oder Reduktion des Konsums

– Nachweis einer Toleranzentwicklung

– Fortschreitende Vernachlässigung anderer Interessen

– Anhaltender Substanzkonsum trotz eindeutigem Nachweis schädlicher Folgen

Kriterien der Abhängigkeit

Psychische Abhängigkeit

– Nicht-Aufhören-Können, andernfalls Missstimmung und Angst

– Ohne Substanz fehlen positive und angenehme Gefühle

– Starkes Verlangen nach der Substanz im Sinne von „Craving"

– Kontrollverlust

Physische Abhängigkeit

– Entzugserscheinungen beim Versuch der Dosisreduktion

– Kontrollverlust

Psychische Störungen durch Alkohol nach ICD-10

– F 10.0   akute Intoxikation
– F 10.00   ohne Komplikationen
– F 10.01   mit Verletzung oder sonstiger körperlicher Schädigung
– F 10.02   mit sonstigen medizinischen Komplikationen
– F 10.03   mit Delir
– F 10.04   mit Wahrnehmungsstörungen
– F 10.05   mit Koma
– F 10.06   mit Krampfanfällen
– F 10.07   pathologischer Rausch

- F 10.1   schädlicher Gebrauch

- F 10.2   Abhängigkeitssyndrom
- F 10.20   gegenwärtig abstinent
- F 10.21   gegenwärtig abstinent, aber in beschützender Umgebung
- F 10.22   gegenwärtig Teilnahme an einem ärztlich überwachten Ersatzdrogen-
  programm
- F 10.23   gegenwärtig abstinent, aber in Behandlung mit aversiven oder hem-
  menden Medikamenten
- F 10.24   gegenwärtiger Substanzgebrauch
- F 10.25   ständiger Substanzgebrauch
- F 10.26   episodischer Substanzgebrauch

- F 10.3   Entzugssyndrom
- F 10.30   ohne Komplikationen
- F 10.31   mit Krampfanfällen

- F 10.40   Entzugssyndrom mit Delir
- F 10.40   ohne Krampfanfälle
- F 10.41   mit Krampfanfällen

- F 10.5   psychotische Störung
- F 10.50   schizophreniform
- F 10.51   vorwiegend wahnhaft
- F 10.52   vorwiegend halluzinatorisch
- F 10.53   vorwiegend polymorph
- F 10.54   vorwiegend depressive Symptome
- F 10.55   vorwiegend manische Symptome
- F 10.56   gemischt

- F 10.6   amnestisches Syndrom

- F 10.7   Restzustand und verzögert auftretende psychotische Störung
- F 10.70   Nachhallzustände (flashbacks)
- F 10.71   Persönlichkeits- oder Verhaltensstörung
- F 10.72   affektives Zustandsbild
- F 10.73   Demenz
- F 10.74   sonstige anhaltende kognitive Beeinträchtigung
- F 10.75   verzögert auftretende psychotische Störung

- F 10.8   sonstige psychische und Verhaltensstörungen

- F 10.9   nicht näher bezeichnete psychische und Verhaltensstörung

Gebräuchlich ist hinsichtlich der *Prägnanztypen* der Alkoholkonsumenten die Einteilung nach Jellinek:

- *Alpha-Typ*: Erleichterungs- und Konflikttrinker (kein Kontrollverlust, Fähigkeit zur Abstinenz)
- *Beta-Typ*: Gelegenheitstrinker (keine Abhängigkeit, kein Kontrollverlust)
- *Gamma-Typ*: Süchtiger Trinker (psychische und körperliche Abhängigkeit und Kontrollverlust)
- *Delta-Typ*: Spiegeltrinker (psychische Abhängigkeit, kein Kontrollverlust)
- *Epsilon-Typ*: Episodischer Trinker (psychische Abhängigkeit, Kontrollverlust, jedoch Fähigkeit zur Abstinenz)

Alkoholfolgekrankheiten

Unter *Alkoholfolgeschaden* wird eine Beeinträchtigung in den körperlichen, psychischen und sozialen Funktionen des Menschen verstanden, wie sie gemäß dem Alter, dem Geschlecht und der normativen sozialen Rolle des Betreffenden als wesentliche Grundkomponente des täglichen Lebens angesehen werden.

Folgekrankheiten bei chronischem Alkoholmissbrauch auf neurologischem Fachgebiet sind zunächst allgemeine Hirnveränderungen, wobei sich in den bildgebenden Verfahren eine *Hirnatrophie* mit Erweiterung der inneren und äußeren Liquorräume und des Interhemisphärenspaltes nachweisen lässt. Dabei konnte bei strikter mehrmonatiger Alkoholabstinenz in manchen Fällen eine Rückbildung der Hirnatrophie nachgewiesen werden. Eine Alkohol-Enzephalopathie kann besonders bei älteren Menschen zu variablen kognitiven Defiziten bis hin zur Ausbildung eines Frontalhirnsyndroms führen. Selten entwickelt sich eine Alkoholhalluzinose als psychotische Störung mit Angstgefühlen, psychomotorischer Unruhe und akustischen Halluzinationen.

Vom *Wernicke-Korsakow-Syndrom* werden etwa 3 – 5 % aller Alkoholiker meist im 5. – 6. Lebensjahrzehnt befallen. Ursächlich ist ein Vitamin-B1(Thiamin)-Mangel. Charakteristisch sind Augenmuskellähmungen, konjugierte Blicklähmungen, Pupillenstörungen, Nystagmus, sowie eine Gang- und Standataxie. Psychische Störungen beginnen meist in leichter Form, später bildet sich zunehmend ein amnestisch-konfabulatorisches Syndrom aus, dabei Verlust des Altgedächtnisses, verbunden mit der Unfähigkeit, sich neue Gedächtnisinhalte einzuprägen, Beeinträchtigung der Auffassungsfähigkeit, der Spontaneität und der Initiative. Zudem können Bewusstseins- und Orientierungsstörungen vorliegen. Konfabulationen sind hierbei nicht selten, doch nicht obligat, stets kommt es jedoch zu Störungen der Konzentrationsfähigkeit. Häufig findet sich eine *alkoholische Kleinhirnatrophie* mit Gang- und Standataxie, z. T. auch einer Rumpfataxie, jedoch meist eine weniger ausgeprägte Extremitätenataxie. Frühzeitig wird auch ein Tremor der Hände, manchmal auch des Kopfes beobachtet, gelegentlich auch ein Blickrichtungsnystagmus und eine leichte Dysarthrie. Typisch ist der morgendliche Händetremor in der Entzugsphase, der dann nicht selten durch erneuten Alkoholkonsum – zunächst jedenfalls – erfolgreich gebessert werden kann. Bei Alkoholabstinenz kommt es meist zu einer weitgehenden Rückbildung des Tremors.

Die zahlenmäßig häufigste Alkoholfolgekrankheit stellt die *alkoholtoxische Polyneuropathie* dar, unter der 20 – 40% aller Alkoholabhängigen leiden. Die ersten Krankheitserscheinungen stellen meist Kribbelparästhesien bis hin zu schmerzhaften Missempfindungen dar, häufig Muskelkrämpfe, nicht selten auch Gangunsicherheit. Frühzeitig lässt sich eine Störung der Tiefensensibilität beobachten. Die Symptome sind im Allgemeinen an den unteren Extremitäten deutlicher ausgeprägt. Recht charakteristisch ist die vermehrte Schweißneigung an den Füßen.

Weitere Alkoholfolgeerscheinungen sind u. a. die zentrale pontine Myelinolyse, die alkoholische Myelopathie und – nicht ganz so selten – eine Optikusatrophie im Sinne der Tabak-Alkohol-Amblyopie.

Beruflich von besonderer Bedeutung sind *zerebrale Krampfanfälle*, vor allem in der Entzugsphase, aber auch z. T. während des Alkoholmissbrauchs. Die früher als Krankheitseinheit aufgefasste Alkoholepilepsie wird heute differenzierter betrachtet, wobei diskutiert wird, ob eine latente Anfallsbereitschaft erst durch den Alkoholabusus manifest wurde, eine zufällige Koinzidenz bestand oder eine Anfallsprovokation durch die Entzugssituation erfolgte. Das EEG ist bei alkoholbedingten Anfällen meist unauffällig. Zu berücksichtigen ist schließlich eine *Alkoholschädigung der Muskulatur* im Sinne einer akuten Myopathie bis hin zur Rhabdomyolyse, gelegentlich auch einer chronischen alkoholbedingten Myopathie, wobei vor allem die proximale Muskulatur der unteren Extremitäten betroffen ist.

6.7.6 Gutachtliche Beurteilung

Sozialmedizinisch gilt grundsätzlich, dass Alkoholabhängigkeit ohne Folgeschäden keine berufliche Leistungsminderung begründet.

Die Beurteilung der beruflichen Leistungsfähigkeit richtet sich daher nach den eingetretenen *Alkoholfolgeschäden*. Art und Ausmaß der körperlichen, geistigen und seelischen Beeinträchtigung sind dafür maßgeblich. Entscheidend ist dabei, inwieweit die bestehenden Möglichkeiten zur Rehabilitation durch eine geeignete Entwöhnungsbehandlung berücksichtigt und ausgeschöpft wurden. Es gilt auch hier das Prinzip „Rehabilitation vor Rente". Eine dauernde berufliche Leistungsbeeinträchtigung ist in aller Regel bei fehlenden organischen oder psychischen Folgeschäden nicht gegeben. Die Motivation des Alkoholkranken zu einer Entwöhnungsbehandlung spielt allerdings eine wesentliche Rolle. Nicht selten gelingt es erst im Rahmen einer stationären Therapie, eine entsprechende Motivation zur langfristigen Alkoholabstinenz zu wecken. Die oft mehrfach durchgeführten kurzfristigen stationären Entgiftungen in örtlichen Krankenhäusern sind in aller Regel alleine nicht erfolgreich.

Zu bedenken bleibt auch, dass sich Rentengewährungen durchaus ungünstig auswirken können. Vielmehr stellt eine geregelte Erwerbstätigkeit mit strukturiertem Tagesablauf oft einen stabilisierenden Faktor dar. Eine dauernde Aufhebung des beruflichen Leistungsvermögens sollte in der Regel nur in fortgeschrittenen Fällen mit ausgeprägten und irreversiblen organischen Schäden angenommen werden, z.B. aktiver Leberzirrhose, erheblichen neurologischen Ausfällen und/oder schweren psychischen Veränderungen (Wernicke-Korsakow-Syndrom, Demenz, etc.) und fortgeschrittener Depravation. Nicht selten spielt auch das Ausmaß einer primär bestehenden psychischen Grundkrankheit oder einer Persönlichkeitsstörung eine Rolle. In solchen Fällen sind auch weitere Rehabilitationsmaßnahmen nicht mehr Erfolg versprechend.

Bezüglich der Rehabilitation ist auf die sog. *Therapiekette* zu verweisen mit der erstmaligen Kontaktphase, der nachfolgenden Entgiftungsphase im Heimatkrankenhaus, der stationären Entwöhnungsbehandlung im Fachkrankenhaus und der Nachsorge durch geeignete Gruppen wie AA, Blaues Kreuz u.a. Entscheidend ist dabei, ob eine entsprechende Motivation zur Abstinenz geweckt werden konnte. Grundsätzlich gilt, dass der Abhängige – wenn irgend möglich – nach erfolgter Entwöhnung wieder an seinen alten Arbeitsplatz zurückkehren sollte. Problematisch ist dies bei Berufen mit besonderer Alkoholgefährdung, etwa in der Gastronomie, als Bierbrauer u.a. Inwieweit Arbeitsplätze mit Anforderungen an das Konzentrations- und Reaktionsvermögen, die Umstellungs- und Anpassungsfähigkeit und mit Publikumsverkehr geeignet sind, muss stets im Einzelfall individuell entschieden werden.

Kasuistiken

N. Z. 46-jähriger leitender Angestellter beantragt Leistungen aus der Berufsunfähigkeits(zusatz)versicherung mit der Begründung „allgemeine Erschöpfung, Schlafstörungen, Konzentrationsschwäche". Der Hausarzt attestiert entsprechende Diagnosen, führt auch erhöhte Leberwerte an, die er jedoch auf eine Hepatitis im Kindesalter bezieht (ganz offensichtliche Schutzbehauptung für seinen Patienten). Es kommt zur Begutachtung durch den Internisten, der eine Fettleber feststellte und keine wesentliche Leistungsminderung sah, jedoch bei Verdacht auf vermehrten Alkoholkonsum eine nervenärztliche Begutachtung empfahl. Hier verwies der Antragsteller zunächst auf beruflichen „Stress", Überforderung und schließlich familiäre Probleme. Erst im Rahmen einer längeren Exploration wurde ein regelmäßiger Alkoholkonsum von einer Flasche Wein täglich zugegeben. Neurologisch Zeichen einer Polyneuropathie beider Beine, psychiatrisch deutliche Merk- und Konzentrationsstörungen, die sich auch testpsychologisch verifizieren ließen.

Die vom Probanden anfangs mühsam aufrechterhaltene Fassade „so gut wie keinen Alkohol" zu trinken brach zusammen und er wirkte schließlich sichtlich erleichtert, über sein Alkoholproblem mit jemandem reden zu können, da er dies in seiner unmittelbaren Umgebung stets versucht hatte, zu verleugnen, zu bagatellisieren und herunterzuspielen. Er war mit dem Vorschlag einer stationären Entwöhnungsbehandlung einverstanden. BU konnte derzeit nicht begründet werden und er zog nach erfolgreicher Entwöhnungsbehandlung seinen ursprünglichen Antrag zurück.

O. G. 52-jähriger Gastwirt beantragte BU-Rente wegen „allgemeiner Leistungsschwäche", die ihm auch vom Hausarzt attestiert wurde. An Laborwerten erhöhte y-GT und MCV, die Leber etwas derb tastbar, keine Polyneuropathie. Bei der Begutachtung ergab sich ein zugegebener Alkoholkonsum von sechs bis acht Flaschen Bier, ab und zu ein Schnaps „mit Gästen". Neurologisch und psychiatrisch keine Auffälligkeiten, abgesehen von einer etwas unkritischen Haltung und einer leichten Distanzlosigkeit. Gravierende kognitive Einbußen fanden sich nicht. Als Tätigkeitsprofil zehn Stunden täglich in der Gaststätte – abgesehen von einem Ruhetag in der Woche, davon drei bis vier Stunden in der Küche und etwa zwei Stunden Büroarbeiten mit Bestellungen, Einkauf etc. Der Rest Bedienen, Ausschank und überwachende Tätigkeiten im Lokal. Seine Angaben zum Beschwerdebild blieben diffus und unklar. In Anbetracht eines normalen klinischen Befundes ohne manifeste gravierende Organschäden konnte eine BU nicht empfohlen werden.

W. H. 43-jähriger Landwirt mit gleichzeitiger Gästevermietung in einer touristischen Region trinkt täglich sechs bis acht Flaschen Bier, am Stammtisch zusätzlich einige Schnäpse. Früher sehr beruflich engagiert, großer Hof mit überwiegender Grünlandwirtschaft, etwas Viehzucht und eigener tätiger Mithilfe bei diversen Umbauten, besonders um die Vermietung von Fremdenzimmern zu fördern, wobei die Ehefrau für die Gästebetreuung zuständig ist. In den letzten zwei Jahren Nachlassen der Vitalität, allgemeine Müdigkeit, gleichgültig-resignierte Stimmungslage. Der Hausarzt empfiehlt Alkoholabstinenz, es folgen drei Entgiftungen von je einer Woche in örtlichen Krankenhäusern, wobei sich das Befinden und die Gamma-GT relativ rasch bessern, nach der Entlassung sofortiger Rückfall in das alte Trinkverhalten. Er fühlt sich von seinem Hof überfordert und beantragt BU-Rente. In der Begutachtungssituation wird die Problematik mit ihm eingehend besprochen und er akzeptiert jetzt erstmals den Vorschlag einer stationären Langzeit-Alkoholentwöhnungsbehandlung in einem Fachkrankenhaus. Die Entscheidung über die BU wird ausgesetzt, die stationäre Maßnahme wird erfolgreich durchgeführt und er gewinnt dabei seine alte Vitalität wieder zurück, bleibt auch nach der Entlassung stabil abstinent, schließt sich auch einer Nachsorgegruppe an und zieht den Antrag auf BU-Rente zurück, da ihm sein Hof wieder Freude und Erfüllung gibt.

H. S. 53-jähriger Grundschullehrer litt seit vier Jahren an einem zunächst leisen beidseitigen Tinnitus bei anfangs altersgemäßem Hörvermögen, subjektiv stand eine zunehmende berufliche Überforderung durch disziplinarische Probleme im Vordergrund. Er hatte stets „schwierige Klassen" zu unterrichten und fand wenig Rückhalt bei seinem Schulleiter. Seit etwa einem Jahr kam es zusätzlich zu einer deutlicheren Hörminderung, die sich im Schulalltag bei lärmender Klasse und gleichzeitigem Tinnitus äußerst störend auswirkte. Er musste sich immer mehr zu seinen Grundschulkindern hinunterbücken, um sie zu verstehen. Seine buschigen schwarzen Augenbrauen und sein ernstes angespanntes Gesicht flößten den Kindern Angst ein, was die disziplinarischen Schwierigkeiten verstärkte. Es entwickelte sich daraus eine Erschöpfungsdepression, der eindeutiger Krankheitswert zugebilligt werden musste und die sich auch im privaten Alltag immer deutlicher manifestierte. Er wurde adäquat psychiatrisch und psychotherapeutisch behandelt. Sein Tätigkeitsprofil bestand aus vier Stunden täglichem Unterricht und – nach seiner Aussage – weiteren vier Stunden Unterrichtsvorbereitung, Korrekturen und Teilnahme an Konferenzen etc., wobei er in der letzten Zeit zu allen Verrichtungen bedeutend mehr Zeit benötigte als früher. Es war eine BU für den Unterricht von 70% und für den übrigen Tätigkeitsbereich von 40% zu empfehlen gewesen.

42-jährige angestellte Ärztin einer Justizvollzugsanstalt stellt Antrag auf BU-Rente wegen anhaltender Erschöpfung. Sie ist mittlerweile seit 18 Monaten arbeitsunfähig krank geschrieben. Sie gilt als engagierte Ärztin, die mit den Insassen der Haftanstalt keine Probleme hat und fachlich geschätzt wird. Sie sieht sich jedoch ständigen Anfeindungen des Leiters der Justizvollzugsbeamten ausgesetzt, dem sie zwar nicht unterstellt ist, mit dem sie aber auf vielfältigen Ebenen zusammenarbeiten muss und der versucht, ihr das Leben schwer zu machen. Es kommt schließlich zu sexuell gefärbten Anzüglichkeiten, die auch vor dem Personal, sogar vor Häftlingen geäußert werden. Beschwerden der Ärztin gegenüber dem Leiter der Anstalt bleiben wirkungslos und werden nicht ernst genommen, da persönliche Freundschaften des Führungspersonals bestehen. Auch eine Beschwerde bei der Justizbehörde wird verschleppt. Im Augenblick läuft eine Klage gegenüber dem Hauptverantwortlichen mit ungewissem Ausgang. Eine Versetzung lehnt die Betroffene aus persönlichen Gründen ab. Diagnostisch war von einer depressiven Reaktion, letztlich einer Anpassungsstörung auszugehen gewesen, wobei im Augenblick noch Arbeitsunfähigkeit bestand, die Entscheidung über die BU noch zurückgestellt werden sollte, bis eine Klärung der beruflichen Situation erfolgt. Mittlerweile wird ambulante Psychotherapie in Anspruch genommen.

7 Ausblick –
Interdisziplinäre Begutachtung

Somatoforme Störungen als Problem bei der Begutachtung

In den letzten 20 Jahren haben psychosomatische Erkrankungen bzw. somatoforme Störungen eine immer größere Bedeutung für die Leistungsregulierung und damit auch für die Begutachtung erlangt.

Klar definierte und objektivierbare Krankheitsbilder wie Frakturen, eine Herzleistungsminderung nach einem Herzinfarkt oder Lähmungserscheinungen nach einem Schlaganfall sind in ihren Auswirkungen überschaubar und lassen sich meist relativ einfach in ihrer Wertigkeit für das Leistungsvermögen erfassen.

Dagegen stellt die zunehmende Häufung von Krankheitsbildern, denen kein oder kein adäquates organisches Korrelat zu Grunde liegt den Gutachter und auch den Leistungsregulierer vor erhebliche Probleme. Das Konzept der „psychosomatischen Erkrankungen" geht von einer Wechselwirkung von Seele und Körper aus, welches in Form einfacher Reaktionen jedem Menschen aus dem Alltag bekannt ist. Bei anhaltenden und stärkeren seelischen Belastungen im weitesten Sinne kommt es zu krankheitswertigen Störungen, die früher auch als „funktionell" und nach der heutigen Terminologie als „somatoform" bezeichnet werden.

Weshalb derartige somatoforme Störungen, ganz besonders der chronische Schmerz ohne adäquates organisches Korrelat eine solche Bedeutung für die Bewertung des Leistungsvermögens in unserer Zeit erhalten haben, wird vielfältig diskutiert. Eine schlüssige Erklärung fand sich dafür bisher nicht.

Die zunehmende Bedeutung und die Häufigkeit derartiger Krankheitsbilder sind aber jedem, der mit dieser Materie befasst ist, bekannt. Gerade im Bereich der Rentenbegutachtung, sei es für die gesetzliche Rentenversicherung und die Sozialgerichte oder im Rahmen der privaten Berufsunfähigkeitsversicherung und der damit befassten Amts- und Landgerichte machen immer mehr Menschen körperliche Beschwerden geltend, ohne dass sich dafür eine hinreichende Erklärung auf körperlichem Gebiet findet. Dies erschwert naturgemäß eine stichhaltige und nachprüfbare Beurteilung des Leistungsvermögens. Dabei werden fast stets Beschwerden in ganz unterschiedlichen Körperbereichen geklagt, die zunächst den entsprechenden Organspezialisten auf den Plan rufen. Gerade dadurch – durch den meist unvermeidbaren fachspezifischen „Scheuklappenblick" – kommt es nicht selten zu durchaus unterschiedlichen Bewertungen des Leistungsvermögens bei demselben Antragsteller. Dementsprechend unerfreulich sind dann die auch vor Gericht ausgetragenen Meinungsverschiedenheiten der Spezialisten, denen sich der Betroffene meist hilflos ausgesetzt fühlt.

Als typisches Beispiel kann der chronische Schmerz, etwa im Bereich der Wirbelsäule gelten, der primär vom Orthopäden beurteilt wird, wobei sich fast stets die üblichen degenerativen Veränderungen der Wirbelsäule, wie auch der Gelenke finden, ohne dass dies irgendeine Bedeutung für das Leistungsvermögen im beruflichen Bereich haben muss. Eine Vielzahl von Menschen leidet unter ausgeprägten Bandscheibenvorfällen, ohne je an Beschwerden gelitten zu haben. Viele Menschen bemerken zeitweilige Rückenbeschwerden und sind langfristig wieder beschwerdefrei. Eine große Zahl von Rentenantragsstellern klagt andererseits über heftige Beschwerden im Bereich der gesamten Wirbelsäule, ohne dass sich ein adäquates Korrelat in den bildgebenden Verfahren und bei der körperlichen Untersuchung dafür findet. Kommt es zu einer psychiatrischen Begutachtung, so findet sich nicht selten bei einer tiefer gehenden Exploration das Vorliegen einer seelischen Störung, der sehr wohl erheblicher Krankheitswert zukommen kann und die auch adäquat behandelt werden könnte, wenn nicht schon die Weichen in Richtung eines Rentenbegehrens gestellt sind.

Dieselben Probleme ergeben sich bei einer Vielzahl anderer von den Betroffenen als primär somatisch, d. h. körperlich bedingt aufgefassten Beschwerden, etwa für Schwindel, der oft als leistungsmindernd empfunden wird, für den häufigen Tinnitus, für die sog. „modernen Leiden" wie Fibromyalgie, Chronic Fatigue Syndrom, Sick Building Syndrom und für die Fülle der umweltassoziierten Befindlichkeitsstörungen, die ebenfalls immer häufiger als Ursache einer Leistungsminderung geltend gemacht werden.

Das primär organisch bedingte Krankheitsbild der Lyme-Borreliose wird in unserer Zeit sehr oft als Pseudoerklärung für eine Fülle von Befindlichkeitsstörungen geltend gemacht. Der behandelnde Arzt findet meist einzelne Laborabweichungen i. S. einer „Serumnarbe", d. h. lediglich den Hinweis auf eine durchgemachte Borrelieninfektion, die jedoch die multiplen Störungen der körperlichen Befindlichkeit in keiner Weise erklären. Sie werden aber von den Betroffenen und nicht zuletzt auch von manchen behandelnden und begutachtenden Ärzten als Pseudobeleg für eine körperliche Erkrankung angesehen. Der Patient akzeptiert von seinem Arzt sehr viel bereitwilliger die Diagnose einer körperlichen Erkrankung, als einer seelischen Störung, zumal man sich dann als Opfer äußerer, nicht beeinflussbarer Einwirkungen fühlen kann und nicht dazu aufgerufen wird, aktiv an einer Änderung der Lebenssituation mitzuwirken. Identische Überlegungen gelten für die oft vermeintlich mit Umwelteinflüssen in Zusammenhang gebrachten Beschwerden und die dann konsultierten selbsternannten „Umweltspezialisten".

Notwendigkeit einer interdisziplinären Begutachtung

Die genannten Beispiele, die tatsächlich am häufigsten in der Gutachterpraxis vorkommen, zeigen die Bedeutung einer umfassenden Begutachtung auf verschiedenen Fachgebieten. Gerade wegen der Unspezifität der vorgebrachten Beschwerden muss primär eine organische Grunderkrankung mit Sicherheit ausgeschlossen bzw. falls eine solche vorliegt, adäquat beurteilt werden.

In der modernen Begutachtung hat die interdisziplinäre Beurteilung daher einen ganz besonderen Stellenwert. Abgesehen von einfachen Fragestellungen zu mono-

kausalen Krankheitsbildern wird daher stets, gerade bei vielfältigen Befindlichkeitsstörungen die somatische Abklärung durch den Orthopäden, den Internisten oder
den HNO- oder Augenarzt am Anfang stehen. Es sollte aber anschließend frühzeitig eine neurologisch-psychiatrische Untersuchung unter Einbeziehung von psychosomatischen Gesichtspunkten und der biografischen Anamnese erfolgen.

Das moderne Denken in der Medizin basiert auf dem bio-psycho-sozialen Krankheitsmodell, welches gleichberechtigt biologische Faktoren, d. h. die körperliche
Grundlage von Beschwerden neben seelischen Faktoren im weitesten Sinne und
den sozialen Komponenten, d. h. der gesamten Lebenssituation des Betroffenen ne-
beneinander stellt. Auf diesem, heute in der Medizin fest verankertem Krankheitsmodell beruht auch die Forderung nach einer interdisziplinären Begutachtung. Es muss
als völlig verfehlt betrachtet werden, wenn aus einer einseitigen Sichtweise heraus
langdauernde körperliche Beschwerden, etwa der Wirbelsäule und der Gelenke,
ausschließlich vom Orthopäden oder vom Rheumatologen begutachtet werden – zu
Gunsten oder zu Ungunsten des Probanden – und die Beurteilung nur aus einer sehr
einseitigen Sichtweise erfolgt. Entsprechendes gilt für selbsternannte Spezialisten
etwa bei der Lyme-Borreliose, die sich ausschließlich auf Laborwerte stützen, die bekanntermaßen alleine nicht für die Beurteilung des Leistungsvermögens herangezogen werden können. Entsprechendes gilt ebenso für chronische Schmerzen, wenn
ausschließlich ein Anästhesist als „Schmerztherapeut" zum Leistungsvermögen Stellung nimmt, ohne die Gesamtheit der Lebenssituation im bio-psycho-sozialen Kontext sowie neurologische und psychiatrische Komponenten zu berücksichtigen.

Es soll aber auch nicht verkannt werden, dass nicht selten psychologische und psychotherapeutische Gutachter ihre Beurteilung ausschließlich aus ihrem Blickwinkel
treffen und dadurch – ebenso einseitig – die organische Dimension der Beschwerden außer Acht lassen.

All dies findet man heute ausgesprochen häufig. Die Spezialisierung innerhalb der
Medizin, verhindert durch den jeweiligen selektiven Blickwinkel des Organspezialisten oft eine ganzheitliche Bewertung der vorgebrachten subjektiven Leistungsminderung des Antragstellers. Es bedarf daher grundsätzlich primär der Abklärung von
fassbaren Organläsionen bzw. körperlicher Erkrankungen und anschließend der
Beurteilung eventuell vorliegender seelische Störungen, um die Gesamtheit gestörter
Funktionen und ihrer Auswirkung auf den beruflichen und privaten Alltag des Betroffenen erfassen zu können. Nur durch ein solches interdisziplinäres Vorgehen,
welches den körperlichen und den seelischen Bereich gleichberechtigt mit einschließt, wird man dem Antragssteller und auch den berechtigten Interessen des Auf-
traggebers gerecht werden.

Für den Auftraggeber wie auch für den Gutachter gilt daher in unserer Zeit ganz besonders die Notwendigkeit interdisziplinär zu denken und einen einseitig monokau-
salen Ansatz als Erklärungsmodell für vorgebrachte Beschwerden nach Möglichkeit
zu vermeiden – es sei denn es liegen einfach zu erfassende Krankheitsbilder vor.

Die moderne Begutachtung steht und fällt mit der Einbeziehung von gutachtlichen Stellungnahmen, die den körperlichen und den seelischen Bereich gleichberechtigt erfassen. Damit wird dem von jeher geäußerten Wunsch der Betroffenen nach einer „ganzheitlichen Medizin" adäquat Rechnung getragen.

■ Literatur

- Altenkirch, H. (1995): Multiple Chemical Sensitivity (MCS)-Syndrom. Gesundheitswesen 57; 661-666

- Arbeitskreis zur Verbesserung der Eingliederungschancen von Personen mit Epilepsie. Empfehlungen zur Beurteilung beruflicher Möglichkeiten von Personen mit Epilepsie (1983). In: Arbeitsmedizin, Sozialmedizin, Präventivmedizin 6; 147-151

- Akermann, S. (2002): Berufsunfähigkeit bei Presseberufen. Vers Med 54; 132-137

- Bartels, C., Wallesch, C.W. (2007): Diagnostik bei chronisch fortschreitenden Demenzen. Nervenarzt 78; 597-607

- Becher, S. (2005): Medizinische Gutachtenqualität. Vers Med 57; 78-82

- Becher, S., Cautius, V., Lange, K. P., Ostermann-Myrau, M., Pollak, M., Wandl, U. (2006): Anforderungsprofil an medizinische Gutachter in der privaten Versicherungswirtschaft unter besonderer Berücksichtigung der Berufsunfähigkeitsversicherung. Med Sach 102; 133-135

- Bergner, T. (2004): Burn-out bei Ärzten – Lebensaufgabe statt Lebens-Aufgabe. Dt Ärztebl 101; A 2232-2234

- Brandt, T., Dieterich, M., Strupp, M. (2004): Vertigo – Leitsymptom Schwindel. Steinkopff, Darmstadt

- Collatz, J., Koch, E., Salman, R. et al. (1997, Hrsg.): Transkulturelle Begutachtung. Verlag für Wissenschaft und Bildung, Berlin

- Dettmers, C., Albrecht, N. J., Weiller, C. (2002, Hrsg.): Gesundheit, Migration und Krankheit – Sozialmedizinische Probleme und Aufgaben in der Nervenheilkunde. Hippocampus, Bad Honnef

- Dott, W., Merk, H.F., Neuser, J., Osieka, R. (2002): Lehrbuch der Umweltmedizin. Wiss. Verlagsges., Stuttgart

- Dreßing, H., Meyer-Lindenberg, A. (2008): Simulation bei posttraumatischer Belastungsstörung. Vers Med 60; 8-13

- Eckhardt-Henn, A. (1999): Die psychosomatische Begutachtung psychogen bedingter Schwindelzustände. Med Sach 95; 187-191

- Feldmann, H. (1992, Hrsg.): Tinnitus. Thieme, Stuttgart – New York

- Foerster, K. (1992): Psychiatrische Begutachtung im Sozialrecht. Nervenarzt 63; 129-136

– Foerster, K. (2001): Diagnose, Differentialdiagnose und gutachtliche Bewertung von umweltbezogenen Körperbeschwerden. Med Sach 97; 214-219

– Foerster, K. (2002): Begutachtung von Patienten mit chronischen Schmerzen aus psychiatrisch-psychotherapeutischer Sicht. Med Sach 98; 152-156

– Goebel, G. (2001, Hrsg.): Ohrgeräusche: Psychosomatische Aspekte des komplexen chronischen Tinnitus. 2. Aufl. Urban & Vogel, München

– Goebel, G. (2003): Tinnitus und Hyperakusis. Hogrefe, Göttingen

– Hackhausen, W. (2003): Sozialmedizin und ärztliche Begutachtung – Kompendium für Ärzte und Juristen. Ecomed, Landsberg

– Habermann, E. (1999): Gift und Nocebo: Zwei Aspekte der Toxikologie. In: Mücke, W. (Hrsg.): Chemikalien-Syndrome – Fiktion oder Wirklichkeit? Gräbner, Altendorf

– Hackhausen, W. (2003): Sozialmedizin und ärztliche Begutachtung. Ecomed, Landsberg

– Häuser, W. (2002): Parameter zur Beurteilung der Prognose von Probanden mit chronischen Schmerzsyndromen in der sozialgerichtlichen Beurteilung. Med Sach 98; 157-160

– Hausotter, W. (1998): Fibromyalgie – Ein entbehrlicher Krankheitsbegriff? Vers Med 50; 13-17

– Hausotter, W. (2000): Somatoforme und funktionelle Störungen ohne neurologisches Korrelat. In: Suchenwirth, R. M. A., Kunze, K., Krasney, O. E. (Hrsg.): Neurologische Begutachtung – Ein praktisches Handbuch für Ärzte und Juristen. 3.Aufl. Urban & Fischer, München

– Hausotter, W. (2002): Begutachtung von Migranten und Arbeitnehmern ausländischer Herkunft. Med Sach 98: 161-166

– Hausotter, W. (2004): Begutachtung somatoformer und funktioneller Störungen. 2. Aufl. Elsevier Urban & Fischer, München

– Hausotter, W. (2006): Neurologische Begutachtung. 2. Aufl. Schattauer, Stuttgart – New York

– Hausotter, W. (2006): Aktuelle Aspekte der Fibromyalgie in der Begutachtung. Med Sach 102; 164-170

– Hausotter, W., Schouler-Ocak, M. (2007): Begutachtung bei Menschen mit Migrationshintergrund unter medizinischen und psychologischen Aspekten. Elsevier Urban & Fischer, München – Jena

– Hegemann, T., Salman, R. (2001): Transkulturelle Psychiatrie. Psychiatrie-Verlag, Bonn

– Hoffmann, S. O., Hochapfel, G. (2004): Neurotische Störungen und Psychosomatische Medizin. 7. Aufl. Schattauer, Stuttgart

– Huber, M. (2000): Aspekte der Berufsunfähigkeit bei psychosomatischen Erkrankungen. Vers Med 52; 66-69

– Kapfhammer, H. P. (2001): Somatoforme Störungen. Historische Entwicklung und moderne diagnostische Konzeptualisierung. Nervenarzt 72; 487-500

– Kapfhammer, H. P. (2008): Somatoforme Störungen. Nervenarzt 79; 99-117

– Kellerhals, B., Hemmeler, W. (2003): Tinnitus. In: Uexküll, Th. v. (Hrsg.): Psychosomatische Medizin – Modelle ärztlichen Denkens und Handelns. 6. Aufl. Urban & Fischer, München

– Lamparter, U. (1995): Schwindel. In: Ahrens, S., Hasenbring, M., Schultz-Venrath, U. et al. (Hrsg.): Psychosomatik in der Neurologie. Schattauer, Stuttgart – New York

– Lang, U. E., Hellweg, R. (2006): Prävalenz und Rolle psychiatrischer Erkrankungen bei Einschränkung der beruflichen Leistungsfähigkeit. Vers Med 58; 164-169

– Leitlinien der Deutschen Gesellschaft für Psychotherapeutische Medizin (DGPM): Ärztliche Begutachtung in der Psychosomatik und Psychotherapeutischen Medizin – Sozialrechtsfragen. www.uni-duesseldorf.de/AWMF/ll/index.html

– Matthes, A., Schneble, H. (1999): Epilepsien. 6. Aufl. Thieme, Stuttgart – New York

– Mauch, E. (2007): Neuroborreliose. In: Widder, B., Gaidzik, P. W. (Hrsg.): Begutachtung in der Neurologie. Thieme, Stuttgart – New York. Das neurologische Gutachten. 4. Aufl. Thieme, Stuttgart, New York

– McDonald, W. I., Compston, A., Edan, G. et al.(2001): Recommended diagnostic criteria for multiple sclerosis: Guidelines from the International Panel on the Diagnosis of Multiple Sclerosis. Ann Neurol 2001; 50: 121–127

– Merten, T. (2004): Neuropsychologische Begutachtung und die Untersuchung einer angemessenen Leistungsmotivation. Med Sach 100; 154-157

– Merten, T. (2005): Neuropsychologische Begutachtung. BUZaktuell 2/2005; 12-15

– Miegel, M. (2002): Die deformierte Gesellschaft. Propyläen, Berlin

– Müller-Frank, C. (2007): Aktuelle Rechtsprechung zur Berufsunfähigkeits-(Zusatz-) Versicherung. 7. Aufl. Verlag Versicherungswirtschaft, Karlsruhe

– Müller-Frank, C. (2005): ZuRecht – Aktuelles zum Gutachtenbeweis. BUZaktuell 2/2005 S. 21-22

– Nedopil, N. (2007): Forensische Psychiatrie. 3. Aufl. Thieme, Stuttgart – New York

– Nieschalk, M., Stoll, W. (2002): Parallelen zwischen chronischem Schmerz und Tinnitus. In: Gralow, I., Husstedt, I. W., Bothe, H. W., Evers, S., Hürter, A., Schilgen, M. (Hrsg.): Schmerztherapie interdisziplinär. Schattauer, Stuttgart – New York

– Ostendorf, G.-M. (2004): Nach welchen Kriterien wird ein Gutachter ausgewählt? – aus Sicht der privaten Versicherungen. Med Sach 100; 53-57

– Ostendorf, G.-M. (2006): Qualitätssicherung bei Gutachten zur Berufsunfähigkeit in der privaten Versicherungswirtschaft. Vers Med 58; 147-148

– Penin, H. (2000): Hirnorganische Anfälle. In: Rauschelbach, H. H., Jochheim, K. A., Widder, B. (Hrsg.): Das neurologische Gutachten. 4. Aufl. Thieme, Stuttgart – New York

– Pfister, H. W. (2006): Neuroborreliose und FSME. In: Hennerici, M. G., Weiller, C., Diener, H. C., Busch, E. (Hrsg.): Neurologie 2006. Thieme, Stuttgart – New York

– Pschyrembel (2007): Sozialmedizin. de Gruyter, Berlin – New York

– Rief, W., Cuntz, U., Fichter, M. M. (2001): Diagnostik und Behandlung somatoformer Störungen (funktioneller körperlicher Beschwerden). Vers Med 53; 12-17

– Roeser, A., Hausotter, W. (2006): Welche Bedeutung haben Serumspiegelbestimmungen von Pharmaka bei der Begutachtung? Med Sach 101; 161-165

– Rudolf, G., Henningsen, P. (1998, Hrsg.): Somatoforme Störungen. Schattauer, Stuttgart

– Runow, K. D. (1994): Klinische Ökologie. 2. Aufl. Hippokrates, Stuttgart

– Rupprecht, R., Hampel, H. (2006, Hrsg.): Psychiatrie und Psychotherapie. Wiss. Verlagsges., Stuttgart

– Satz, N. (2002): Klinik der Lyme-Borreliose. 2. Aufl. Hans Huber, Bern

– Schaaf, H., Dölberg, D., Seling, B., Märtner, M. (2003): Komorbidität von Tinnituserkrankungen und psychiatrischen Störungen. Nervenarzt 74; 72-75

– Schiltenwolf, M., Kühn, T. (2004): Chronische Schmerzen der Stütz- und Bewegungsorgane – Aspekte der Leistungsregulierung in der Berufsunfähigkeitsversicherung. Vers Med (I) 56;178-182, (II) 56; 8-10

– Schneider, W., Henningsen, P., Rüger, U. (2001): Sozialmedizinische Begutachtung in Psychosomatik und Psychotherapie. Hans Huber, Bern

– Schneider, F., Frister, H., Olzen, D. (2006): Begutachtung psychischer Störungen. Springer, Heidelberg

– Schröder, S., Täschner, K. L. (1989): Ein psychogener Symptomenkomplex bei südländischen Rentenbewerbern. Med Sach 85; 174-177

– Schumacher, J. (2005): Epilepsie: Systematik der Begutachtung. Med Sach 101; 6-11

– Shorter, E. (1997): Somatization and Chronic Pain in Historic Perspective. Clinic Orthop 336; 52-60

– Stadtland, C., Gündel, H., Schütt, S., Nedopil, N. (2003): Kriterien zur Beurteilung der quantitativen Leistungseinschränkung bei der Begutachtung funktioneller körperlicher Störungen. Vers Med 55; 111-114

– Stadtland, C., Seidelmann, S., Wandl, U. (2007): Schadenminderungs- bzw. Mitwirkungspflichten von Anspruchstellern. Vers Med 59; 26-36

– Stefan, H. (1999): Epilepsien. 3. Aufl. Thieme, Stuttgart – New York

– Stevens, A., Foerster, K. (2000): Genügt für den Nachweis einer Erkrankung die Beschwerdeschilderung? Vers Med 52; 76-80

– Stoll, W. (Hrsg. 2002): Das neurootologische Gutachten. Thieme, Stuttgart – New York

– Studt, H. H. (1995): Psychosomatische Medizin und Neurosenlehre. In: Faust, V. (Hrsg.): Psychiatrie. Gustav Fischer, Stuttgart

– Svitak, M., Rauh, E. (2004): Die Zunahme psychischer und psychosomatischer Erkrankungen: Folgen für die Beurteilung der Berufsunfähigkeit und die Praxis der Rehabilitation. Vers Med 56; 63-66

– Thomann, K.-D., Jung, D., Letzel, S. (2006, Hrsg.): Schwerbehindertenrecht – Begutachtung und Praxis. Steinkopff, Darmstadt

– Trimble, M. (2004): Somatoform Disorders – A Medicolegal Guide. Cambridge Press

– Weber, A., Weltle, D., Lederer, P. (2002): Zur Problematik krankheitsbedingter Frühpensionierungen von Gymnasiallehrkräften. Vers Med 54; 75-83

– Weber, A., Weltle, D., Lederer, P. (2004): Führungskräfte im Schuldienst – zu krank für gesunde Schulen? Vers Med 56; 17-24

– Weber, A., Lederer, P. (2006): Morbidität und vorzeitige Dienstunfähigkeit von Lehrkräften an beruflichen Schulen. Vers Med 58; 22-28

– Widder, B., Aschoff, J. C. (1995): Somatoforme Störung und Rentenantrag: Erstellen einer Indizienliste zur quantitativen Beurteilung des beruflichen Leistungsvermögens. Med Sach 91;14-19

– Widder, B., Hausotter, W., Marx, P., Puhlmann, H. U., Wallesch, C. W. (2002): Empfehlungen zur Schmerzbegutachtung. Med Sach 98; 27-29

– Widder, B., Gaidzik, P. W. (2007): Begutachtung in der Neurologie. Thieme, Stuttgart – New York

– Wölk, W. (1992): Somatoforme Schmerzstörung und Erwerbsfähigkeit. Vers Med 44; 49-53

– Wolfe, F., Smythe, H. A., Yunus, M. A. et al. (1990): The American College of Rheumatology 1990. Criteria for the Classification of Fibromyalgia: Report of the Multicenter Criteria Committee. Arthrit Rheum 33;160

– Wolfe, F. (2003): Stop using the American College of Rheumatology criteria in the clinic. J Rheumatol 30; 1671-1672

– Zeit, T., Kartal, R. (1992): Die Bedeutung einer sprach- und kulturverstehenden Anamnese bei ausländischen Rentenbewerbern. Med Sach 88; 102-105

– Zimmermann, E. (2000): Kulturelle Missverständnisse in der Medizin. Hans Huber, Bern

Stichwortverzeichnis

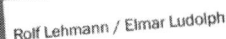